Bittrich · Blankenberger

Experimentelle Psychologie

Katrin Bittrich · Sven Blankenberger

Experimentelle Psychologie

| Ein Methodenkompendium

Anschriften der Autoren:

Dipl.-Psych. Katrin Bittrich
Martin-Luther-Universität Halle-Wittenberg
Institut für Psychologie
06099 Halle (Saale)

PD Dr. Sven Blankenberger
Martin-Luther-Universität Halle-Wittenberg
Institut für Psychologie
06099 Halle (Saale)

© Beltz Verlag, Weinheim 2011
Programm Psychologie
http://www.beltz.de

Herstellung: Grit Möller
Satz: Reproduktionsfähige Vorlagen der Autoren
Druck und Bindung: Beltz Druckpartner, Hemsbach

Printed in Germany

ISBN 978-3-621-27802-7

Inhaltsübersicht

Inhalt

Vorwort

Lehrveranstaltungen können gut, interessant und anregend oder aber schlecht, lang-weilig und stupide sein, sie können beliebt oder unbeliebt, locker oder anstrengend sein. Welche anderen Attribute auf das Experimentalpsychologische Praktikum zutref-fen mag dahingestellt sein, ganz gewiss handelt es sich um eine anstrengende Lehrver-anstaltung, die von allen Beteiligten, Studierenden wie Lehrenden, viel Zeit, Mühe und Energie erfordert. Dies mag sicher an der Tatsache liegen, dass erstmalig im Studium echte Experimente tatsächlich geplant, durchgeführt, ausgewertet, diskutiert und prä-sentiert werden müssen – eine Anforderungskombination, die im Studium in anderen Lehrveranstaltungen nicht auftritt, sich jedoch spätestens bei einer Bachelorarbeit in der Experimentellen Psychologie erneut stellt. Dies setzt sich auf viel anspruchsvol-lerem Niveau bei der Masterarbeit und auch bei der Dissertation fort. Mit dem vor-liegenden Buch verbinden wir die Hoffnung, forschungsmethodische Standardfragen der Experimentellen Psychologie zu beantworten und so einen Wegweiser von der in-haltlichen Fragestellung über das experimentelle Design bis hin zur Präsentation der Ergebnisse zu liefern.

Zwar entstammt dieses Buch unserer Feder moderner Bauart, jedoch haben Freun-de und Kollegen maßgeblich zum Gelingen beigetragen – diesen wollen wir an dieser Stelle unseren Dank aussprechen.

An erster Stelle sei Katja Lochmann genannt. Obwohl sie während der vergangenen Monate primär ihre Dissertation schrieb, fand sie immer Zeit, mit uns zu diskutieren, uns bei Problemen zu helfen sowie das vollständige Manuskript zu lesen und zu korri-gieren – die verbliebenen Fehler sind jetzt unsere!

Ebenso anregend wie zahlreich waren Dieter Heyers Anmerkungen und Korrektu-ren, die zur Überarbeitung so manchen Abschnitts führten und uns zu größerer Präzi-sion veranlassten – für verbliebene Ungenauigkeiten sind einzig wir verantwortlich.

Schließlich danken wir Josef Lukas für den gewährten Freiraum und sein stetes Be-mühen, uns vom Wege drastischer und unausgewogener Formulierungen abzubringen – die verbliebene Sturheit nennen wir unseren Standpunkt.

K.B. & S.B. im Oktober 2010

Vorgeplänkel

Der Fortschritt psychologischer Forschung findet heutzutage üblicherweise in Fachzeitschriften (*journals*) statt. Nachdem man seine Experimente durchgeführt und ausgewertet hat, verfasst man ein entsprechendes Manuskript und reicht es bei einer Fachzeitschrift ein. Der Editor oder der zuständige *action editor* schickt das Manuskript dann an zwei oder drei Fachleute (*peer review process*) und bittet um eine Begutachtung. Auf der Basis dieser Gutachten trifft der Editor die Entscheidung, wie mit dem Manuskript weiter zu verfahren ist.

Als Gutachter (*reviewer*) hat man die Aufgabe, das Manuskript sorgfältig zu lesen, ein kritisches Gutachten zu schreiben und eine Empfehlung auszusprechen. Für diese Empfehlung gibt es häufig vier mögliche Kategorien:

1. *accept as is*
2. *accept with minor revisions*
3. *accept with major revisions*
4. *reject*

Diese vier Kategorien können wie eine Benotung aufgefasst werden, *accept as is* wäre eine 1+, die nahezu nie vergeben wird, *accept with minor revisions* ist immer noch als sehr gut anzusehen, *accept with major revisions* löst beim Autor zwar keinen Jubel aus, bedeutet jedoch, dass man mit entsprechenden Überarbeitungen oder zusätzlichen Experimenten sein Manuskript publiziert bekommt. *Reject* – bei vielen Journals ist dies die Standardempfehlung – bedeutet allerdings, dass selbst eine Überarbeitung oder zusätzliche Experimente das Manuskript nicht mehr retten können: Es wird endgültig abgelehnt.

Betrachtet man die Statistik der APA-Zeitschriften für das Jahr 2007 (American Psychological Association, 2008), so findet man eine *durchschnittliche* Ablehnungsquote von 76 %! Gut ¾ aller bei APA-Journals eingereichten Manuskripte werden also endgültig abgelehnt. Man stelle sich nur vor, bei einer Klausur hätten ¾ der Studierenden eine fünf (mangelhaft), der Aufschrei wäre riesig.

Erhält man nun als Autor des Manuskriptes die kritischen *reviews* und die Entscheidung des Editors, finden sich oft die folgenden typischen (gravierenden) Beanstandungen:

Das Manuskript ist sprachlich schlecht, unverständlich, unorganisiert oder einfach nur schlampig. Das ist zwar ärgerlich (und peinlich), lässt sich jedoch durch eine sorgfältige Überarbeitung beheben.

Die Einleitung der Arbeit ist unvollständig, nicht auf dem aktuellen Stand der Forschung, wichtige Arbeiten wurden nicht zitiert, abweichende theoretische Positionen wurden nicht erwähnt etc. Eine sorgfältige Überarbeitung kann diese Probleme lösen.

Die Ergebnisse sind unübersichtlich dargestellt, es fehlen wichtige Angaben, oder es wurden schlicht die falschen statistischen Verfahren verwendet. Auch dies diskreditiert die Autoren, lässt sich aber durch eine sorgfältige Überarbeitung beheben.

Die Diskussion der erzielten Resultate ist oberflächlich, unausgewogen bis hin zu ungerechtfertigt. Dieses Problem kann ebenfalls durch eine sorgfältige Überarbeitung des Manuskriptes beseitigt werden.

Das durchgeführte Experiment stellt keine brauchbare Umsetzung der inhaltlichen Fragestellung dar, Störvariablen wurden nicht ausreichend kontrolliert, es gibt Konfundierungen oder die Operationalisierungen der Variablen sind inadäquat. In diesen Fällen nützt eine sorgfältige Überarbeitung des Manuskriptes überhaupt nichts! Stattdessen muss man die Kritik ernst nehmen, ein neues Experiment nach allen Regeln der Kunst planen und durchführen und kann dann auf Basis des neuen, guten Experimentes ein neues Manuskript einreichen.

Ergo, durch eine sorgfältige Überarbeitung des Manuskriptes lässt sich fast alles retten, nur kein schlechtes Experiment.

Verändert man einmal die Perspektive vom Autor zum erfahrenen Leser: Man liest eine aktuelle Arbeit aus dem eigenen Forschungsgebiet. Die Zusammenfassung hat man überflogen und entschieden, den Artikel zu lesen. Die Einleitung kann man sich in aller Regel sparen, dort ist der aktuelle Stand der Forschung zusammengefasst, den man ohnehin kennt. Lediglich die letzten ein oder zwei Absätze der Einleitung sind interessant, da sich hier die konkrete Fragestellung der vorliegenden Arbeit findet. Den Methodenteil liest man dann mit größter Aufmerksamkeit, um zu erfahren, was die Autoren wie gemacht haben, um ihre inhaltliche Fragestellung beantworten zu können. Der darauf folgende Ergebnisteil ist ebenso wichtig, schließlich möchte man wissen, was bei dem Experiment »herausgekommen« ist. Das Lesen der Diskussion kann man sich dann oft schenken, da man sich auf dem Gebiet ja auskennt und die Bedeutung des Experimentes und der Ergebnisse selbst theoretisch einordnen und interpretieren kann.

Auch aus dieser Perspektive wird klar: Das Wichtigste an einer experimentellen Arbeit sind die experimentelle Methodik und die damit erzielten Ergebnisse. Ist die Methodik schlecht, kann man sich das Weiterlesen sparen.

Selbst als nicht-wissenschaftlich tätiger Praktiker wird man von Zeit zu Zeit, z. B. im Rahmen von Fort- und Weiterbildungen, mit aktuellen Forschungsergebnissen konfrontiert, die man bewerten können sollte. Gleiches gilt für populärwissenschaftlich aufbereitete Forschungsergebnisse, die von diversen Medien präsentiert werden. Da die präsentierenden Journalisten jedoch in aller Regel keine Wissenschaftler sind, ist die Chance groß, dass einem (bestenfalls unbeabsichtigt) Unsinn verkauft wird. Die Korrektheit der in diesen Fällen präsentierten Daten kann man kaum überprüfen, die Qualität der empirischen Untersuchung sehr wohl. Dazu ist jedoch ein gehöriges Maß an methodischer Expertise nötig.

Diese methodische Expertise lernt man nicht »mal eben nebenbei«, ganz im Gegenteil, das ist harte Arbeit. Nicht umsonst müssen alle Bachelor-Studenten ein Empiriepraktikum und ein Experimentalpsychologisches Praktikum absolvieren. Der Name »Praktikum« macht auch klar, dass experimentelle Kompetenzen nicht ausschließlich über eine theoretische Beschäftigung erworben werden können. Ordentliches Experimentieren lernt man nur, wenn man tatsächlich selbst experimentiert, dabei Fehler begeht und aus diesen Fehlern lernt. Unsere Motivation ist es, diesen Prozess durch ein gutes Buch zur experimentellen Methodik zu unterstützen und zu beschleunigen. Aus diesem Grunde liegt der Schwerpunkt des vorliegenden Buches auch auf diesem Thema. Dennoch sollen andere Aspekte, die mit einer solchen experimentellen Arbeit einhergehen, nicht vernachlässigt werden. Deshalb spiegelt die Grobgliederung unseres Buches die Gliederung einer einfachen experimentellen Arbeit wider:

1. Einleitung
2. Methode
3. Ergebnisse
4. Diskussion
5. Literatur

Unser Kapitel 1 (Einleitung) beschäftigt sich mit Aspekten der Literaturrecherche und der Formulierung geeigneter Hypothesen. Umfangreiche Ausführungen zu experimental-methodischen Fragen finden sich im Kapitel 2 (Methode). Neben Erläuterungen zu Stichproben, Versuchsplänen und Material liegt ein Schwerpunkt des Kapitels auf der Darstellung unterschiedlicher, häufig eingesetzter Paradigmen. Die Ausführungen zu abhängigen Variablen beschränken sich auf die üblichen Verhaltensmaße (Reaktionszeiten und Fehler). Es wird nicht auf elektrophysiologische und Bildgebungsverfahren eingegangen.

Das Kapitel 3 (Ergebnisse) wird keine Statistikeinführung sein – diese wird vorausgesetzt –, vielmehr sollen Aspekte der Datenvorauswertung und der geeigneten Darstellung im Vordergrund stehen. Das darauf folgende Kapitel 4 (Diskussion) wird kurz typische Diskussionsfehler illustrieren. Mit formalen Kriterien des korrekten Zitierens im Text und der Erstellung des Literaturverzeichnisses beschäftigt sich das Kapitel 5 (Literatur).

Den Abschluss eines Experimentes bildet häufig eine mündliche oder schriftliche Darstellung – dieser widmet sich das Kapitel 6 (Präsentation). Schließlich werden im Kapitel 7 (Software) einige nützliche Programme zur Reizgenerierung, Experimentalsteuerung, statistischen Auswertung und Textverarbeitung vorgestellt.

Bei der formalen Gestaltung der Abbildungen und Tabellen sowie beim Literaturverzeichnis und der Art des Zitierens im Text wurden die Vorgaben der APA (American Psychological Association, 2010) möglichst genau umgesetzt, obwohl sich diese nicht explizit auf Monographien beziehen. Entspricht ein Literaturverzeichnis (oder eine Abbildung/Tabelle) in formaler Hinsicht den Beispielen in diesem Buch, dann sind auch die APA-Vorgaben eingehalten.

1 Einleitung

1.1 Das psychologische Experiment

Ziel der Experimentellen Psychologie ist die Erforschung von Gesetzmäßigkeiten über grundlegende Strukturen und Prozesse, die menschlichem Erleben und Verhalten zugrunde liegen. Um dieses Ziel zu erreichen, bedient sie sich naturwissenschaftlicher Methoden. Üblicherweise werden theoriegeleitet *Hypothesen* aufgestellt und diese mittels geeigneter *Experimente* überprüft. Das Hauptanliegen besteht darin, Veränderungen in mindestens einer abhängigen Variable möglichst eindeutig auf Veränderungen in einer oder mehreren unabhängigen Variablen zurückzuführen und dabei gleichzeitig den Einfluss anderer Variablen auszuschalten oder zu kontrollieren. Nur solche »echten« Experimente erlauben Kausalaussagen im Sinne von A bewirkt B (Myers & Hansen, 1993).

Experimente können nach unterschiedlichen Gesichtspunkten klassifiziert werden (vgl. Tabelle 1.1 und Huber, 2009; Kirk, 1995; Maxwell & Delaney, 2004; Myers & Hansen, 1993; Sarris & Reiß, 2005). Eine Möglichkeit ist die Unterscheidung hinsichtlich ihres spezifischen Zieles: Das Standardexperiment zur Hypothesenprüfung ist das *Prüfexperiment*. Dem Prüfexperiment können verschiedene *Vorexperimente* vorausgehen. Diese dienen der Abklärung experimenteller Details, z. B. Darbietungszeiten. Eine weitere Variante ist das *Entscheidungsexperiment*. Diesem liegen mindestens zwei Theorien zugrunde, die idealerweise gegensätzliche Aussagen über den gleichen Sachverhalt treffen. Das Entscheidungsexperiment soll nun den Bewährungsgrad einer (oder beider) Theorie(n) vermindern. Hingegen erlauben *Erkundungsexperimente*, auch *Pilotstudien* genannt, keine Hypothesenprüfung. Sie werden auf Gebieten mit wenig empirischen Fakten eingesetzt und sollen einen ersten Eindruck über die Wirkung der unabhängigen Variable(n) auf die abhängige(n) Variable(n) geben.

Eine weitere Klassifikation findet hinsichtlich der Anzahl der abhängigen und unabhängigen Variablen statt. In *einfaktoriellen* Designs gibt es nur eine unabhängige Variable. Demgegenüber gibt es, wie der Name vermuten lässt, in *mehrfaktoriellen* Designs mehrere unabhängige Variablen. Analog unterscheidet man hinsichtlich der abhängigen Variable(n) zwischen *univariaten* und *multivariaten* Designs.

Weiterhin differenziert man *echte* von *Quasiexperimenten* (Huber, 2009; Myers & Hansen, 1993; Sarris & Reiß, 2005). In echten Experimenten wird gemäß den Anforderungen an das Experimentieren mindestens eine unabhängige Variable systematisch variiert und ihre Auswirkung auf die abhängige(n) Variable(n) beobachtet. Störvariablen werden dabei kontrolliert. Demgegenüber sind Störvariablen in Quasiexperimenten nicht vollständig auszuschließen, da keine zufällige Zuordnung von Versuchspersonen zu den experimentellen Bedingungen stattfinden kann, vielmehr werden natürliche Gruppen untersucht (z. B. Männer vs. Frauen, Patienten vs. gesunde Kontrollprobanden). Im Gegensatz zu echten Experimenten erlauben Quasiexperimente daher lediglich korrelative Aussagen.

Schließlich unterscheidet man *Labor-* von *Feldexperimenten* (Huber, 2009; Myers & Hansen, 1993; Sarris & Reiß, 2005). Laborexperimente finden in einer relativ künstlichen Umgebung statt und bieten dadurch gut kontrollierbare experimentelle Bedingungen. Gleichzeitig haben sie eine geringere ökologische Validität. Demgegenüber sind die Einflüsse möglicher Störvariablen in Feldexperimenten weniger gut kontrollierbar, sie können jedoch eine höhere ökologische Validität bieten (Neisser, 1976).

Tabelle 1.1

Mögliche Klassifikationen von Experimenten

Ziel	Prüfexperiment oder Entscheidungsexperiment
Anzahl der abhängigen Variablen	univariat vs. multivariat
Anzahl der unabhängigen Variablen	einfaktoriell vs. mehrfaktoriell
Randomisierung	Echte Experimente vs. Quasiexperimente
Ökologische Validität	Labor- vs. Feldexperiment

Die in den empirischen Wissenschaften üblichen Gütekriterien *Objektivität*, *Reliabilität* und *Validität* müssen selbstverständlich auch auf psychologische Experimente angewandt werden. Ergo sollten verschiedene Versuchsleiter übereinstimmende Daten registrieren (Objektivität), die Messinstrumente müssen zur genauen Messung geeignet sein (Reliabilität) und hinsichtlich unterschiedlicher Aspekte gültig sein (Validität).

1.2 Vom Suchen und Finden der Fragestellung

Jede experimentelle Untersuchung beginnt mit einer geeigneten Fragestellung. Eine ergiebige Quelle hierfür ist die spontane Reaktion »Das glaub' ich nicht!« auf das Hören oder Lesen anderer Experimente. In diesem Fall sucht man nach unberücksichtigt gebliebenen Störvariablen, Konfundierungen oder schlicht experimentellen Fehlern. Ähnlich ergiebig sind widersprüchliche Forschungsergebnisse und konkurrierende Modelle. Aber auch die Verallgemeinerung einzelner, eher zufälliger Beobachtungen vorangegangener Experimente können Ziel einer weiterführenden Untersuchung sein. Gute wissenschaftliche Praxis erfordert weiterhin zwingend die unabhängige Replikation von Experimenten durch andere Forschergruppen. Dies findet heutzutage kaum mehr statt, da bestätigende Replikationen als »nicht neu« und widersprechende Replikationen teilweise als »unglaubwürdig« angesehen und somit nicht publiziert werden. Gemäß dem Motto *publish or perish* kann sich das kaum ein Forscher erlauben.

Eine besondere Situation ergibt sich für Experimentalpsychologische Praktika und in geringerem Maße auch für Bachelorarbeiten. Hier begrenzen zeitliche, technische und organisatorische Faktoren die freie Auswahl der zu untersuchenden Fragestellung. In diesen Fällen können kleinere Variationen bekannter Paradigmen zielführend sein, da das Erlernen guten Experimentierens im Vordergrund steht.

Für alle Arbeiten, die ein größeres Maß an Eigenständigkeit erfordern (Bachelor- und Masterarbeiten, Dissertationen) spielt natürlich das eigene Interesse an der Fragestellung eine sehr große Rolle. Solche Arbeiten weisen gelegentlich (manchmal häufiger als gewünscht) Phasen auf, die sich nur mit einem hohen Maß intrinsischer Motivation überstehen lassen.

1.3 Literaturrecherche

In der Regel geht die Suche und Entwicklung einer geeigneten Fragestellung sowie die spätere Formulierung konkreter Hypothesen mit einer umfassenden Literaturrecherche einher. Sie dient letztlich der theoretischen Einbettung der Fragestellung und der späteren Diskussion der Befunde. Neben der Frage, wie man entsprechend passende Literatur findet, stellt sich auch oft die Frage, wie man an sie herankommt.

Ein guter Ausgangspunkt für die eigene Literaturrecherche sind Literaturangaben in Lehrbüchern oder auch Literaturverzeichnisse bereits vorhandener Artikel. Diese verweisen jedoch nur auf, relativ zum Zeitpunkt der Veröffentlichung des vorliegenden Dokuments, ältere Literatur. Um aktuelle Forschungsergebnisse zur relevanten Fragestellung zu erhalten, ist eine Suche über Fachdatenbanken notwendig. Im Zeitalter moderner Technik kann eine solche Suche direkt über das Internet durchgeführt werden. Viele Fachdatenbanken sind frei oder im Universitätsnetz verfügbar. Wichtige Fachdatenbanken für den Bereich der Experimentellen Psychologie sind SCIENCE DIRECT, PsycINFO, SOCIAL SCIENCE CITATION INDEX und PubMed (siehe Online-Materialien).

Neben der üblichen Stichwortsuche unterstützen eine Vielzahl der genannten Datenbanken inzwischen auch eine Art vorwärtsgerichtetes Literaturverzeichnis, d. h. es kann ebenfalls verfolgt werden, welche neueren Artikel den vorliegenden Artikel zitieren. Der SOCIAL SCIENCE CITATION INDEX eignet sich zur Zeit noch am besten für eine solche vorwärtsgerichtete Suche. An dieser Stelle sei angemerkt, dass die Publikationssprache der Psychologie Englisch ist und daher englische Suchbegriffe zielführender sind.

Hat man die relevante Literatur gefunden, bleibt häufig das Problem, wie man an die Artikel herankommt. Ein (klassischer) Weg führt immer noch über das Zeitschriftenarchiv der Universitätsbibliothek – insbesondere bei Veröffentlichungen älteren Datums. Inzwischen bieten jedoch viele Zeitschriften auch einen Online-Zugriff zu ihren Ausgaben an, einige wenige sogar kostenlos bzw. kostenlos für bestimmte Jahrgänge (z. B.

Journals der *Psychonomic Society*). Für welche Publikationsreihen die eigene Universität Online-Zugangsberechtigungen besitzt oder welche Zeitschriften zur freien Verfügung stehen, lässt sich über die Elektronische Zeitschriftenbibliothek (EZB, siehe Online-Materialien) herausfinden. Wie das Leben oft spielt, gibt es natürlich gerade »die« Ausgabe oder »die« Zeitschrift nicht online. Hier kann unter Umständen bereits eine Suche über eine Suchmaschine wie GOOGLE SCHOLAR™(siehe Online-Materialien) Abhilfe schaffen. Ein weiterer »Geheimtipp« ist es, direkt auf der Homepage der Autoren zu suchen. Oftmals veröffentlichen diese ihre Artikel, jedoch sind die Seiten nicht so verlinkt, dass eine Suche über eine Suchmaschine erfolgreich wäre.

Hat man gefunden, was man braucht, muss man »nur« noch lesen und im Idealfall auch gleich vorbildlich dokumentieren (siehe Abschnitt 7.6).

1.4 Wie liest man einen wissenschaftlichen Artikel?

Erfahrungsgemäß bereitet das Lesen einer wissenschaftlichen Originalarbeit anfänglich große Schwierigkeiten. Zu den Ursachen zählt die mangelnde Vorbereitung durch die schulische Ausbildung ebenso wie mäßige Englischkenntnisse. Da der typische Aufbau eines experimentalpsychologischen Artikels immer gleich ist und bereits im Abschnitt Vorgeplänkel skizziert wurde, muss dies hier nicht wiederholt werden. Eine ausführliche Beschreibung, welche Informationen in welchem Teil einer Arbeit zu erwarten sind, ist in Abschnitt 6.1 zu finden. Im Folgenden sollen einige wenige Hinweise und hilfreiche Fragen formuliert werden, die das Lesen und Verstehen einer wissenschaftlichen Arbeit erleichtern.

Gerade wissenschaftlichen Anfängern oder fachfremden Personen fällt es schwer, eine Fachpublikation zu verstehen. Dies liegt in aller Regel an dem wissenschaftlichen Jargon, der von Disziplin zu Disziplin unterschiedlich ist. Man muss sich in die Terminologie eines Faches einlesen. Dazu gehört, dass man zu Beginn in erster Linie die grundlegenden Ideen eines Artikels zu verstehen versucht. Es ist nicht nötig, sofort jedes Detail nachvollziehen zu können. Gibt es Verständnisprobleme wegen der englischen Sprache, so lautet auch hier die Empfehlung, nicht jedes Wort im Wörterbuch nachzuschlagen, sondern sinnerfassend zu lesen.

Hat man bei seiner Literaturrecherche einen Artikel gefunden, dessen Titel interessant klingt, ist dieser allein oft nicht aufschlussreich genug, um zu entscheiden, ob die Arbeit tatsächlich lesenswert ist. Deshalb sollte man immer zuerst die Zusammenfassung lesen. Dies gilt auch für solche Artikel, die – warum auch immer – gelesen werden müssen. Eine gute Zusammenfassung liefert in kompakter Form die wichtigsten Informationen und erleichtert so auch das Verständnis des gesamten Artikels.

Die folgenden Hinweise zum Lesen der einzelnen Abschnitte lehnen sich an die Ausführungen von Roediger und Gallo (2004) an. Aus der Einleitung sollte man zunächst extrahieren, welche inhaltliche Fragestellung untersucht werden soll, welche theoretische Position der Autor vertritt und welche expliziten Hypothesen formuliert wurden.

Noch vor dem Lesen des Methodenteils sollte man überlegen, wie man selbst diese Hypothesen prüfen würde. Auf diese Weise lässt sich dann besser beurteilen, ob die vom Autor gewählte Methode tatsächlich adäquat ist.

Aus dem Methodenteil extrahiert man zunächst die unabhängigen und abhängigen Variablen, die kontrollierten Störvariablen sowie alle relevanten Details zu Versuchspersonen, Apparatur, Material und Prozedur. Zur Beurteilung des Methodenteils sollte man sich fragen, ob die vom Autor gewählte Methode besser oder schlechter als die selbst gewählte Methode ist. Außerdem muss man kritisch überprüfen, ob die Methode des Artikels tatsächlich in der Lage ist, die Hypothesen zu testen. Schließlich generiert man eine eigene Vorhersage der Ergebnisse des Experimentes. Dies geschieht, bevor man den Ergebnisteil liest. So hat man eine klare Vorstellung von den zu erwartenden Ergebnissen und kann genau beurteilen, ob die Befunde mit den eigenen Erwartungen übereinstimmen.

Beim Lesen des Ergebnisteils ist nicht nur wichtig, wie der Autor die Daten ausgewertet hat, sondern auch, warum die Auswertung auf diese und keine andere Weise erfolgt ist. Mittels der selbst generierten Ergebniserwartung kann überprüft werden, ob die Befunde diesen Erwartungen entsprechen und falls nicht, warum nicht. Schließlich interpretiert man die Befunde hinsichtlich ihrer Konsequenzen für die theoretischen Grundlagen noch bevor man die Diskussion liest.

Der Vergleich der eigenen Interpretationen mit den Ausführungen des Autors erfolgt beim Lesen der Diskussion. Falls beide Interpretationen unterschiedlich ausfallen, gilt es zu prüfen, ob die Ausführungen des Autors schlüssiger sind.

Das skizzierte Vorgehen legt besonderen Wert auf kritisches Lesen: Immer sind die Ausführungen eines Autors zu hinterfragen, immer gilt es, Schwachstellen in der Argumentation, der Methodik und der statistischen Analyse zu finden. Dies schärft nicht nur den eigenen Blick, es fördert auch die Wissenschaft. Wider aller Aufforderung stets kritisch zu sein, Kritik nur um der Kritik Willen ist unproduktiv. Ein guter Artikel oder eine gute Methode können und sollen auch als solche anerkannt werden.

1.5 Hypothesen

Am Ende der Einleitung einer experimentellen Arbeit finden sich die explizit zu formulierenden Hypothesen. Diese ergeben sich aus dem aktuellen Forschungsinteresse, dem aus der Literatur gewonnenen aktuellen Kenntnisstand und der daraus abgeleiteten spezifischen Fragestellung.

Hypothesen sind Vermutungen über eine Gesetzmäßigkeit, sie stellen die erwartete Antwort auf die formulierte Fragestellung dar. Die Aufstellung geeigneter und überprüfbarer Hypothesen ist einer der wichtigsten Schritte im gesamten Forschungsprozess.

Hypothesentypen

Huber (2009) unterscheidet drei Typen von Hypothesen: universelle, existenzielle und Hypothesen über Anteile. *Universelle Hypothesen* werden für alle Fälle eines bestimmten Bereiches formuliert. Ihre Falsifikation ist in aller Regel möglich, sie können aber nur unter bestimmten Umständen verifiziert werden.

Ganz Gallien ist von den Römern besetzt.

Findet man nun ein Dorf, das nicht von den Römern besetzt ist, so wäre die Hypothese falsifiziert. Für diese konkrete Hypothese kann dies als gegeben angesehen werden.

Es lassen sich aber auch universelle Hypothesen formulieren, die tatsächlich nicht falsifizierbar sind:

Alle Menschen sind sterblich.

Um diese Hypothese zu falsifizieren, müsste man nicht nur selbst unsterblich sein, sondern es wäre auch unendlich viel Zeit vonnöten.

Existenzielle Hypothesen gehen von mindestens einem Fall aus, für den ein bestimmter Sachverhalt gilt. Sie sind verifizierbar, aber in aller Regel nicht falsifizierbar.

Es gibt homosexuelle Pinguine.

Nun genügt ein Pinguin mit gleichgeschlechtlichen Neigungen, um diese Hypothese zu verifizieren – was tatsächlich erfolgt ist (Zoo Bremerhaven). Zur Falsifikation wäre erforderlich, alle vergangenen, gegenwärtigen und zukünftigen Pinguine der Welt zu untersuchen, was prinzipiell undurchführbar ist.

Hypothesen über Anteile treffen Aussagen für einen mehr oder weniger scharf eingegrenzten Anteil von Fällen. Sie sind weder verifizierbar noch falsifizierbar, es ist lediglich ihr Bewährungsgrad – das Vertrauen in ihre Gültigkeit – erfassbar.

Neunzig Prozent unserer Leser sind begeistert von diesem Buch.

Findet sich bei einer entsprechenden Stichprobe nun ein Anteil von 88 % oder 92 %, dann hat sich der Bewährungsgrad dieser Hypothese erhöht. Fänden sich nur unvorstellbare 20 %, so spräche dies für eine Verringerung des Bewährungsgrades dieser Hypothese (und für vertane Liebesmühe unsererseits).

Bisher wurde von der Untersuchung von Stichproben ausgegangen. In speziellen Fällen mag es jedoch möglich sein, die gesamte Population zu untersuchen. Dann stellt sich die Verifizierbarkeit und Falsifizierbarkeit wie in Tabelle 1.2 dar.

Tabelle 1.2

Verifizierbarkeit und Falsifizierbarkeit verschiedener Hypothesentypen (nach Huber, 2009)

	universelle Hypothesen	existenzielle Hypothesen	Hypothesen über Anteile
alle Fälle der Population werden untersucht	verifizierbar & falsifizierbar	verifizierbar & falsifizierbar	verifizierbar & falsifizierbar
Stichproben werden untersucht	nur falsifizierbar	nur verifizierbar	weder falsifizierbar noch verifizierbar

Voraussetzungen der Überprüfbarkeit

Für jede einzelne Hypothese sowie den gesamten Hypothesenkomplex einer Arbeit müssen *Widerspruchsfreiheit*, *Kritisierbarkeit* und *Operationalisierbarkeit* gegeben sein.

Widerspruchsfreiheit. Unter der Widerspruchsfreiheit wird verstanden, dass sich der Komplex aus Hypothesen nicht widersprechen darf. Die Hypothesen

1. *Alle Studenten sind faul.*
2. *Unsere Studenten sind fleißig.*

sind nicht widerspruchsfrei, denn auch unsere Studenten gehören zu »alle Studenten«, sodass aus Hypothese 1 abgeleitet werden kann, dass unsere Studenten faul sind, Hypothese 2 dem aber genau widerspricht.

Kritisierbarkeit. Damit eine Hypothese kritisierbar ist, muss es potenzielle empirische Befunde geben, die den Bewährungsgrad der Hypothese herabsetzen oder sie falsifizieren. Eine *prinzipiell* nicht kritisierbare Hypothese wäre z. B. die wohlbekannte Bauernregel

Kräht der Hahn auf dem Mist, dann ändert sich das Wetter oder es bleibt wie es ist.

Es ist kein Wetter nach dem Hahnenschrei denkbar, das die Hypothese falsifiziert. Die weiter oben angeführte Sterblichkeitshypothese ist ein Beispiel für eine *faktisch* nicht kritisierbare Hypothese.

Operationalisierbarkeit. Unter der Operationalisierung versteht man die Übersetzung theoretischer Begriffe in beobachtbare Sachverhalte, die in empirischen Wissenschaften zur Überprüfung von Hypothesen unabdingbar sind. Manche Sachverhalte sind einfach zu operationalisieren, z. B. die Reaktionsgeschwindigkeit – man benötigt lediglich eine genaue Uhr. Andere Sachverhalte sind aus technischen oder ethischen Gründen schlecht zu operationalisieren, etwa das Feuerverhalten einzelner Neurone beim Menschen. Häufig scheitert eine vernünftige Operationalisierung aber an der Vagheit der theoretischen Konstrukte: Man frage sich nur, wie man *vernünftig* das Ausmaß moralischen Empfindens *messen* will.

Die Logik des Hypothesenprüfens verlangt selbstverständlich, dass die Hypothesen vor der Datenerhebung aufgestellt werden. Dies kann am einfachen Beispiel des Münzwurfes veranschaulicht werden: Würde man vor dem Werfen der Münze eine Vorhersage über das Ergebnis treffen (Hypothese), so läge man im Mittel in 50 % der Fälle richtig. Träfe man diese »Vorhersage« erst *nach* dem Werfen der Münze, so läge man in 100 % der Fälle richtig.

Natürlich darf man sich beim Generieren der Hypothesen an schon vorhandenen Daten (auch den eigenen) orientieren und gegebenenfalls *post-hoc* Überprüfungen vornehmen. Eine strenge Prüfung von Hypothesen findet jedoch immer an einem neu erhobenen Datensatz statt.

Formulierungen

Es hat sich eingebürgert Kausalaussagen in Form von Unterschiedshypothesen zu formulieren. Nur wenn keine explizite Wirkrichtung zwischen zwei Variablen vorliegt, formuliert man Zusammenhangshypothesen. Allerdings kann jede Unterschiedshypothese auch als Zusammenhangshypothese ausgedrückt werden.

So lässt sich die Beziehung zwischen der Lektüre dieses Buches und der Qualität des Experimentierens durch die folgenden Hypothesen darstellen:

> *Es gibt einen Unterschied in der Experimentqualität zwischen den Nicht-Lesern und Lesern dieses Buches.*
> oder
> *Es gibt einen Zusammenhang zwischen der Experimentqualität und der Lektüre dieses Buches.*

In diesem Beispiel gehen wir selbstverständlich davon aus, dass das Lesen des Buches die Qualität anschließenden Experimentierens beeinflusst und nicht umgekehrt – obwohl auch das nicht völlig abwegig wäre.

Des Weiteren können Hypothesen *gerichtet* oder *ungerichtet* formuliert werden. Ungerichtete Hypothesen werden verwendet, wenn keine Annahme über die Richtung des Zusammenhanges bzw. Unterschiedes gemacht werden kann. Existieren hingegen bestimmte theoretische Annahmen bezüglich der Richtung, so sollten auch gerichtete Hypothesen aufgestellt werden. Es sei angemerkt, dass mit »Richtung des Zusammenhangs« nicht die zuvor genannte Wirkrichtung gemeint ist, sondern ob der Zusammenhang positiv oder negativ ist bzw. der postulierte Unterschied in die eine oder andere Richtung ausfällt.

Da der Schwerpunkt dieses Buches auf der experimentellen Methodik liegt, sei an dieser Stelle abschließend festgehalten, dass eine gut recherchierte Fragestellung sowie informative und intelligente Hypothesen die besten Voraussetzungen für ein gelungenes Experiment sind.

2 Methode

2.1 Versuchspersonen

2.1.1 Stichprobe

Können nicht alle Individuen der relevanten Population untersucht werden, so muss man eine Stichprobe ziehen. Insbesondere in der Soziologie und Politologie sind aufwändige Ziehungsverfahren gebräuchlich (z. B. Schichten- und Quotenstichproben), in der Psychologie beschränkt man sich jedoch meist auf einfache und verlässliche Verfahren.

Uneingeschränkte Zufallsauswahl. Im Idealfall hat man eine Liste aller Populationsmitglieder, aus der per Zufall die Untersuchungsteilnehmer gezogen werden. Solch eine Stichprobe ist eine *repräsentative* Stichprobe. Leider ist solch ein Vorgehen kaum durchführbar, da man in den seltensten Fällen eine Liste aller Populationsmitglieder hat, geschweige denn gewährleisten kann, dass alle ausgewählten Personen an der Untersuchung teilnehmen.

Ein beliebter Fehler bei der Stichprobenziehung besteht darin, als »Liste« beispielsweise das Telefonbuch zu verwenden und anschließend von einer Zufallsauswahl zu sprechen. Dies ist jedoch nicht zutreffend, da das Telefonbuch unvollständig ist und die fehlenden Personen keine Zufallsauswahl darstellen, sondern systematisch fehlen. Ebenso ungeschickt ist es, sich zu einer bestimmten Zeit an einen bestimmten Ort, beispielsweise die Fußgängerzone, zu begeben und dort Passanten zu befragen. Macht man das tagsüber, dann befragt man vornehmlich Rentner, Arbeitslose, Schüler, Studenten und Touristen – keine wirklich repräsentative Stichprobe.

Eingeschränkte Zufallsauswahl. Hat man keine Liste aller Populationsmitglieder, sondern nur eines Teils (z. B. der eigenen Stadt oder Universität), spricht man von einer eingeschränkten Zufallsauswahl. In diesem Falle ist die Durchführung zwar praktikabler, dafür ist die Generalisierbarkeit ein wenig eingeschränkt.

Anfallende Stichprobe. In den meisten Fällen untersucht man einfach diejenigen Personen, die sich freiwillig zur Teilnahme an einem Experiment melden, etwa im Institut auf einen Aushang hin. Dies wäre sicher völlig unangemessen zur Vorhersage der nächsten Bundestagswahlergebnisse. Jedoch ist man in der Experimentellen Psychologie an allgemeingültigen Gesetzmäßigkeiten interessiert, die für nahezu alle Menschen gelten. In diesem Fall stellt die anfallende Stichprobe eine praktikable Wahl dar.

2.1.2 Ausschluss von Versuchspersonen

Es ist ein schwerer Verstoß gegen die wissenschaftliche Ethik, Versuchspersonen von der Auswertung auszuschließen, weil ihre Ergebnisse nicht hypothesenkonform sind. Allerdings gibt es Situationen, in denen der Ausschluss von Teilnehmern vom Experiment (bzw. deren Daten von der Auswertung) durchaus zulässig und notwendig ist.

Erfüllt eine Versuchsperson nicht alle relevanten Voraussetzungen für das Experiment, dann darf/kann sie nicht mitmachen. Beispielsweise ist eine farbfehlsichtige Person sicher keine gute Versuchsperson für ein Experiment zur Farbwahrnehmung. Ebenso verlangen Experimente mit lexikalischer Entscheidungsaufgabe nach Teilnehmern mit muttersprachlichen Kenntnissen. Auch in anderen Fällen müssen Versuchspersonen ausgeschlossen werden; weiß eine Person etwa, dass es in einem Experiment zum inzidentellen Lernen später einen Behaltenstest geben wird, dann wäre es für diese Person eben kein inzidentelles Lernen mehr. In all diesen Fällen kann man die Versuchsperson schon *vor* der Teilnahme ausschließen.

Stellt man erst während des Experimentes fest, dass die Versuchsperson nicht macht, was sie laut Instruktion machen soll, dann muss man diese Versuchsperson gegebenenfalls *nach* der Teilnahme ausschließen. Gibt es beispielsweise in einem Stroop-Experiment die beiden Bedingungen ›Wort lesen‹ und ›Farbe benennen‹, die Versuchsperson liest aber immer das Wort und benennt nie die Farbe, verhält sie sich nicht instruktionsgemäß und ihre Daten werden bei der Auswertung nicht beachtet. Schwieriger ist der Fall, wenn die Versuchsperson nur manchmal nicht macht, was sie laut Instruktion soll. Angenommen, man führt ein Experiment zum Kopfrechnen durch, die Versuchsperson soll alle Additionsaufgaben mit einstelligen Operanden lösen, also etwa $3 + 4$, $6 + 8$ etc. Nun stellt man nach dem Experiment fest, dass die Versuchsperson eine gewisse Anzahl von Fehlern gemacht hat. Bei dieser Art von Aufgabe können Fehlerprozentsätze im Bereich bis ca. 10 % als normal angesehen werden. Hat die Versuchsperson jedoch deutlich mehr Fehler gemacht, dann kann sie entweder nicht richtig rechnen und erfüllt somit nicht die Voraussetzungen, oder sie war gelangweilt, unaufmerksam, böswillig, was auch immer, sie hat jedenfalls nicht gemacht, was sie sollte. In diesem Fall schließt man die Versuchsperson von der Auswertung aus. Wichtig ist, dass das Kriterium zum Ausschluss *vorher* festgelegt wurde und nicht erst, nachdem man sich die Daten angeschaut hat.

2.1.3 Pflege und Entlohnung von Versuchspersonen

Es bedarf hoffentlich keiner besonderen Erwähnung, dass mit Versuchspersonen höflich und respektvoll umgegangen wird. Dazu gehört auch, dass der Versuchsleiter zur vereinbarten Zeit am vereinbarten Ort ist.

Die Versuchsperson wird vollständig darüber aufgeklärt, was von ihr im Rahmen des Experimentes erwartet wird. Erfordert es die Logik des Experimentes, dass man die Versuchsperson über einen Teil im Unklaren lässt oder sie sogar absichtlich in die Irre führt, dann ist es zwingend erforderlich, dass sie im Anschluss an das Experiment vollständig aufgeklärt wird – oft mit der Bitte, diese Informationen für sich zu behalten, um nicht andere potenzielle Versuchspersonen schon vor dem Experiment aufzuklären.

Erhält die Versuchsperson eine Entlohnung für die Teilnahme, seien es Versuchspersonenstunden als Studienleistung oder schlicht Geld, dann ist ihr das Zugesagte auch auszuhändigen. Eine besondere Situation entsteht dann, wenn eine Versuchsperson zu mehreren Sitzungen ins Labor kommen muss. Hier bietet es sich an, die Bezahlung erst nach Abschluss des kompletten Experimentes in Aussicht zu stellen. Entscheidet die Versuchsperson nach der ersten Sitzung, dass sie nicht weitermachen will, so wird sie für die erste Sitzung bezahlt. Entscheidet sie nach der ersten Sitzung jedoch, an dem gesamten Experiment teilzunehmen, dann wird sie für alle Sitzungen tatsächlich erst am Ende bezahlt. Dies erscheint als akzeptabler Kompromiss zwischen der Freiheit der Versuchsperson, jederzeit die weitere Teilnahme zu beenden und dem Bedürfnis des Versuchsleiters, vollständige Daten zu erheben.

2.1.4 Wie viele Versuchspersonen?

Die Frage nach der Menge der Versuchspersonen ist eine der beliebtesten im Rahmen des Experimentalpsychologischen Praktikums. Die Standardantwort darauf lautet: Es kommt darauf an. Die Zahl der benötigten Versuchspersonen hängt von der sogenannten Irrtumswahrscheinlichkeit α, der gewünschten Teststärke (definiert als $1 - \beta$) und der Effektgröße ab (für statistische Grundkonzepte siehe Abschnitt 3.2). Sind diese Werte bekannt bzw. hat man sie entsprechend gewählt, so lässt sich die Zahl der benötigten Versuchspersonen einfach bestimmen, entweder mit Hilfe eines Tabellenbuches (Cohen, 1988) oder mit einem Statistikprogramm (z. B. G*Power).

2.1.5 Viele Versuchspersonen oder viele Replikationen?

In der empirischen Psychologie lässt sich leider der Trend feststellen, dass eine große Zahl von Versuchspersonen als Qualitätskriterium angesehen wird: Je mehr Versuchspersonen, desto besser war die Untersuchung. Wirft man jedoch einen Blick in qualitativ hochwertige Publikationen, so stellt man fest, dass dort oft mit wenigen, hochgeübten Versuchspersonen gearbeitet wird. Es stellt sich die Frage, welches Vorgehen das bessere ist. Um die Antwort vorwegzunehmen: Viele Replikationen pro Versuchsperson, und damit stabile Lokationsschätzer pro Versuchsperson, sind die bessere Wahl. Die folgenden Abschnitte werden dies begründen. Erneut sei für statistische Grundkonzepte auf Abschnitt 3.2 bzw. ein geeignetes Statistikbuch verwiesen.

Mittelwertbildung. Bei fast allen Publikationen werden nicht die Daten der einzelnen Versuchspersonen, sondern über Versuchspersonen hinweg gemittelte Werte (oder andere Maße der zentralen Tendenz) berichtet. Mitteln ist unter allgemeinpsychologischen Gesichtspunkten nur dann gerechtfertigt, wenn die Ergebnisse für alle Personen einen ähnlichen Verlauf zeigen. Um dies feststellen zu können, benötigt man verlässliche Daten pro Person. Erhebt man beispielsweise Reaktionszeiten, so ist eine einzelne Reaktionszeit pro experimenteller Bedingung kein verlässliches Datum. Aus diesem Grunde wird man in jeder experimentellen Bedingung pro Person viele Reaktionszeiten erheben, um auf diese Weise zu zuverlässigen Daten zu gelangen. Hat man diese zuverlässigen Daten pro Person, kann man beurteilen, ob über Personen hinweg vergleichbare Reaktionszeitverläufe zu beobachten sind. Ist das der Fall, so kann man über Personen mitteln. Hieraus folgt zwangsläufig, dass man viele Beobachtungen pro Person benötigt.

Teststärke. Häufig wird als Argument für »viele Versuchspersonen« (und gleichzeitig wenig Replikationen pro Person und Bedingung) die Teststärke $(1 - \beta)$ angeführt: Mit vielen Versuchspersonen erhalte man eine größere Teststärke. Das ist zwar im Prinzip korrekt, es wird dabei jedoch der Einfluss der Zahl der Replikationen auf die Teststärke übersehen. Um dies zu veranschaulichen stelle man sich eine einfache Situation vor: In jedem *trial* wird entweder ein Licht oder ein Ton präsentiert. Die Aufgabe der Versuchsperson besteht darin, so schnell wie möglich eine Taste zu drücken (Einfachreaktion). Erhoben wird die Reaktionszeit vom Beginn der Reizpräsentation bis zum Drücken der Taste.

Unterstellt man nun bestimmte Effektgrößen und wählt α und β, so kann man leicht ausrechnen, wie viele Versuchspersonen benötigt werden, um mit der gewählten Power einen entsprechenden Effekt entdecken zu können. Bei Gültigkeit der Normalverteilungsannahme würden die Daten mittels t-Test für abhängige Messungen ausgewertet werden. Variiert man die Effektgrößen und die Zahl der Replikationen (r) pro Versuchsperson und Bedingung, ergeben sich die in Tabelle 2.1 dargestellten Werte.

Wie man sieht, nimmt mit zunehmender Anzahl von Replikationen der notwendige Stichprobenumfang drastisch ab. Dies ergibt sich aus der Tatsache, dass die gemittelten

Tabelle 2.1

Notwendige Anzahl von Versuchspersonen in Abhängigkeit von der Anzahl der Replikationen (r), um mit Power $1 - \beta = 0.95$ einen Effekt der Größe $\frac{\mu - \mu_0}{\sigma_x}$ zu entdecken, $\alpha = 0.05$

| Replikationen | Effektgröße $\frac{\mu - \mu_0}{\sigma_x}$ | | | | | | |
	1.0	0.75	0.5	0.4	0.3	0.2	0.1
$r = 1$	16	26	54	84	147	327	1300
$r = 2$	9	14	28	43	75	165	652
$r = 5$	5	7	13	19	31	67	262
$r = 10$	4	5	8	11	17	35	132
$r = 20$	4	4	5	7	10	19	67
$r = 50$	3	3	4	4	6	9	29

Replikationen pro Bedingung und Versuchsperson eine viel geringere Streuung besitzen, nämlich $\sigma_{\bar{x}} = \frac{\sigma_x}{\sqrt{r}}$. Durch die verringerte Streuung steigen die Effektgrößen. Vergleicht man etwa bei $\frac{\mu - \mu_0}{\sigma_x} = 0.5$ die Fälle $r = 1$ (ein Wertepaar pro Person) mit $r = 10$ (10 Wertepaare pro Person), so wird deutlich, dass man statt 54 nur noch 8 Versuchspersonen benötigt.

Übungseffekte. Die letzten Abschnitte haben deutlich gemacht, dass viele Replikationen pro Person und Bedingung wünschenswert sind. Allerdings könnte man einwenden, dass – um das letzte Beispiel erneut aufzugreifen – 54 Versuchspersonen mit je einem Wertepaar effizienter seien als acht Versuchspersonen mit je zehn Wertepaaren, da insgesamt weniger Daten erhoben werden müssen. Abgesehen von dem Aufwand, den das Einwerben und Instruieren vieler Versuchspersonen darstellt, treten bei mehrfachen Replikationen erwünschte Übungseffekte auf: Die Versuchspersonen werden nicht nur schneller (kürzere Reaktionszeiten), sondern die Variabilität der Reaktionszeiten nimmt auch ab. Dies wirkt sich positiv auf die Teststärke aus. Ein Beispiel soll dies illustrieren. Es soll im Folgenden die Situation $r = 10$ Replikationen pro Bedingung aus Tabelle 2.1 betrachtet werden. Relativ schnell wird die Versuchsperson im Laufe dieser Replikationen besser, mit sinkenden Reaktionszeiten und kleiner werdender Varianz. Eine konservative Annahme unterstellt eine Reduktion der Standardabweichung von den ersten beiden zu den letzten acht Replikationen auf ¾. Bildet man nun den Mittelwert lediglich über die Replikationen 3–10, so ergibt sich $\sigma_{\bar{x}} = \frac{0.75\sigma_x}{\sqrt{8}}$. Berechnet man erneut die notwendigen Stichprobenumfänge, so erhält man die in Tabelle 2.2 angegebenen Werte. Es wird offensichtlich, dass Replikationen nicht nur die notwendigen Stichprobenumfänge deutlich verringern, sondern bei realistisch kleinen Effektgrößen die notwendige Gesamtzahl von Beobachtungen kleiner ausfällt als ohne Replikationen.

Wann immer es also möglich ist, sollte mit vielen Replikationen pro Versuchsperson und Bedingung gearbeitet werden. Dies ist nicht nur vom Gesamtaufwand her effizienter, sondern die Teststärke ist bei realistischen Annahmen auch größer.

Tabelle 2.2

Notwendige Anzahl von Versuchspersonen, um mit Power $1 - \beta = 0.95$ einen Effekt der Größe $\frac{\mu - \mu_0}{\sigma_x}$ zu entdecken, $\alpha = 0.05$. Von $r = 10$ Replikationen werden nur die Replikationen 3 bis 10 berücksichtigt, deren Standardabweichung soll $0.75\sigma_x$ betragen

Replikationen	Effektgröße $\frac{\mu - \mu_0}{\sigma_x}$						
	1.0	0.75	0.5	0.4	0.3	0.2	0.1
$r = 1$	16	26	54	84	147	327	1300
$r = 8$ von 10	4	4	6	8	13	25	94

2.1.6 Stichproben parallelisieren

Gelegentlich möchte man parallele Stichproben untersuchen. Damit ist gemeint, dass sich die Personen in zwei (oder mehr) Gruppen hinsichtlich eines oder mehrerer Merkmale ähnlicher sind als per Zufallsauswahl. Ein natürlicher Fall paralleler Stichproben liegt vor, wenn »Illinge« eineiiger Zwillingspaare zwei getrennten Gruppen zugewiesen werden. Somit hat jede Person in Gruppe 1 eine zugehörige Person in Gruppe 2, nämlich ihren Zwillingspartner. Nun sind Zwillinge nicht die üblichen Versuchspersonen und man muss deshalb meist selbst für geeignete Paare (oder Tripel etc.) sorgen. In aller Regel bildet man solche parallelen Stichproben, um die Wirkung möglicher Störvariablen auszuschalten. Angenommen, man wollte ein neues Lehrmodul evaluieren, dann könnte man zwei Stichproben ziehen, Gruppe 1 wird mit dem bisherigen Modul unterrichtet, Gruppe 2 wird mit dem neuen Modul unterrichtet und man vergleicht im Anschluss daran den Lernerfolg. Hat man die Vermutung, dass die Intelligenz der Versuchspersonen eine moderierende Wirkung auf den Lernerfolg hat, so könnte man die beiden Stichproben nach der Intelligenz parallelisieren. Hierfür erhebt man noch vor einer Gruppenzuordnung mit einem geeigneten Instrument die Intelligenz von allen Versuchspersonen. Danach werden die Personen nach Intelligenztestwerten in eine Rangreihe gebracht, man erhält also eine nach IQ-Punkten geordnete Stichprobe mit $x_{(1)}$, $x_{(2)}$, ..., $x_{(n)}$ (der Index in Klammern spiegelt hier die Ordnung wider). Diese Personen werden nun abwechselnd auf die beiden Gruppen aufgeteilt, sodass jeweils Paarlinge entstehen *und* die mittlere Intelligenz in beiden Gruppen etwa gleich groß ist. Das Vorgehen bei der Aufteilung ist in Tabelle 2.3 dargestellt.

Man beachte, dass nicht einfach die Personen 1, 3, 5, ... in Gruppe 1 und die Personen 2, 4, 6, ... in Gruppe 2 gesteckt wurden, denn das hätte einen systematischen Mittelwertsunterschied zur Folge. Weiterhin ist zu berücksichtigen, dass bei parallelen Stichproben inferenzstatistische Verfahren für abhängige Messungen zu verwenden sind.

Tabelle 2.3

Parallelisieren einer Stichprobe

	Personenindex nach IQ-Rangreihe							
Gruppe 1	1	4	5	8	9	12	13	...
Gruppe 2	2	3	6	7	10	11	14	...

2.2 Geräte

Von den ›Standardgeräten‹ Papier, Bleistift und Stoppuhr einmal abgesehen ist der PC heutzutage wohl das Experimentierequipment schlechthin. Externe *timer*, Tachistoskop oder Diaprojektor – *state of the art* noch bis in die 80er Jahre des letzten Jahrhunderts – sind in experimentalpsychologischen Laboren fast völlig ausgestorben. Der Umstand der Allgegenwärtigkeit des PCs führt leider dazu, dass viele dessen ›Haken und Ösen‹ nicht kennen.

2.2.1 Der Monitor

Visuelle Reize, seien es Wörter, Zahlen oder Bilder, werden auf einem Monitor dargestellt – logisch. Heute findet man üblicherweise zwei Monitortypen, die herkömmlichen Röhrenmonitore (CRT, *cathode ray tube*) und die moderneren Flachbildschirme, meist LC-Displays (*liquid crystal display*). Da die technischen Unterschiede für das Experimentieren entscheidende Konsequenzen haben, soll im Folgenden etwas genauer darauf eingegangen werden.

Der Röhrenmonitor. Bei einem Röhrenmonitor handelt es sich im Prinzip um eine Braun'sche Kathodenstrahlröhre. Der Kathodenstrahl trifft auf die Rückseite des phosphorbeschichteten Monitorglases und bringt diese Beschichtung zum Leuchten. Bei Farbmonitoren werden drei unterschiedliche Phosphortypen verwendet, die Emissionsmaxima im roten, grünen und blauen Bereich des sichtbaren Spektrums haben. Hat ein Monitor eine Auflösung von z. B. 1024 × 768 Pixel, so ›besitzt‹ er quasi 768 Zeilen, in jeder Zeile gibt es 1024 Pixel. Der Kathodenstrahl beginnt oben links in der ersten Zeile, durchläuft sie, springt zurück in die nächste Zeile, durchläuft sie, bis zur letzten Zeile des Bildschirms. Nun folgt der *vertical retrace*, also der Rücksprung von rechts unten nach links oben. Hat der Monitor eine Bildwiederholrate von z. B. 100 Hz, so geschieht dies 100-mal pro Sekunde, pro Wiederholung werden also 10 ms benötigt. Daraus ergibt sich, dass ein Bildschirminhalt nicht kürzer als eben diese 10 ms (bei 100 Hz Bildwiederholrate) dargeboten werden kann. Aus der Bildwiederholrate ergibt sich außerdem, dass Darbietungszeiten immer nur Vielfache des Frequenzkehrwertes sein können, bei einem 100 Hz Monitor also 10, 20, 30, ... ms. Andere Darbietungszeiten sind technisch nicht möglich.

Im Detail ist die Sache noch etwas komplizierter. Jedes einzelne Pixel wird vom Kathodenstrahl nur für den Bruchteil einer Millisekunde beschossen. Bleibt man bei einer Auflösung von 1024 × 768 Pixel und einer Bildwiederholrate von 100 Hz, so werden während 10 ms 1024 × 768 Pixel beschossen. Für jedes einzelne Pixel bleiben also nur $\frac{0.01s}{1024 \times 768} \approx 0.013\,\mu s$. Ist das gesamte Bild weiß, so wird das erste Pixel oben links für $0.013\,\mu s$ beschossen. Seine Leuchtdauer wiederum hängt vom verwendeten Phosphor ab. Phosphor P31 etwa erreicht innerhalb von $100\,\mu s$ sein Emissionsmaximum, um dann in weiteren $600\,\mu s$ auf 10 % abzufallen (Westheimer, 1993). Der in handelsüblichen Monitoren verwendete Phosphor P22 ist etwas langsamer, insbesondere ist der Abfall für die drei Phosphortypen (rot, grün, blau) unterschiedlich schnell. Physikalisch ist demnach das erste Pixel links oben schon längst wieder ›dunkel‹ bevor das letzte Pixel rechts unten leuchtet. Dennoch nimmt man eine homogene weiße Fläche wahr, da die Bildwiederholrate in diesem Beispiel deutlich über der Flimmerverschmelzungs-frequenz des menschlichen visuellen Systems liegt (Sperling, 1971). Reduziert man die Bildwiederholrate auf unter 85 Hz, so wird ein Flimmern des Monitors deutlich sichtbar. Dies muss unbedingt vermieden werden.

Obwohl ein einzelnes Pixel also nur für einige Hundert μs bis maximal ein bis zwei ms leuchtet[1], ist es nicht möglich, dieses früher als nach 10 ms erneut zum Leuchten anzuregen. Beispielsweise kann ein Farbwechsel eines Pixels von blau auf grün bei einer Bildwiederholrate von 100 Hz frühestens nach 10 ms erfolgen.

Das LC-Display. Die Technik von LC-Displays ist grundsätzlich verschieden von Röhrenmonitoren. Jedes Pixel wird quasi direkt angesteuert und leuchtet – oder eben nicht. Dies klingt erst einmal sehr verlockend für uns, könnte man doch so zu fast beliebigen Zeitpunkten beliebige Pixel an- und ausschalten. Leider erlaubt die PC-Technik das nicht. Zwar gibt es bei LC-Displays keinen Kathodenstrahl, der Zeile für Zeile über den Bildschirm läuft, dennoch wird das Bild zeilenweise aufgebaut. Beim LC-Disply, ebenso wie beim Röhrenmonitor, liegt die Information, was auf dem Bildschirm erscheinen soll, im Graphikspeicher des Computers. Diese Information wird nun entsprechend der Bildwiederholrate des Monitors ausgelesen. LC-Displays arbeiten gewöhnlich mit nur 60 oder 70 Hz, also wird die Information 60 oder 70 mal pro Sekunde aus dem Graphikspeicher ausgelesen und in ein sichtbares Bild umgewandelt. Im Vergleich zu Röhrenmonitoren sind die minimalen Darbietungszeiten von LC-Displays daher deutlich länger. Weiterhin haben die Flüssigkristalle der LC-Displays minimale Schaltzeiten, was schnelle Bildwechsel erschwert. Schnell bewegte Objekte hinterlassen auf LC-Displays häufig einen Schweif oder Schlieren. Bei aktuellen Displays ist dieses Problem inzwischen etwas geringer geworden. Um zu extrem kurzen Schaltzeiten zu gelangen, haben sich die Displayhersteller eine neue Technik (Overdrive) ausgedacht, bei der an jedem Pixel eine Überspannung angelegt wird. Allerdings muss man dazu vor dem Schaltvorgang wissen, welche Überspannung benötigt wird. Um diese Informationen zu erhalten, werden zukünftige Bildinformationen verrechnet. Dies hat zur Folge, dass die Ausgabe um ein bis drei Displayzyklen, bei den üblichen 60 Hz also bis zu 50 ms, verzögert wird. D. h. die Grafikkarte liefert das Bildsignal, aber der Monitor stellt diese Information erst 50 ms später dar. Diese Verzögerung ist bei normalem Arbeiten unproblematisch, der Monitor ›hinkt‹ der Grafikkarte um eine feste Zeit hinterher. Erfasst man jedoch Reaktionszeiten, schlägt sich diese Verzögerung systematisch nieder: Die Reaktionszeiten werden um diese feste Zeit fehlgemessen. Das mag so lange akzeptabel sein, wie man keine quantitativen Modelle anpasst und durch die systematische Fehlmessung zu unsinnigen Parameterschätzungen kommt. Besonders problematisch wird es, wenn man z. B. visuelle und auditive Reize zeitsynchronisiert darbieten möchte. Statt der vorgesehenen simultanen ergibt sich eine nicht-intendierte zeitversetzte Präsentation – mit gegebenenfalls fatalen Folgen für die Ergebnisinterpretation.

---

[1]Wir haben einen Monitor mit Phosphor P22 vermessen, ein weißes Pixel ist nach ca. 0.5–1.0 ms wieder dunkel.

Schließlich leiden die meisten LC-Displays, insbesondere von Notebooks, auch daran, dass sie einen kleineren Gamut[2] als Röhrenmonitore besitzen, was sie für Farbwahrnehmungsexperimente unbrauchbar macht. Allerdings werden neuerdings immer öfter sogenannte Wide-Color-Gamut und RGB-LED-Backlight Bildschirme angeboten. Diese LC-Displays weisen einen Farbraum auf, der sogar deutlich größer als der Adobe-RGB-Farbraum ist (Porteck & Wirtgen, 2009). In Verbindung mit einer durchzuführenden Kalibrierung und Profilierung wären diese Bildschirme ideal, wenn sie nicht gleichzeitig auch über die Overdrive-Technik verfügten und höhere Bildwiederholraten hätten.

LC-Displays mögen praktisch für den Schreibtisch und mittlerweile sogar für die Bildbearbeitung sein, für zeitkritische Experimente sind sie problematisch bis hin zu unbrauchbar.

Synchronisation mit dem vertical retrace. Bei der Darbietung visueller Reize ändert sich im Laufe eines *trials* der Bildschirminhalt. Ein Durchgang beginnt etwa mit einem leeren Bildschirm, dann wird der Hinweisreiz präsentiert, danach erfolgt die Darbietung des imperativen Reizes und die Versuchsperson muss reagieren. Anschließend ist der Bildschirm wieder leer. Solch eine Abfolge von Bildschirminhalten muss nicht nur zeitlich exakt sein, die Bildschirmwechsel müssen auch mit dem *vertical retrace* synchronisiert werden. Nur während des *vertical retrace* lassen sich Bildschirminhalte ändern, ohne dass auf dem Monitor ein kurzes Flackern entsteht. Verwendet man ein kommerzielles Experimentalsteuersystem, dann ist zu hoffen, dass die Synchronisation mit dem *vertical retrace* implementiert ist. Programmiert man seine Experimente von Hand, muss man selbst darauf achten, diese Synchronisation zu realisieren.

Farbkalibrierung. Für viele experimentelle Situationen sind die Standardeinstellungen eines Monitors hinsichtlich Helligkeit, Kontrast, Gamma und Farbraum völlig ausreichend, man achtet per Augenmaß darauf, dass ein »angenehmes« Bild geliefert wird. Dazu gehört, dass Kontrast und Helligkeit so gewählt werden, dass es in abgedunkelten Laborräumen nicht zur Blendung führt und alle Reize gut sichtbar sind. Weiterhin ist die Farbtemperatur so zu wählen, dass ein neutrales Grau gegeben ist. Präsentiert man beispielsweise Wörter in schwarz auf weißem Hintergrund, dann sollte der Hintergrund tatsächlich weiß und nicht rosa erscheinen.

Arbeitet man jedoch im Bereich der Farbwahrnehmung oder auch nur mit farbigen Reizen, ist eine regelmäßige und exakte Kalibrierung des Monitors nötig. Professionelle Graphikmonitore aus den Bereichen Bild- und Videoverarbeitung bringen entsprechende Testgeräte und Software schon mit, z. T. ist die Elektronik sogar in den Monitor integriert. Für Standardmonitore gibt es handelsübliche Kolorimeter inkl. Software zu erschwinglichen Preisen, eine kleine Übersicht findet sich bei Porteck (2009). Im Wesentlichen geht es darum, den Farbraum zu vermessen, das Gamma für den Rot-, Grün-

---

[2]Der Gamut ist der Körper im Farbraum, welcher mit dem Monitor durch innere Farbmischung nachgestellt werden kann.

und Blaukanal zu bestimmen und die Farbtemperatur des Weißpunktes festzulegen. Diese Informationen werden dann dem Graphikkartentreiber in Form von Farbprofilen zur Verfügung gestellt. Auf identisch kalibrierten Monitoren erscheint eine rote Tomate (annähernd) gleich rot, sofern der Farbton innerhalb des Farbraumes liegt.

2.2.2 Reaktionserfassung

Meist möchte man nicht nur Reize präsentieren, sondern auch die Reaktion der Versuchsperson erfassen. In vielen Fällen soll die Versuchsperson eine (von mehreren) Taste(n) drücken. In Abhängigkeit von der verwendeten abhängigen Variablen ergeben sich hierbei verschiedene Probleme.

Qualität der Reaktion. Angenommen, in einem Gedächtnisexperiment werden in der Lernphase 20 Bilder präsentiert, nach dem Behaltensintervall folgt die Testphase. In der Testphase werden 20 alte und 20 neue Bilder präsentiert, insgesamt also 40. Bei jedem Bild soll die Versuchsperson per Tastendruck entscheiden, ob sie das präsentierte Bild für alt oder neu hält. Es stehen also zwei unterschiedliche Tasten zur Verfügung und man ist nur daran interessiert, ob die Versuchsperson die eine oder andere Taste gedrückt hat. In diesem Fall ist es fast egal, welche Art von Tasten man verwendet, am einfachsten wären zwei unterschiedliche Tasten auf der normalen Computer-Tastatur oder auch die beiden Tasten einer herkömmlichen Computer-Maus.

Reaktionszeiterfassung. Eine völlig andere Situation ergibt sich, wenn man an der Erfassung der Reaktionszeiten interessiert ist. Bezogen auf das obige Gedächtnisexperiment könnte neben der Qualität der Antwort zusätzlich der Zeitbedarf der ›alt‹ bzw. ›neu‹ Antworten von Interesse sein. Die naheliegende Lösung, auch hier zwei Tasten der normalen Tastatur oder die Tasten einer Computer-Maus zu verwenden, ist leider schlecht. Der Druck auf eine Taste der Tastatur oder der Maus wird nicht sofort an den Computer weitergeleitet bzw. von diesem ausgewertet, sondern es vergeht eine gewisse Zeit. Diese Zeitverzögerung ist unglücklicherweise nicht konstant und außerdem von den technischen Eigenschaften der Peripherieanbindung abhängig (Beringer, 1992b; Crosbie, 1990; Segalowitz & Graves, 1990). Kurz gesagt: Tastatur und Maus sind unbrauchbar.

Als Alternative bieten sich externe Tastaturen an, die über die serielle oder parallele Schnittstelle eingebunden werden. In diesen externen Tastaturen kann man Mikroschalter mit Entprellung verwenden und die Abfrage der Schnittstelle kann mit hoher zeitlicher Auflösung erfolgen. Solchen Eingabemedien ist in jedem Fall der Vorzug zu geben, wenn Reaktionszeiten erfasst werden sollen (vgl. Voss, Leonhart & Stahl, 2007).

Es soll nicht verschwiegen werden, dass zukünftig vermutlich immer mehr Computer ohne parallele und/oder serielle Schnittstelle ausgeliefert werden. Dies stellt ein ernsthaftes Problem dar: Die Ansteuerung des USB-Ports ist bei weitem komplizierter als die Ansteuerung der seriellen oder parallelen Schnittstelle. Alternative Experimentierboards mit mehreren analogen und digitalen Eingängen, die via USB an den Rechner angebunden werden, sind häufig viel zu langsam, als dass man sie für ernsthaftes Experimentieren einsetzen könnte – Ausnahmen bilden hochpreisige Modelle.

Neben dem geeigneten Eingabegerät zur Reaktionserfassung benötigt man zweifellos eine Uhr. Jeder Computer stellt Funktionen zur Zeitmessung zur Verfügung – leider in ungenügender Genauigkeit (siehe aber Ulrich & Giray, 1989). Zu Zeiten von MS-DOS hat man deshalb den Timerbaustein 8253 so umprogrammiert, dass er eine millisekundengenaue Zeitmessung ermöglichte (vgl. Beringer, 1992a; Graves & Bradley, 1987, 1991). Nach der Einführung des Pentium-Prozessors hatte man die Möglichkeit, die Prozessorticks auszulesen. Dies erlaubte eine Messgenauigkeit weit jenseits dessen, was man als Experimentalpsychologe benötigt, erforderte aber auch Assembler-Kenntnisse. In der Windows-Welt steht einem ein hochpräziser *timer* mit den Funktionen QueryPerformanceFrequency() und QueryPerformanceCounter() zur Verfügung, ohne dass man sich mit Assembler in die Tiefen des Timerbausteins oder Prozessors begeben muss. Allerdings bedeutet ein präziser *timer* unter Windows noch keine präzise Zeitmessung (siehe Abschnitt 2.2.3).

Spracherfassung. Gelegentlich will man die Sprache oder andere Äußerungen einer Versuchsperson erfassen. Geht es tatsächlich darum, die Äußerungen oder den Gesang aufzuzeichnen, dann benötigt man ein qualitativ hochwertiges Mikrofon und einen entsprechenden Mikrofoneingang am Sound-Subsystem des Computers. Etwas komplizierter wird es, wenn man durch den Beginn des Sprachsignals eine Reaktionszeituhr stoppen möchte. Beispielsweise soll die Versuchsperson in einem Experiment einfache Kopfrechenaufgaben der Art 3 + 4 oder 6 × 7 lösen. Die korrekte Antwort soll ausgesprochen werden und man ist an der Lösungszeit, gemessen von der Aufgabenpräsentation bis zum Beginn der Antwortaussprache, interessiert. In diesem Fall ist die Methode der Wahl die Verwendung eines Stimmschlüssels (*voicekey*).

Stimmschlüssel. Bei einem Stimmschlüssel handelt es sich um einen Schwellwertschalter. Die Versuchsperson spricht in ein Mikrofon, dieses ist an den Stimmschlüssel angeschlossen, welcher seinerseits über die serielle oder parallele Schnittstelle mit dem Computer verbunden ist. Überschreitet der Schalldruckpegel des Signals die gewählte Schwelle, schaltet der Stimmschlüssel von Null auf Eins (oder umgekehrt).

Dieser Wechsel des Signalpegels wird vom Computer detektiert und die Reaktionszeituhr kann gestoppt werden. Da es sich bei dem akustischen Signal um eine Schwingung handelt, ändert sich das analoge Signal des Mikrofons ständig. Deshalb versieht man den Stimmschlüssel mit einem hysteresebehafteten Schaltverhalten, damit kein fortwährender Pegelwechsel entsteht (vgl. Abbildung 2.1).

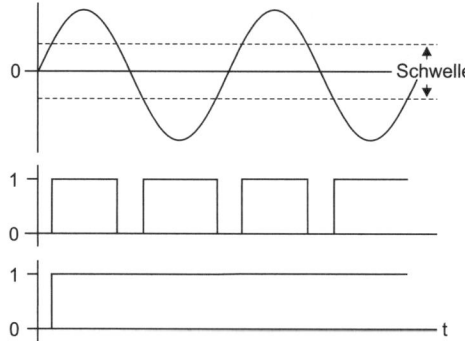

Abbildung 2.1. Oben: Signal und gewählte Schwelle. Mitte: Schaltverhalten eines einfachen Schwellwertschalters. Unten: Schaltverhalten eines hysteresebehafteten Schalters.

2.2.3 Betriebssystem

War bislang vom PC die Rede, dann war damit in aller Regel ein Standard-PC gemeint, also ein gewöhnlicher Rechner, auf dem kein Apfel-Logo klebt. Lässt man die Mac-Welt einmal außer Acht, dann hat man beim Standard-PC immer noch die Wahl des Betriebssystems. Die beiden verbreiteten Varianten Linux und Windows (NT, 2000, XP, Vista, Windows 7, alle vorherigen Varianten sind indiskutabel) sind im Prinzip zur Experimentalsteuerung denkbar schlecht geeignet. Bei beiden handelt es sich um Multitasking-Betriebssysteme, bei denen eine Vielzahl von Prozessen im Hintergrund laufen, die nicht abzuschalten sind. Erfordert das Experiment jedoch ein präzises *timing* der Reizdarbietung und Reaktionserfassung, dann ist es ausgesprochen ungünstig, wenn das Betriebssystem zwischenzeitlich beschließt, mal eben andere Aufgaben abzuarbeiten. Eigentlich bräuchte man zur sauberen Experimentalsteuerung ein Echtzeit-Betriebssystem.

Vor noch nicht allzu langer Zeit war es üblich, Experimente nicht unter Windows bzw. Linux laufen zu lassen, sondern MS-DOS zu verwenden. In nicht wenigen Labors wird auch heute noch unter DOS experimentiert, so hat man die Maschine problemlos im Griff, das Betriebssystem funkt einem nicht dazwischen und die Programmierung ist relativ einfach. Allerdings ist die DOS-Welt wirklich nicht mehr auf der Höhe der Zeit hinsichtlich Gerätetreiber, Soundausgabe, USB-Schnittstelle etc. Wer noch eine funktionierende ältere DOS-Maschine zum Experimentieren benutzt, der kann sie guten Gewissens weiterhin betreiben. Bei neuen Rechnern muss man sich mit Windows (oder Linux) arrangieren. Dies macht einige zusätzliche Kontrollen nötig. Arbeitet man beispielsweise unter Windows, so genügt es nicht, das gesamte *trial-timing* vorzugeben, sondern man muss jedes Ereignis auch zeitlich erfassen, um nach einem *trial* entscheiden zu können, ob die Zeitvorgaben eingehalten wurden. Die Chance, dass dies der Fall ist, ist mit schnellen Rechnern deutlich besser, d. h. ein aktueller Rechner (2009/2010) ist unter Windows XP bzw. 7 (aber nicht Vista) hinreichend schnell, um damit experimentieren zu können. Bei einem in die Jahre gekommenen Computer muss dies nicht gegeben sein (vgl. Myors, 1999).

2.2.4   Programmsysteme

Zum Verfassen eines Textes verwendet man ein geeignetes Textprogramm, zur Datenauswertung ein gutes Statistikprogramm. Auch zur Experimentalsteuerung existieren entsprechende Programmsysteme, es gibt jedoch Gründe, die gegen deren Verwendung sprechen. Ein einfacher Grund lautet: Die guten Experimentalsteuerprogramme sind teuer. Ein zweiter ausschlaggebender Grund gegen die Verwendung solcher Baukastensysteme ist, dass man unvorhergesehen an deren Grenzen stößt.

Ein typisches Problem bei der Experimentalsteuerung besteht darin, die Abfolge der experimentellen Bedingungen zu kontrollieren. Die Varianten ›in vorgegebener Reihenfolge‹ oder ›in zufälliger Reihenfolge‹ lassen sich bei allen Programmsystemen recht einfach realisieren. Die Standardsituation beim Experimentieren ist jedoch eine Zufallsabfolge mit Einschränkung. Beispielsweise will man bei einem Experiment zum Kopfrechnen alle einstelligen Additionsaufgaben verwenden. Diese Aufgaben sollen in zufälliger Reihenfolge präsentiert werden, ohne dass aufeinanderfolgende Aufgaben gemeinsame Operanden und Ergebnisse besitzen. Auf die Aufgabe 3 + 4 darf weder 4 + 5 oder 8 + 3 (gemeinsamer Operand), noch 7 + 2 (7 ist das Ergebnis von 3 + 4), noch 1 + 2 (das Ergebnis entspricht einem vorherigen Operanden) folgen. Solche Einschränkungen in Zufallsabfolgen lassen sich mit Experimentalsteuerprogrammen kaum realisieren. Das bedeutet aber, dass man die Bedingungsabfolge extern generieren und der Experimentalsteuerung zuweisen muss. Werden dafür eigene Programme geschrieben, ist der Schritt zur vollständigen Programmierung des Experimentes nicht mehr allzu groß (siehe auch Abschnitt 7.2).

2.3   Material

2.3.1   Grundsätzliches

Das in einem Experiment eingesetzte Material ist von entscheidender Bedeutung, insbesondere im Hinblick auf eine adäquate Operationalisierung der unabhängigen Variablen. Triviale Fehler lassen sich problemlos vermeiden. Will man in einem Experiment zur visuellen Suche z. B. rote und blaue Rechtecke auf dem Computer-Monitor darbieten, genügt eine einfache Betrachtung, um festzustellen, ob die Rechtecke tatsächlich rot und blau sind. Verwendet man die Reize hingegen im Rahmen eines Experimentes zur Farbwahrnehmung, ist sehr viel mehr Aufwand bei der Beurteilung der Reizqualität zu treiben. Ähnlich verhält es sich bei der Darbietung akustischer Reize. Handelt es sich um einen Hinweisreiz, dann ist es vermutlich egal, ob er 440 oder 445 Hz aufweist. Ist die Frequenz von entscheidender Bedeutung, muss man tatsächlich prüfen, ob der dargebotene Ton die gewünschte Frequenz besitzt. Die Mühe, die man sich bei der Konstruktion des Materials geben muss, hängt immer vom jeweiligen Experiment und der Rolle des Materials in diesem Experiment ab. Für bestimmte Materialtypen werden in den folgenden Abschnitten noch genauere Hinweise gegeben, zunächst seien jedoch einige allgemeine Aspekte aufgeführt.

Operationalisierung. Immer wieder kommt es vor, dass das eingesetzte Material nur schlecht die zu untersuchenden Variablen repräsentiert, die psychologischen Konstrukte wurden dann inadäquat operationalisiert. In ihrem Artikel »When sex primes love: Subliminal sexual priming motivates relationship goal pursuit« berichten Gillath, Mikulincer, Birnbaum und Shaver (2008) von der Wirkung sexueller *primes*. Man erwartet eine angemessene Operationalisierung des Konzepts ›sexueller *prime*‹. Liest man in dem Artikel nach, so findet sich die Beschreibung »The sexual primes were erotic but not pornographic pictures (an attractive naked, reclining man shown from the groin up... an attractive naked kneeling woman photographed from behind)...« (Gillath et al., 2008, S. 1060). Dass sexuelle Bilder nicht notwendigerweise pornographisch sein müssen, soll gar nicht in Abrede gestellt werden, ob aber ein unbekleideter Männeroberkörper bzw. ein freier Frauenrücken *sexuelle* Reize sind, erscheint mehr als fraglich. Es bleibt festzuhalten, dass das Material so zu wählen ist, dass die Variablen des Experimentes in optimaler Weise operationalisiert werden.

Konfundierung. Weiterhin ist darauf zu achten, dass durch die Materialwahl keine Konfundierungen entstehen (vgl. Abschnitt 2.6). In einem Manuskript war kürzlich zu lesen, dass in einem Experiment einfache Additions- und Multiplikationsaufgaben verwendet wurden. Die Autoren entschieden sich dafür, die Multiplikationsaufgaben in der Form ›klein × groß‹ (z. B. 3 × 5), die Additionsaufgaben aber in der Form ›groß + klein‹ (z. B. 5 + 3) zu präsentieren. Wenn sich nun in den Ergebnissen ein Unterschied zwischen Addition und Multiplikation findet, weiß man nicht, ob dieser auf die Rechenoperation oder die Operandenreihenfolge zurückzuführen ist.

Generalisierung. Die Wahl des Materials hat auch entscheidenden Einfluss darauf, ob die erzielten Ergebnisse generalisiert werden können. Will man eine Aussage über das Additions- und Multiplikationswissen für einstellige Aufgaben treffen, so bietet es sich an, *alle* einstelligen Aufgaben in dem Experiment zu verwenden. Würde man hingegen lediglich die +2 und ×2 Aufgaben verwenden, wäre eine Generalisierung auf alle einstelligen Aufgaben sehr zweifelhaft. Leider ist diese Strategie, alle relevanten Reize im Experiment auch zu verwenden, nur selten möglich. Möchte man in einer Untersuchung transparente und intransparente Komposita (z. B. Schaukelstuhl vs. Dachstuhl) miteinander vergleichen, kann man unmöglich alle entsprechenden Wörter der Sprache verwenden. Stattdessen muss eine hinreichend große Auswahl getroffen werden – eine Materialstichprobe.

Anhand der Originaluntersuchung von Rauscher, Shaw und Ky (1993) zum *Mozart-Effekt* wird dieses Problem sehr anschaulich mit ganz anderem Material illustriert. Die

Versuchspersonen hörten entweder für zehn Minuten eine Klaviersonate von Mozart (für 2 Klaviere, D-Moll, K448), folgten einer CD mit Entspannungsinstruktionen oder sie befanden sich in Ruhe. Danach mussten alle Teilnehmer Intelligenztestaufgaben zum räumlichen Vorstellungsvermögen lösen. Die Leistungen waren nach der Mozart-Sonate besser als in den anderen Bedingungen. Dieser Effekt geistert seither als *Mozart-Effekt* durch die Literatur. An dieser Stelle soll nicht der Sinn oder Unsinn des Effektes diskutiert werden. Die Autoren selbst sprechen in ihrem *Nature*-Artikel erfreulicherweise auch gar nicht von einem *Mozart-Effekt*. Dies wäre auch unangemessen gewesen, da nur ein einziges Musikstück verwendet wurde. Bestenfalls könnte man von einem Mozart-K448-Effekt sprechen, genau genommen müsste man aber vom Effekt »spezielles Musikstück vs. keine Musik« sprechen, denn verglichen wurde ja mit Entspannungsinstruktionen – nicht mit Entspannungsmusik, wie Jansen-Osmann (2006) schreibt – und Ruhe. Gäbe es tatsächlich einen *Mozart-Effekt*, dann müsste sich die bessere Leistung in räumlichen Aufgaben bei vielen Stücken von Mozart zeigen, gleichzeitig dürfte sie bei Werken anderer Komponisten nicht auftreten.

Schriftgröße und Schriftart. Will man Buchstaben, Wörter, Zahlen oder Textpassagen visuell darbieten, ergeben sich ein paar einfache Fragen, z. B. nach der Schriftart, Schriftgröße und -farbe. Der Text sollte in schwarzer Schrift auf weißem Hintergrund dargeboten werden – es sei denn, die Farbe wäre eine zu variierende Variable im Experiment. Der Grund für diese Empfehlung ist einfach: Als Leser ist man gewohnt, schwarze Schrift auf weißem Grund zu lesen, so wie es in diesem Buch auch der Fall ist. Dass zu früheren Computer-Zeiten grün-auf-schwarz oder orange-auf-schwarz, später dann weiß-auf-schwarz verwendet wurde, hatte einfach technische Gründe. Die Bildwiederholfrequenz war so niedrig, dass ein heller Hintergrund zu starkem Flimmern geführt hätte. Da diese Probleme heute nicht mehr existieren, gibt es keinen Grund, in Standardexperimenten von der schwarz-auf-weiß Darstellung abzuweichen.

Die Wahl der Schriftgröße hängt natürlich von den speziellen Reizen ab. Präsentiert man einzelne Buchstaben, sollten diese eine größere Schrift besitzen als bei der Präsentation ganzer Wörter. Werden längere Textpassagen dargeboten, muss man eine noch kleinere Schriftgröße wählen. Die Angabe der Schriftgröße in Punkt (pt), z. B. 12 pt, ist zwar möglich, jedoch nicht sehr informativ. Die Angabe sollte in Grad Sehwinkel erfolgen (siehe »Größenangaben«).

Die zu wählende Schriftart der Reize hängt erneut von der Art der Reize ab. Für längere Textpassagen empfiehlt sich eine Schrift aus der Familie der Antiqua-Schriften, also eine Serifen-Schrift (z. B. *Times, Times-Roman*). Serifenschriften lassen sich bei Fließtext gut lesen. Auch dieses Buch verwendet eine Serifenschrift. Werden jedoch nur einzelne Wörter oder Buchstaben dargeboten, dann sind die Schriften aus der Grotesk-Familie besser geeignet, also eine serifenlose Schrift (z. B. *Helvetica* oder *Arial*). Gebrochene Schriften, z. B. *Fraktur*, und Schmuckschriften sind unbrauchbar zum Experimentieren.

Größenangaben. Zur Angabe von Reizgrößen sind Maße in pt oder pixel ungeeignet. Die tatsächliche Größe des Reizes hängt von der Geometrie des Monitors, die Größe des retinalen Abbildes zusätzlich noch vom Betrachtungsabstand ab. Deshalb ist es erforderlich, bei jeglichem visuell präsentierten Material den Sehwinkel anzugeben (siehe Abbildung 2.2).

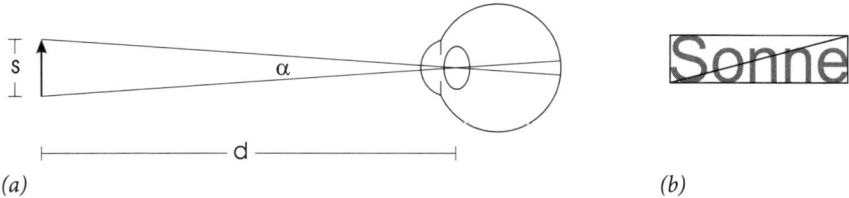

(a) (b)

Abbildung 2.2. (a) Ein Objekt der Größe *s* befindet sich in Entfernung *d* vom Betrachter, gesucht ist der Sehwinkel *α*. (b) Soll der horizontale, der vertikale oder der diagonale Sehwinkel angegeben werden?

Der Sehwinkel berechnet sich wie folgt :

$$\tan\left(\frac{\alpha}{2}\right) = \frac{s/2}{d} = \frac{s}{2d} \Rightarrow \frac{\alpha}{2} = \tan^{-1}\left(\frac{s}{2d}\right) \Rightarrow \alpha = 2\tan^{-1}\left(\frac{s}{2d}\right) \tag{2.1}$$

Bei der Angabe des Sehwinkels ist zu prüfen, ob man das Winkelmaß in Grad oder in Bogenmaß angibt. Bei Gradangaben (0° – 360°) ist auf das Symbol ° zu achten. Bei Angaben in Bogenmaß (0 – 2π) kann die Hilfsmaßeinheit *rad* verwendet werden. Die Umrechnung von Bogenmaß in Winkelgrade erfolgt gemäß 1 rad = 180°/π. Sehwinkelangaben in Bogenmaß sind in vielen Forschungsgebieten unüblich. Bei der Berechnung des Sehwinkels (siehe Abbildung 2.2 bzw. Gleichung 2.1) sind die Größen *s* und *d* in gleichen Einheiten zu verwenden, z. B. cm. Das bedeutet auch, dass man die Größe der Reize auf dem Monitor tatsächlich mit einem Lineal vermessen muss.

Schließlich muss man angeben, für welche Reizdimension der Sehwinkel berechnet wurde. Ein Bild oder das ein Wort umschließende Rechteck haben eine horizontale und vertikale Ausdehnung. Man kann nun den Sehwinkel entsprechend der horizontalen, der vertikalen oder der diagonalen Ausdehnung angeben.

2.3.2 Wörter

Werden im Experiment Wörter als Stimuli verwendet, gibt es eine Vielzahl unerwünschter Störvariablen, die wirksam werden können. Welche Variablen das im Einzelnen sind, hängt stark von der Fragestellung, der experimentellen Methodik und der Darbietungsmodalität ab. Im Folgenden sollen einige dieser Einflussgrößen beschrieben werden.

Worthäufigkeit. Einen sehr großen Einfluss, z. B. auf die Worterkennung, hat die Worthäufigkeit, und zwar sowohl beim Benennen (*naming*) als auch bei der lexikalischen Entscheidungsaufgabe (*lexical decision*). Je häufiger ein Wort in der jeweiligen Sprache vorkommt, desto schneller kann es erkannt werden. Aus diesem Grunde ist es wichtig, dass die Wörter in unterschiedlichen experimentellen Bedingungen die gleichen Worthäufigkeiten besitzen. Wäre dies nicht der Fall, wäre die unabhängige Variable mit der Worthäufigkeit konfundiert. Um dies zu vermeiden ist es nötig, eine geeignete Datenbank mit Angaben zur Häufigkeit eines jeden Wortes zu konsultieren. Lange Zeit war im deutsch-sprachigen Raum die CELEX Datenbank das Mittel der Wahl. Ein Blick auf das Interface offenbart jedoch sofort, dass man ohne gründliche Einweisung nichts versteht. Seit einiger Zeit gibt es eine Alternative der Universität Leipzig. Leider ist diese Datenbank in mehrerer Hinsicht problematisch. Beispielsweise werden die Worthäufigkeiten in einem ungewöhnlichen Maß angegeben, nämlich in Wortklassen. Gehört ein Wort zur Wortklasse 4, dann bedeutet das, dass es 2^4 mal seltener in der deutschen Sprache vorkommt als das häufigste Wort »der«. Üblich in der Psycholinguistik sind aber Angaben der Form »Anzahl pro Million Wörter«. Weiterhin ist keine Möglichkeit der intelligenten Filterung zu erkennen. Will man z. B. zweisilbige Wörter mit einer bestimmten Häufigkeit, so muss Leipzig passen. Außerdem lassen sich ganz schnell Fehler in der Datenbank finden. Eine Suche nach »war« liefert neben dem Wort selbst auch die Formen »warem«, »warer« und »wares«, die jedoch auf Schreibfehler in den ausgewerteten Quellen zurückzuführen sind. Zur Zeit befindet sich eine alternative Datenbank in Potsdam im Aufbau. Aufgrund des frühen Entwicklungsstadiums kann derzeit jedoch keine Aussage über deren Qualität gemacht werden.

Es soll noch ein grundsätzliches Problem solcher Datenbanken angesprochen werden: Üblicherweise wird die geschriebene Sprache ausgezählt, die Worthäufigkeiten der gesprochenen Sprache können davon aber erheblich abweichen. Das englische Personalpronomen »I« ist in der gesprochenen Sprache etwa 10-mal häufiger als in der geschriebenen (Harley, 2008).

Erwerbsalter. In letzter Zeit rückte neben der Worthäufigkeit auch das Erwerbsalter (*age of acquisition*) in den Fokus. Wörter, die früh in der Kindheit erlernt wurden, können schneller erkannt werden. Zwar sind das Erwerbsalter und die Worthäufigkeit positiv korreliert, sie leisten aber voneinander trennbare Beiträge zur Worterkennung. Also müsste man das Erwerbsalter als Störvariable betrachten und das Material entsprechend ausbalancieren. Wie man das Erwerbsalter zuverlässig erheben kann, ist umstritten (siehe Bonin, Barry, Méot & Chalard, 2004; Ferrand et al., 2008; Zevin & Seidenberg, 2002).

Wortlänge. Der Einfluss der Wortlänge auf die Worterkennung wird ebenfalls kontrovers diskutiert (Harley, 2008). Zudem gibt es ein grundsätzliches Problem bei der Bestimmung der Wortlänge: Wird sie in Anzahl der Buchstaben, Anzahl der Silben oder der Aussprechdauer gemessen? In der Gedächtnispsychologie spielt die Wortlänge eine entscheidende Rolle, z. B. der Wortlängeneffekt im Rahmen der Arbeitsgedächtnistheorie von Baddeley (Baddeley & Hitch, 1974). Hier konnte gezeigt werden, dass der entscheidende Faktor die Aussprechdauer und nicht die Anzahl der Silben ist (Baddeley, Thomson & Buchanan, 1975; Mueller, Seymour, Kieras & Meyer, 2003).

Nachbarschaftseffekte. Eine weit verbreitete Vorstellung geht davon aus, dass die Einträge in unserem mentalen Lexikon der Art strukturiert sind, dass ähnliche Wörter näher beieinander liegen. Ohne die Begriffe Nähe und Ähnlichkeit zu definieren, dem Wort »Kutter« (Worthäufigkeitsklasse 15) sind eine Reihe anderer Wörter ähnlich, etwa »Mutter«, »Butter«, »Kutte« etc. Für das Wort »Tomate« gilt ebenfalls die Worthäufigkeitsklasse 15, es gibt aber sehr viel weniger Nachbarn. Interessanterweise hat die Anzahl der Nachbarn einen Effekt auf die Worterkennung: Viele Nachbarn führen bei der Worterkennung zu einer *Erleichterung*. Die Zahl der Nachbarn muss also als Störvariable kontrolliert werden.

Weitere mögliche Störvariablen. Je nach Fragestellung und experimenteller Methode kommen noch weitere potenzielle Störvariablen in Frage, z. B. die Bigrammhäufigkeit, die morphologische Komplexität, die Onsetkomplexität, die semantische (und oder morphologische) Transparenz etc. Hier hilft nur, sich in dem jeweiligen Forschungsgebiet umfassend zu belesen. So spielt etwa in der Gedächtnispsychologie die Konkretheit der Wörter eine entscheidende Rolle. Die Behaltensleistung für konkrete ist deutlich höher als für abstrakte Wörter (Yuille & Paivio, 1967).

Angleichen des Materials. Nachdem einige potenzielle Störvariablen genannt wurden, stellt sich die Frage, wie man sein Material so zusammenstellt, dass sich die Items der unterschiedlichen experimentellen Bedingungen nur in der unabhängigen Variablen unterscheiden, hinsichtlich der Störvariablen aber angeglichen (*matched*) sind. Muss man nur eine Störvariable berücksichtigen, so ist dies noch gut per Hand zu machen. Gilt es jedoch mehrere Störvariablen zu berücksichtigen, die üblicherweise auch noch miteinander korreliert sind, dann wird die Handarbeit ineffizient. In diesem Fall kann ein Computerprogramm hilfreich sein, Casteren und Davis (2007) stellen ein solches namens *Match* zur Verfügung.

Nicht-Wörter. Soll die Versuchsperson eine lexikalische Entscheidungsaufgabe durchführen, so werden Nicht-Wörter benötigt, also Buchstabenfolgen, die kein Wort der Muttersprache ergeben.

Oft begnügt man sich mit der muttersprachlichen Expertise des Experimentators, der schlicht entscheidet, ob potenzielle Nicht-Wörter wirklich nicht zur Muttersprache gehören. Hat sich der Experimentator bei einigen wenigen Nichtwort-Kandidaten geirrt, dann fällt das spätestens bei der Datenauswertung auf: Es wird für diese Wörter viele vermeintlich falsche Antworten geben.

Für gewöhnlich unterscheidet man noch zwischen Nicht-Wörtern und Pseudo-Wörtern, wobei Pseudo-Wörter zwar ebenfalls Nicht-Wörter sind, aber den Regeln der Wortbildung der jeweiligen Sprache folgen. »Batier« wäre ein Pseudowort, denn es könnte dieses Wort in der deutschen Sprache geben. Hingegen entspricht die Buchstabenfolge »Grzym« nicht den deutschen Wortbildungsregeln, sehr wohl aber den polnischen. Typischerweise können Pseudo-Wörter langsamer als andere Nicht-Wörter zurückgewiesen werden.

Darbietungsmodalität. Unabhängig von den bisherigen ergeben sich weitere Störvariablen durch die Darbietungsmodalität. Bei visueller Präsentation müssen die im Abschnitt 2.3.1 angesprochenen Variablen Schriftart, -größe und -farbe beachtet werden. Bietet man verbales Reizmaterial auditiv dar, ergeben sich andere zu beachtende mögliche Störvariablen. Beispielsweise können die Sprecherstimme (männlich vs. weiblich) oder prosodische Eigenschaften einen Einfluss haben. Weiterhin gilt es physikalische Eigenschaften wie z. B. die Lautstärke anzugleichen.

2.3.3   Bilder

Besteht das Stimulusmaterial aus Bildern, ergeben sich zwar ganz eigene Probleme, die Situation ist jedoch ähnlich zur Arbeit mit Wörtern: Man hat zwei oder mehr experimentelle Bedingungen, für jede Bedingung gibt es einen eigenen Materialsatz, der sich entsprechend der experimentellen Manipulation unterscheidet, in allen anderen Hinsichten aber gleich sein soll.

Zur Illustration soll das Experiment von Thorpe, Gegenfurtner, Fabre-Thorpe und Bülthoff (2001) herangezogen werden. Jede Versuchsperson sah insgesamt 1400 Fotos. Auf 700 dieser Fotos waren Tiere abgebildet, auf den anderen Fotos nicht. Jedes Foto wurde für nur 28 ms in einer bestimmten horizontalen Exzentrizität dargeboten, die Versuchsperson sollte entscheiden, ob auf dem Foto ein Tier zu sehen war oder nicht. Sollte den Versuchspersonen dies auch bei großen Exzentrizitäten gelingen, dann wäre der Nachweis erbracht, dass Szenenanalyse und Formerkennung in sehr kurzer Zeit auch im peripheren visuellen Feld möglich ist. Um das Ergebnis vorweg zu nehmen: Die Versuchspersonen lagen auch bei peripherer Darbietung deutlich über dem Zufallsniveau.

Um nun tatsächlich schlussfolgern zu können, dass diese Leistung auf Formerkennung zurückzuführen ist, müssen die Tier- und Nicht-Tier-Bilder ansonsten identisch sein. Eine absurde Konfundierung läge z. B. vor, wenn die Tier-Bilder farbig, die Nicht-Tier-Bilder aber schwarz/weiß gewesen wären. Dann hätte die *low-level*-Fähigkeit, zwischen farbig und schwarz/weiß zu unterscheiden, ausgereicht, um Tier- von Nicht-Tier-Bildern zu unterscheiden. Dies ist, ähnlich wie die Bildgröße, eine vergleichsweise leicht zu kontrollierende Störvariable. Deutlich schwieriger ist die Kontrolle hinsichtlich vorherrschender Farbtöne, Kontraste, Bild-Helligkeiten, Hintergründen und Position des Hauptmotivs. Die Unterscheidung zwischen Tier- und Nicht-Tier-Bildern wäre z. B. sehr einfach, wenn das Hauptmotiv in der einen Bedingung eher mittig, in der anderen aber eher randständig abgebildet ist.

Diese Liste möglicher Störvariablen lässt sich noch beliebig fortsetzen und ist stark von den jeweiligen Motiven abhängig. Die Schwierigkeit, die Bilder entsprechend anzugleichen, wird dadurch erschwert, dass man die einzelnen Attribute für jedes Bild getrennt erfassen muss. Es reicht also nicht aus, die mittlere Helligkeit, den mittleren Kontrast, die Farbigkeit etc. pro experimenteller Bedingung zu bestimmen. Stattdessen erzeugt man im Idealfall Bildpaarlinge, die in allen relevanten Dimensionen, außer der manipulierten, übereinstimmen.

Neben all den genannten Problemen stellt sich außerdem die Frage, woher man die Bilder für sein Experiment nimmt. Eine naheliegende Variante ist das Stöbern und Bedienen im Internet. Dies wäre aber in vielen Fällen illegal, da man die Verwertungsrechte für die Bilder nicht besitzt: Es wäre schlicht Bilderklau. Alternativ kann man größere Bildsammlungen kaufen – Thorpe et al. (2001) verwendeten die *Corel Photo Library*. Dies mag auf den ersten Blick eine gute Idee sein, ist jedoch in verschiedener Hinsicht problematisch für Replikationen (z. B. Änderung von Rechten, Einstellung des Verkaufs).

Es bleibt der Rückgriff auf frei verfügbare Bilder (z. B. Wikimedia Commons), von anderen Forschern frei zur Verfügung gestelltes Material (siehe Online-Materialien) oder selbst fotografierte Bilder. Letzteres erfordert jedoch gute fotografische und Bildbearbeitungs-Kenntnisse.

2.3.4 Farbe

In Abschnitt 2.2 zu Gerätschaften wurde schon darauf hingewiesen, dass bei experimentellen Fragestellungen mit farbkritischem Reizmaterial mit einem farbkalibrierten Monitor zu arbeiten ist. Dem ist an dieser Stelle nichts hinzuzufügen.

Allerdings kann es darüber hinaus notwendig sein, die Reizeigenschaften genau zu vermessen. Ein Beispiel hierfür wäre die Darbietung isoluminanter Farbreize. Darunter sind Reize zu verstehen, deren Leuchtdichte identisch ist, z. B. soll ein roter Reiz genauso *hell* wie ein blauer und ein grüner Reiz sein. Hier führt kein Weg daran vorbei, mit einem geeigneten Messgerät (z. B. Kolorimeter) die Leuchtdichte der entsprechenden Reize zu messen und so zu verändern, dass sie tatsächlich isoluminant sind.

Auch hier ist eine exakte und regelmäßige Messung auf dem Experimentalrechner unverzichtbar. Da die Farb- und Helligkeitseigenschaften von Monitoren nicht nur über längere Zeiten Schwankungen unterliegen, sondern sich auch nach dem Einschalten deutlich verändern, muss man dem Monitor sowohl vor der Messung als auch vor dem Experiment einen gewissen Vorlauf geben – ein bis zwei Stunden sollten ausreichend sein.

2.3.5 Töne und Musik

Bei dem, was man als Ton oder Klang wahrnimmt, handelt es sich um Schallwellen, d. h. die Ausbreitung von Druckschwankungen in einem Medium – meist Luft. Die

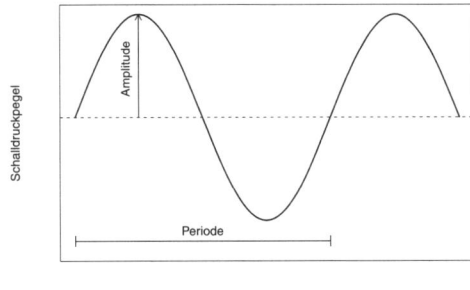

Abbildung 2.3. Darstellung eines reinen Tones. Die Frequenz (f) wird angegeben in Schwingungen pro Zeit, die entsprechende Einheit lautet Hz (1/s). Die zugehörige Wellenlänge berechnet sich aus $\lambda = c/f$ mit c = 343 m/s für Schallwellen in Luft. Der Kammerton A = 440 Hz hat also eine Wellenlänge von ca. 78 cm.

einfachste Form, der reine Ton, ist eine Sinusschwingung einer bestimmten Frequenz und meist konstanter Amplitude. Dabei beeinflussen die physikalischen Größen Frequenz die wahrgenommene Tonhöhe und Amplitude die empfundene Lautheit. Mathematisch lassen sich Sinustöne, wie der Name vermuten lässt, mit einer Sinusfunktion beschreiben (siehe Abbildung 2.3).

Klänge[3] (komplexe Töne) entstehen durch die Überlagerung mehrerer Sinusschwingungen, deren Frequenzen ganzzahlige Vielfache der Grundfrequenz sind. Diese ganzzahligen Vielfache werden auch als Obertöne (Harmonische) bezeichnet. Die Grundfrequenz bestimmt die wahrgenommene Tonhöhe; Frequenz, Amplitude und Anzahl der Obertöne bestimmen die Klangfarbe. Beispielsweise »klingt« der Kammerton A (440 Hz) auf einem Klavier anders als auf der Gitarre – dies ergibt sich unter anderem durch die unterschiedlichen Obertöne.

Der Vollständigkeit halber sei noch angeführt, dass Überlagerungen beliebiger sinusförmiger Schwingungen auch als Tongemisch bezeichnet werden (z. B. Glocke). Die Überlagerung nichtperiodischer Schwingungen bezeichnet man dann als Geräusch. Ein in Experimenten hin und wieder verwendetes, spezielles Geräusch ist das sogenannte weiße Rauschen. Hierbei werden zeitgleich eine Vielzahl von Frequenzen mit gleicher Amplitude dargeboten.

Ein weiteres Charakteristikum von Tönen, Klängen und Geräuschen ist die Hüllkurve, die den Amplitudenverlauf über die Zeit darstellt. Schlägt man beispielsweise eine Taste auf dem Klavier an, erreicht der Ton schnell seine maximale Amplitude und wird dann langsam schwächer. Üblicherweise wird der Verlauf von Hüllkurven in vier

---

[3]Die Unterscheidung zwischen Tönen und Klängen ist eher physikalischer Natur, in der Musik wird auch für einen (physikalischen) Klang die Bezeichnung Ton verwendet.

Phasen beschrieben (siehe Abbildung 2.4): Anstieg (*attack*), Abfall (*decay*), Haltepegel (*sustain*) und Freigabe (*release*). Die Hüllkurven verschiedener Instrumente unterscheiden sich hinsichtlich der Zusammensetzung (ggf. gibt es nur die Phasen Anstieg und Abfall), der Länge und dem Verlauf (z. B. linear) der einzelnen Phasen.

Für eine Reihe von Programmen zur Generierung, Manipulation und Analyse tonalen Materials sei auf Abschnitt 7.4 verwiesen. Die Ton-Konstruktion »von Hand« hat den Vorteil, das man genau weiß, aus welchen Komponenten sich das Reizmaterial zusammen setzt. Dies ist insbesondere bei psychoakustischen Experimenten entscheidend. Es gibt inzwischen jedoch auch eine Vielzahl von Notensatzprogrammen (z. B. Lilypond), die in der Lage sind, die Noten als Audiodatei abzuspeichern. In allen Fällen sollte das so konstruierte Reizmaterial dahingehend überprüft werden (z. B. mittels Fourier-Analyse), dass Grundfrequenz und Obertöne tatsächlich den Vorgaben entsprechen.

Ein letzter Schritt der Reizkonstruktion besteht darin, die Ausgabequalität zu überprüfen: Liefern die Lautsprecher oder Kopfhörer die Reize tatsächlich in der gewünschten Zusammensetzung oder gibt es nicht-lineare Übertragungsfunktionen? Hierbei sind ein kalibrierter Frequenzanalysator und ein Schalldruckpegelmesser hilfreich.

In der Regel arbeitet man mit unterschiedlichem Tonmaterial. Dabei ist, genau wie bei allen anderen Materialformen, darauf zu achten, dass sich das Reizmaterial nur in der interessierenden Variablen unterscheidet. Gegebenenfalls müssen andere Parameter, z. B. Lautstärke oder *attack*-Zeiten, angepasst werden. Diese Anpassung des Materials gestaltet sich bei der Arbeit mit Musik oft besonders schwierig, da hier neben Frequenz, Amplitude und Klangfarbe noch eine Vielzahl weiterer Parameter (z. B. Rhyth-

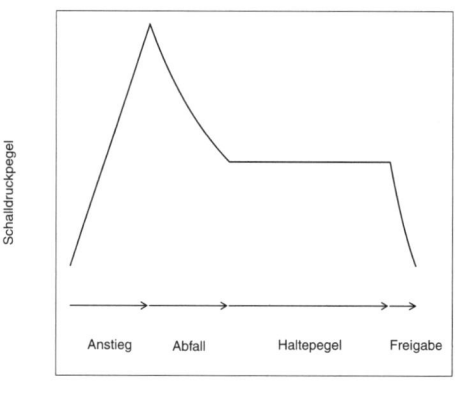

Abbildung 2.4. Idealisierte Darstellung der vier Phasen einer typischen Hüllkurve.

mus, Tempo, Melodie, Tonart) beachtet werden müssen. Beispielsweise wird in der Emotionsforschung oft »fröhliche« von »trauriger« Musik anhand des Tongeschlechts (Dur vs. Moll) unterschieden (Gabrielsson & Lindström, 2001). Operationalisiert man nun in einem Experiment *fröhlich vs. traurig* mit *Dur vs. Moll*, handelt man sich möglicherweise Konfundierungen ein. Denn neben dem Tongeschlecht spielen auch das Tempo, die dominierenden Intervalle, Harmonie und dominierende Melodierichtung bei der Unterscheidung von »fröhlicher« und »trauriger« Musik eine Rolle.

Zur Aufnahme und Wiedergabe tonalen Reizmaterials werden entsprechend hochwertige Geräte benötigt. Zwar sind aktuelle Soundkarten in aller Regel ausreichend, billige Mikrofone und Lautsprecher bzw. Kopfhörer jedoch völlig ungeeignet. Man sieht, dass auch bei der Verwendung von psychoakustischem und musikpsychologischem Material mit großer Sorgfalt von der Reizgenerierung bis zur -wiedergabe gearbeitet werden muss.

2.4 Versuchsplan

2.4.1 Faktorielle Versuchspläne

Das Design eines Experimentes stellt quasi seine Logik dar. Um die in der Einleitung aufgestellten Hypothesen überprüfen zu können, bedarf es einer bestimmten experimentellen Technik – geeignete unabhängige Variablen müssen variiert, die Auswirkung auf die abhängige Variable erfasst und Störvariablen ausgeschlossen bzw. konstant gehalten werden.

Die Standard-Versuchspläne in der Experimentellen Psychologie sind *faktorielle* Versuchspläne. Darunter ist zu verstehen, dass ein oder mehrere Faktoren (unabhängige Variablen) variiert und gegebenenfalls miteinander kombiniert werden. Um keine Begriffsverwirrung entstehen zu lassen, sei deutlich gesagt: Diese *Faktoren* haben bis auf den Namen nichts mit den Faktoren einer Faktorenanalyse gemeinsam.

Einfaktorieller Versuchsplan, unabhängige Messungen. Der einfachste Versuchsplan ist ein einfaktorielles Design mit unabhängigen Messungen. Das bedeutet, dass *eine* unabhängige Variable variiert wird, also mindestens zwei Ausprägungen (Stufen) besitzt und pro Variablenausprägung eine eigene Stichprobe untersucht wird. Jede Versuchsperson wird also genau einer der experimentellen Bedingungen zugeordnet. Abbildung 2.5a veranschaulicht solch einen Versuchsplan. Die unabhängige Variable A hat in diesem Fall drei Stufen mit den Ausprägungen a_1, a_2 und a_3. Es hat sich eingebürgert, solch eine Variable mit unabhängigen Messungen als *between-subjects* Faktor zu bezeichnen, da die Variation zwischen den Versuchspersonen erfolgt. Aus statistischen Gründen ist es übrigens wünschenswert, in den verschiedenen Gruppen gleich viele Versuchspersonen zu haben. In diesem Fall ist die varianzanalytische Auswertung robust gegenüber Verletzung der Varianzenhomogenitätsvoraussetzung – das nominelle α-Risiko wird weitgehend eingehalten.

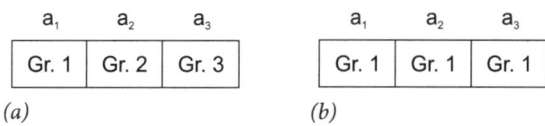

Abbildung 2.5. Einfaktorielle Designs mit (a) unabhängigen bzw. (b) abhängigen Messungen. Die unabhängige Variable ist jeweils dreistufig. Gr. 1, 2, 3: Gruppe 1, Gruppe 2, Gruppe 3.

Einfaktoriell, abhängige Messungen. Ebenso einfach wie der vorherige Versuchsplan ist cin einfaktorielles Design mit abhängigen Messungen (siehe Abbildung 2.5b). In diesem Fall liegt ebenfalls eine unabhängige Variable in mehreren Stufen vor. Pro Stufe der unabhängigen Variable werden jetzt aber abhängige Stichproben untersucht. Diese Abhängigkeit der Messungen kann auf unterschiedliche Arten zustande kommen. Der häufigste Fall besteht darin, dass jede Versuchsperson in jeder experimentellen Bedingung untersucht wird, dann liegt ein klassisches *Messwiederholungsdesign* vor. Es kann aber auch sein, dass man seine Stichproben nach einer relevanten Variablen parallelisiert hat. Dann hat man absichtlich Paarlinge erzeugt und es liegen abhängige Messungen vor. Schließlich kommt es auch vor, dass man Zwillinge untersucht und die jeweiligen »Illinge« auf zwei Gruppen aufteilt – auch dann liegen abhängige Messungen vor.

Liegen auf einer unabhängigen Variablen abhängige Messungen vor, dann spricht man von einem *within-subjects* Faktor, da die Variation der experimentellen Bedingungen innerhalb einer Versuchsperson erfolgt. Diese Terminologie wird auch dann beibehalten, wenn die Abhängigkeit durch Parallelisieren oder Zwillinge zustande kam, also nicht wirklich innerhalb einer Person variiert wurde. Für die üblichen statistischen Verfahren ist zwingend erforderlich, dass für jede Person unter allen Bedingungen Messwerte vorliegen. Hat eine Person auch nur einen fehlenden Wert in einer der Bedingungen, dann fällt sie komplett aus der inferenzstatistischen Analyse heraus.

Ein typisches Beispiel für einen einfaktoriellen Versuchsplan mit abhängigen Messungen wäre ein einfaches Wahlreaktionsexperiment (vgl. Abschnitt 2.7.2), bei welchem die Versuchsperson entweder einen Ton oder ein Licht präsentiert bekommt. Zur Antwortabgabe stehen zwei Tasten zur Verfügung, bei Ton soll die eine Taste, bei Licht die andere Taste gedrückt werden. Gemessen wird die benötigte Zeit vom Erscheinen des Reizes bis zum Druck der Taste. Die unabhängige Variable wäre in diesem Fall die Reizart mit den zwei Stufen »Ton« und »Licht«. Da jede Versuchsperson sowohl in der Ton- als auch in der Licht-Bedingung untersucht wird, liegen abhängige Messungen vor.

Zweifaktoriell, unabhängige Messungen. Werden in einem Experiment gleichzeitig zwei unabhängige Variablen variiert, so spricht man von einem zweifaktoriellen Design. Wird jede Stufe der unabhängigen Variablen A mit jeder Stufe der unabhängigen Variablen B kombiniert, so sind die Variablen *vollständig gekreuzt (fully crossed)* oder *vollständig kombiniert.* Ist die Variable A beispielsweise dreistufig mit den Ausprägungen a_1, a_2 und a_3, die Variable B zweistufig mit den Ausprägungen b_1 und b_2, so ergeben sich die sechs *Bedingungskombinationen* a_1b_1, a_1b_2, a_2b_1, a_2b_2, a_3b_1 und a_3b_2. Wird jeder dieser Bedingungskombinationen eine eigene Stichprobe zugeordnet, so liegen auf beiden Faktoren unabhängige Messungen vor, beide Faktoren sind *between-subjects* Faktoren (siehe Abbildung 2.6a).

Solch ein Design ergibt sich etwa bei der Untersuchung von Kontexteffekten auf die Langzeitgedächtnisleistung (z. B. Godden & Baddeley, 1975). Die Versuchspersonen lernten entweder an Land oder unter Wasser eine Wortliste und sollten nach einem gewissen Behaltensintervall die gelernten Wörter entweder an Land oder unter Wasser reproduzieren (*free recall*). Die beiden unabhängigen Variablen sind also ›Lernort‹ und ›Abrufort‹ mit den jeweiligen Ausprägungen ›an Land‹ bzw. ›unter Wasser‹. Es entstehen so die Bedingungskombinationen ›Land-Land‹, ›Land-Wasser‹, ›Wasser-Land‹ und ›Wasser-Wasser‹. Weist man jeder dieser vier Bedingungskombinationen jeweils eine eigene Stichprobe zu, dann hat man ein zweifaktorielles Design mit unabhängigen Messungen auf beiden Faktoren.

Zweifaktoriell, abhängige Messungen. Wie im einfaktoriellen Fall gibt es auch bei zweifaktoriellen Designs die Variante mit abhängigen Messungen. Die Gründe für die Abhängigkeit sind die gleichen wie zuvor, am häufigsten handelt es sich um wiederholte Messungen. Liegen auf beiden Faktoren abhängige Messungen vor, dann ergibt sich das Bild wie in Abbildung 2.6b. Eine Gruppe von Versuchspersonen wird also unter allen Bedingungskombinationen gemessen. Auch hier ist es bei den üblichen statistischen Verfahren notwendig, dass für jede Person unter allen experimentellen Bedingungskombinationen gültige Daten erhoben wurden.

Erneut soll ein Beispiel das Design illustrieren: Vorberg und Blankenberger (1993) untersuchten die Lösungszeiten beim Kopfrechnen. Die Versuchspersonen mussten einfache Additions- und Multiplikationsaufgaben lösen. Die Aufgaben wurden entweder in Zifferndarstellung präsentiert (z. B. 3 + 4) oder in Form von Punktmustern eines Würfels. Es gab also die zwei unabhängigen Variablen ›Operation‹ (Addition/Multiplikation) und ›Darstellungsart‹ (Ziffern/Würfel). Jede Versuchsperson löste Aufgaben in jeder der vier Bedingungskombinationen, also handelt es sich um ein zweifaktorielles Design mit abhängigen Messungen auf beiden Faktoren.

Zweifaktoriell, unabhängige und abhängige Messungen. Für den Fall zweifaktorieller Designs gibt es schließlich noch den Fall, dass auf einem Faktor abhängige, auf dem zweiten Faktor jedoch unabhängige Messungen vorliegen (Abbildung 2.6c). Dieses Design ist weit verbreitet in Evaluationsstudien, bei denen die Wirksamkeit irgendeiner Maßnahme (Behandlung, Therapie, Unterrichtsmethode etc.) überprüft werden soll. Man hat dann häufig eine Standardbehandlung und eine neuartige Behandlung, die abhängige Variable wird vor und nach der Behandlung erfasst. In diesem Fall liegen von jeder Person zwei Messungen vor (vorher/nachher). Da jedoch eine Person nicht mit beiden Maßnahmen behandelt werden kann, nimmt man für die unterschiedlichen Behandlungen unterschiedliche Stichproben.

	a_1	a_2	a_3
b_1	Gr. 1	Gr. 2	Gr. 3
b_2	Gr. 4	Gr. 5	Gr. 6

(a)

	a_1	a_2	a_3
b_1	Gr. 1	Gr. 1	Gr. 1
b_2	Gr. 1	Gr. 1	Gr. 1

(b)

	a_1	a_2	a_3
b_1	Gr. 1	Gr. 1	Gr. 1
b_2	Gr. 2	Gr. 2	Gr. 2

(c)

Abbildung 2.6. Zweifaktorielle Designs mit (a) unabhängigen, (b) abhängigen und (c) sowohl unabhängigen als auch abhängigen Messungen.

Ein einfaches Beispiel soll der Veranschaulichung dienen: Die Forschungsfrage laute »Ist die neue Hollywood-Diät effizienter als das Standardverfahren Futter-die-Hälfte (FDH)?« Man benötigt also zwei Stichproben (Kontroll- und Experimentalgruppe), jede Person dieser beiden Gruppen wird zu (mind.) zwei Zeitpunkten gemessen, nämlich vor und nach der Behandlung. Die Behandlung wäre in diesem Fall die entsprechende Diät, für die Experimentalgruppe die neuartige Hollywood-Diät, für die Kontrollgruppe die Standard-Diät FDH. Man betrachtet also gleichzeitig zwei unabhängige Variablen, nämlich die Variable ›Diätart‹ mit den beiden Ausprägungen ›Hollywood‹ und ›FDH‹ und die Variable ›Messzeitpunkt‹ mit den Ausprägungen ›vorher‹ und ›nachher‹. Die Variable Diätart ist eine *between-subjects* Variable, eine Person wird entweder der Hollywood-Diät oder FDH zugewiesen. Die Variable Messzeitpunkt ist eine *within-subjects* Variable, jede Person wird sowohl vor als auch nach der Diät gemessen.

Drei- und nochmehrfaktorielle Versuchspläne. Die bisherigen Ausführungen mögen genügen, das Prinzip faktorieller Versuchspläne zu verdeutlichen. Natürlich kann man in einem Experiment auch mehr als zwei unabhängige Variablen gleichzeitig betrachten, man erhält drei-, vier- bis n-faktorielle Versuchspläne. Solche höherfaktoriellen Versuchspläne haben aber ihre eigenen Probleme. Im Falle von *between-subjects* Designs muss einem klar sein, dass sich die Zahl der notwendigen Versuchspersonen mit jeder weiteren unabhängigen Variablen ver-n-facht, entsprechend der Zahl der Ausprägungen dieser Variablen. Hat man ein 2 × 4-Design, also zweifaktoriell, ein Faktor hat zwei Stufen, der zweite Faktor hat vier Stufen und sind beide Faktoren *between-subjects*, dann benötigt man acht Versuchspersonengruppen. Fügt man nun eine dritte unabhängige Variable mit drei Stufen hinzu, dann liegt ein 2 × 4 × 3-Design mit 24 notwendigen Versuchspersonengruppen vor. Dieser Mehraufwand kann sehr schnell die Grenze des Machbaren sprengen. Ähnliche Probleme ergeben sich bei *within-subjects* Designs. Zwar erhöht sich nicht die Zahl der Versuchspersonen, wenn ein weiterer Faktor hinzugefügt wird, aber jede Versuchsperson muss n-mal mehr Bedingungen durchlaufen. Das kann dazu führen, dass der Aufwand pro Versuchsperson zu groß wird.

Es soll auch nicht unerwähnt bleiben, dass die Interpretation der Ergebnisse mit steigender Faktorenzahl immer komplexer wird. Im zweifaktoriellen Fall mit varianzanalytischer Auswertung hat man es nur mit zwei Haupteffekten und einer Interaktion zu tun. Im dreifaktoriellen Design kommt zu den drei Haupteffekten und den drei Interaktionen erster Ordnung noch eine Interaktion zweiter Ordnung hinzu. Das *kann* noch gut verständlich sein, insbesondere, wenn mind. ein Faktor lediglich zweistufig ist. Das Verständnis der Ergebnisse einer fünffaktoriellen Auswertung (z. B. Blankenberger & Vorberg, 1997) dürfte jedoch für viele Leser grenzwertig sein.

Fragestellung – Versuchsplan. Die bisherigen Abschnitte gaben eine Übersicht über faktorielle Versuchspläne, der Ausgangspunkt war jeweils die Struktur des Versuchsplans. Normalerweise ist jedoch nicht die Struktur des Versuchsplans der Ausgangspunkt der Überlegungen, sondern die Fragestellung. Man beginnt eine Untersuchung ja nicht mit der Idee »Ich möchte gerne ein zweifaktorielles Design mit Messwiederholung auf beiden Faktoren, was könnte ich denn mal untersuchen?«, sondern man hat eine inhaltliche Fragestellung, aus der sich dann der notwendige Versuchsplan ableitet (vgl. auch Abschnitt 2.11).

2.4.2 Within oder between?

Immer wieder taucht die Frage auf, ob eine unabhängige Variable besser als *within-subjects* Faktor oder als *between-subjects* Faktor realisiert werden sollte. Auf diese Frage gibt es aus praktischer Sicht eine eindeutige Antwort: Wann immer es möglich ist, sollte die Variation innerhalb der Versuchsperson erfolgen.[4] Hierfür gibt es eine Reihe von Gründen, der Entscheidende ist, dass ein *within-subjects* Design eine größere Teststärke (Power, $1 - \beta$) besitzt.

Berechnet man für ein einfaches *between-subjects* Design mit zwei Stufen einer unabhängigen Variablen, einer kontinuierlichen abhängigen Variablen, Gültigkeit der üblichen Voraussetzungen und zweiseitiger Fragestellung die Effektgröße, dann erhält man

$$d = \frac{|\mu_X - \mu_Y|}{\sigma}. \tag{2.2}$$

Hierbei sind μ_X und μ_Y die Erwartungswerte der beiden Populationen und σ die (identische) Standardabweichung in den Populationen.

Liegen abhängige Messungen vor, dann reduziert sich die inferenzstatistische Frage auf die Einstichprobensituation, die relevante Zufallsvariable ergibt sich aus der Differenz der Zufallsvariablen X und Y, also $Z = X - Y$ und

$$d_{X-Y} = \frac{\mu_{X-Y}}{\sigma_{X-Y}}. \tag{2.3}$$

Da der Erwartungswert einer Differenz gleich der Differenz der Erwartungswerte ist, ändert sich im Zähler des Bruches nichts. Allerdings gilt für die Varianz

$$Var[X - Y] = Var[X] + Var[Y] - 2 \cdot Cov[X, Y]. \tag{2.4}$$

---

[4]Diese Empfehlung gilt nicht für den seltenen Fall negativer Kovarianzen zwischen den Messungen.

Mit der Beziehung $\rho = \frac{Cov[X,Y]}{\sigma_X \sigma_Y}$ und der Annahme gleicher Varianzen ($\sigma_X^2 = \sigma_Y^2 = \sigma^2$) folgt

$$d_{X-Y} = \frac{\mu_{X-Y}}{\sigma \sqrt{2(1-\rho)}}. \tag{2.5}$$

Die Effektgröße d_{X-Y} ist also nicht nur von der Erwartungswertdifferenz und der Streuung abhängig, sondern auch von der (Produkt-Moment-)Korrelation zwischen den Messungen. Mit steigender Korrelation steigt die Effektgröße.

Vergleicht man die Power von *within-* und *between-subjects* Designs, wie in Abbildung 2.7, so wird deutlich, wie groß die Überlegenheit des *within-subjects* Designs ist. Bei gleichen Effektgrößen von z. B. $d = 0.5$ werden im *between-subjects* Design 128 Versuchspersonen benötigt, um eine Power $1 - \beta > 0.8$ zu erreichen, im *within-subjects* Design hingegen sind nur 34 Versuchspersonen nötig. Legt man eine Power von $1-\beta > 0.95$ zugrunde, dann werden *between-subjects* 210 Versuchspersonen, *within-subjects* aber nur 54 benötigt.

Obwohl die Variation der Bedingungen innerhalb der Versuchsperson also große Vorteile mit sich bringt, ist dieses Vorgehen nicht immer möglich. Man denke z. B. an den Vergleich zweier Therapiemethoden mit Vorher-Nachher-Messung. Bei der Variablen ›Messzeitpunkt‹ handelt es sich um eine *within-subjects* Variable, doch die Gruppierungsvariable ›Therapieform‹ mit den Stufen ›Therapievariante 1‹ und ›Therapievariante 2‹ lässt sich nicht innerhalb einer Person variieren – jede Person müsste dann zweimal therapiert werden. Wann immer also die Logik des Experimentes die Variation innerhalb der Versuchsperson erlaubt, sollte man dies tun. Ist das nicht möglich, muss man

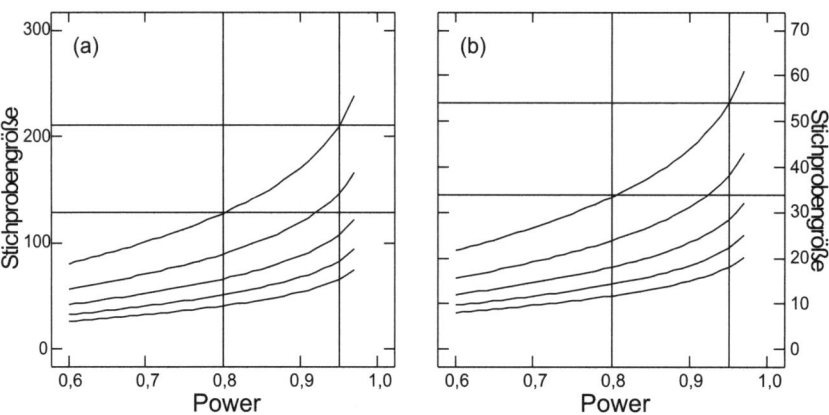

Abbildung 2.7. Der Zusammenhang von Stichprobengröße (Gesamtzahl *aller* Versuchspersonen) und Power ($1 - \beta$) im (a) *between-subjects* Design, *t*-Test, $n_1 = n_2$ und (b) *within-subjects* Design, *t*-Test, $\alpha = 0.05$, Effektgrößen von oben nach unten: 0.5, 0.6, 0.7, 0.8 und 0.9. Man beachte die unterschiedliche Skalierung der Ordinate.

auf *between-subjects* Designs zurückgreifen, wie auch die folgende Beobachtung illustrieren soll:

> Ich trinke zuerst vier Schnäpse, dann drei, dann zwei, dann einen und mache eine merkwürdige Beobachtung: Je weniger ich trinke, umso betrunkener werde ich.

2.4.3 Geblockt oder gemischt?

Hat man ein *within-subjects* Design, also die Situation, dass eine Versuchsperson unter mehreren experimentellen Bedingungen getestet wird, stellt sich die Frage, wie diese Bedingungen aufeinander folgen sollen. Angenommen, in einem Experiment zum Kopfrechnen gäbe es die unabhängige Variable ›Operation‹ in den Ausprägungen ›Addition‹ und ›Multiplikation‹. Es sollen dann alle Additionsaufgaben von 2 + 2 bis 9 + 9 und alle Multiplikationsaufgaben von 2 × 2 bis 9 × 9 verwendet werden. Es stellt sich nun die Frage, ob es sogenannte *reine Blöcke* geben soll (*geblockte* Darbietung), in denen entweder Additions- oder Multiplikationsaufgaben präsentiert werden, oder ob es *gemischte Blöcke* geben soll, in denen in zufälliger Abfolge Additions- und Multiplikationsaufgaben aufeinander folgen (*gemischte* Darbietung).

In der letzten Zeit ist immer wieder die generelle Empfehlung zu hören, man solle reine Blöcke verwenden, denn in solchen könne sich die Versuchsperson in optimaler Weise auf die entsprechende Aufgabe einstellen. Dies führe z. B. dazu, dass Aufgaben-Wechsel-Kosten nicht anfielen und deshalb seien die mittleren Reaktionszeiten kürzer und die Streuungen geringer. Auch wenn die Aussage richtig sein mag, sie beinhaltet schon ihr eigenes K.-o.-Kriterium. Wenn man Bedingungen blockt, dann kann dies dazu führen, dass die Versuchspersonen spezielle Strategien entwickeln, um die jeweilige Aufgabe zu lösen. Nichts anderes bedeutet ja »die Versuchsperson kann sich optimal auf die Aufgabe einstellen«. Dies führt jedoch zu einer unerwünschten Konfundierung. Man ist in einem Experiment immer bemüht, die Wirkung der Variation der unabhängigen Variablen *unter Ausschluss* möglicher Störvariablen zu untersuchen. Wenn man jetzt also, um auf obiges Beispiel zurückzukommen, die Wirkung der Variablen ›Operation‹ untersuchen will, dann interessiert das Verhalten der Versuchspersonen in Abhängigkeit von ›Addition‹ bzw. ›Multiplikation‹, nicht aber der Einfluss unterschiedlicher Lösungsstrategien (z. B. Voraktivierung möglicher Ergebnisse nur bei Additions-, nicht aber bei Multiplikationsaufgaben). Begünstigt man die Verwendung unterschiedlicher Strategien durch ein geblocktes Design, so konfundiert man die unabhängige Variable ›Operation‹ mit der Störvariablen ›Strategie‹: Ein klassisches Eigentor. Aus diesem Grunde kann die Empfehlung nur lauten, wann immer es möglich ist, gemischte Blöcke zu verwenden.

Ein weiteres Beispiel mag die Problematik noch etwas drastischer verdeutlichen. In einem typischen Stroop-Experiment (vgl. Abschnitt 2.10.1) sei die Aufgabe der Versuchsperson, die Farbe zu benennen, und zwar in kongruenten und in inkongruenten

Durchgängen (kongruent: das Wort ›ROT‹ in roter Schriftfarbe; inkongruent: das Wort ›BLAU‹ in roter Schriftfarbe; in beiden Fällen lautet die korrekte Antwort ›rot‹). Wenn man nun die unabhängige Variable ›Kongruenz‹ blockt, dann könnte die Versuchsperson die Strategie entwickeln, in dem kongruenten Block gar nicht die Farbe zu benennen, sondern einfach das Wort vorzulesen. Dies macht nochmals deutlich, wie wichtig es ist, gemischte Blöcke zu verwenden.

Selbstverständlich ist ein gemischtes Design nicht immer praktikabel. In einer Untersuchung zum SNARC-Effekt (vgl. Dehaene, Bossini & Giraux, 1993) benötigt man von jeder Versuchsperson »rechte« und »linke« Reaktionen. Es ist kaum zumutbar für die Versuchsperson, vor jedem *trial* die Tastenzuordnung zu verändern, also muss man diese Variation (Tastenzuordnung A vs. Tastenzuordnung B) blocken. Auch ist es möglich, dass der Wechsel der Instruktion von Durchgang zu Durchgang für die Versuchsperson so unangenehm oder gar verwirrend ist, dass man ein geblocktes Vorgehen bevorzugen muss.

2.4.4 Abhängige Variable

Die Reaktionszeit und die Qualität der Antwort (richtig/falsch) gehören zu den gebräuchlichsten Maßen in der kognitionspsychologischen Forschung. In Abhängigkeit von der Fragestellung sind jedoch eine Vielzahl weiterer abhängiger Maße denkbar. Liegt beispielsweise eine Metrik zur Abstandsbestimmung zwischen richtiger und falscher Antwort vor (z. B. beim Zielwurf), können diverse Fehlermaße bestimmt werden, z. B. variabler Fehler, konstanter Fehler, *root-mean-square error* (siehe Schmidt & Lee, 2005).

Etwas komplizierter wird es auch, wenn es kein typisches Standardmaß gibt oder die etablierten Maße zweifelhafter Natur sind. Bei einem Diätprogramm erscheint es z. B. naheliegend, das Körpergewicht zu erfassen, in der Annahme, die Diät werde das Körpergewicht reduzieren. Dies gilt jedoch nicht zwingend. Bei Sportprogrammen zur Gewichtsreduktion kann es sinnvoll sein, alternativ oder zusätzlich den Körperfettanteil zu messen. Unter medizinischen Gesichtspunkten ist zudem (bei Männern) nicht das absolute Gewicht oder der Körperfettanteil, sondern vielmehr der Bauchumfang kritisch. Schließlich könnte man pro Person auch die Abweichung des Gewichtes vom Normal- oder Idealgewicht erfassen oder den Body-Mass-Index (BMI) berechnen. Schon hier wird deutlich, dass die geeignete Wahl der abhängigen Variablen nicht immer einfach ist.

2.5 Störvariablen

Als Störvariablen werden solche Variablen bezeichnet, die die Wirkung der unabhängigen Variable(n) auf die abhängige(n) Variable(n) beeinflussen können, jedoch im Experiment möglichst kontrolliert oder eliminiert werden sollen. Dabei ist der Begriff der

Störvariable keineswegs negativ oder abwertend gemeint (Huber, 2009), eine Störvariable in Experiment A kann durchaus eine relevante unabhängige Variable in Experiment B darstellen.

Im Abschnitt 2.3 wurden bereits verschiedene Störvariablen bezüglich des Reizmaterials aufgeführt. Tabelle 2.4 gibt einen Überblick über die häufigsten Störvariablen, die seitens der Versuchsperson, der Untersuchungssituation oder durch sonstige Einflüsse auftreten können.

Die Wirkung solcher Störvariablen erhöht im »besten« Fall die Fehlervarianz in der abhängen Variablen und kann somit zur Nicht-Entdeckung tatsächlich vorhandener Effekte führen (Verringerung der Effektstärke und somit der Power). Im schlimmsten Fall führt die Störvariable zu einer Konfundierung (siehe auch Abschnitt 2.6) und somit zu falschen bzw. nicht zulässigen Kausalinterpretationen. Für die Qualität des Experimentes ist daher eine ausführliche Betrachtung potenzieller Störvariablen von entscheidender Bedeutung und sollte im Planungsprozess stets beachtet werden. Zur Kontrolle von Störvariablen existieren sechs häufig verwendete Mechanismen: Parallelisierung, Randomisierung, Ausbalancierung, Zufallsvariation, Elimination und Konstanthaltung.

Tabelle 2.4

Beispiele für Störvariablen

Störvariablen der Versuchsperson	Störvariablen der Untersuchungssituation	sonstige Einflüsse
Alter	Aufgabenreihenfolge	Abbrecher
Antworttendenzen	Beleuchtungsverhältnisse	Hawthorne-Effekt
Geschlecht	Lärmpegel	*non-response bias*
Intelligenz	Tageszeit	*selection bias*
Müdigkeit	Versuchsleitereffekte	etc.
soziale Erwünschtheit	etc.	
etc.		

Parallelisierung. Das Verfahren zur Parallelisierung von Stichproben wurde bereits im Abschnitt 2.1.6 erläutert. Es sei an dieser Stelle jedoch noch einmal darauf hingewiesen, dass solche parallelisierten Stichproben stets als abhängige Messungen zu betrachten sind.

Randomisieren. Im Falle von in der Versuchsperson begründeten Störvariablen erfolgt die Aufteilung der Personen auf die verschiedenen experimentellen Bedingungen zufällig (Randomisierung). Dabei unterstellt man, dass der Einfluss der Störvariablen durch die zufällige Verteilung im Mittel in allen Bedingungen gleich groß ist. Der Vorteil hierbei ist, dass man mit diesem Verfahren mehrere Störvariablen gleichzeitig kontrolliert.

Ausbalancieren. Arbeitet jede Versuchsperson unter mehreren experimentellen Bedingungen, so wird man versuchen, deren Abfolge auszubalancieren. Gibt es beispielsweise die drei Bedingungen a_1, a_2 und a_3, so kann eine Versuchsperson die Reihenfolge $a_1 - a_2 - a_3$, die nächste Versuchsperson die Reihenfolge $a_1 - a_3 - a_2$ usw. haben. Bei nur drei Bedingungen gibt es sechs Permutationen, bei vier unterschiedlichen Bedingungen gibt es schon 24 Permutationen, generell gibt es bei n Bedingungen $n!$ Permutationen. Da man jeder Permutation mindestens eine Versuchsperson zuweist, ist offensichtlich, dass bei einer größeren Anzahl von Bedingungen die Methode des Ausbalancierens nicht praktikabel ist.

Zufallsvariation. Ist zur Kontrolle von möglichen Reihenfolgeeffekten das Ausbalancieren nicht praktikabel, so bietet sich die Methode der Zufallsvariation an. Üblicherweise generiert man hierzu für *jede Versuchsperson* eine eigene Zufallsabfolge der Reize bzw. Bedingungskombinationen. Auf diese Weise wird gewährleistet, dass sich eventuell vorhandene Reihenfolgeeffekte über die Versuchspersonen herausmitteln. Häufig wird bei dieser Zufallsvariation keine uneingeschränkte Zufallsabfolge gebildet, sondern es werden bestimmte Einschränkungen berücksichtigt, z. B. soll eine von zwei möglichen Antwortalternativen nicht häufiger als n-mal aufeinander folgen oder es sollen bestimmte Reize nicht konsekutiv dargeboten werden (vgl. auch Abschnitt 2.2.4). Im Englischen wird dann von *pseudo-randomization* gesprochen. Leider hat sich unter Anwendern von Experimentalsteuersystemen (vgl. Abschnitt 7.2), die nur auf umständliche Weise geeignete Pseudo-Zufallsreihenfolgen erzeugen können, eingebürgert, nicht für jede Versuchsperson eine eigene Zufallsreihenfolge zu generieren, sondern lediglich einige wenige solcher Reihenfolgen zu erstellen und dann vielen Versuchspersonen zuzuweisen. Dies ist kein empfehlenswertes Vorgehen, da sich auf diese Weise die Reihenfolgeeffekte gerade nicht über Versuchspersonen hinweg gegenseitig aufheben.

Elimination. Die Elimination ist die schönste Variante der Kontrolle – man beseitigt die Störvariable einfach. Dies ist besonders leicht bei Umweltvariablen möglich: Beeinträchtigen z. B. Störgeräusche die Hörschwellenmessung, dann lassen sich diese durch das Experimentieren in einer schallisolierten Kabine eliminieren.

Konstanthaltung. Ähnlich einfach wie die Elimination ist die Konstanthaltung möglicher Störvariablen, z. B. sollte die gesamte Untersuchungssituation für alle Versuchspersonen gleich sein, um Einflüsse von Beleuchtung, Lärm, Temperatur etc. zu vermeiden.

Gelegentlich passiert es doch, dass man Störvariablen erst im Nachhinein erkennt und es stellt sich die Frage, ob das Experiment für die Katz war oder doch noch zu retten ist. Die Antwort darauf ist abhängig davon, ob man die Ausprägung der Störvariable erfassen kann. Ist dies der Fall und es handelt sich um eine quantitative Variable, besteht unter Umständen die Möglichkeit, diese als Kovariate in die statistische Analyse aufzunehmen. Handelt es sich hingegen um eine qualitative Variable, dann kann die Störvariable gegebenenfalls als zusätzliche unabhängige Variable behandelt werden. In allen anderen Fällen hat man für die Zukunft gelernt.

2.6 Konfundierungen

Zu den größten Problemen der empirischen Psychologie zählen Konfundierungen. Hat man alle Störvariablen ausgeschaltet, so können die Veränderungen in der abhängigen Variablen eindeutig auf die Veränderung der unabhängigen Variablen zurückgeführt werden. Gibt es jedoch eine Konfundierung, dann zieht man möglicherweise völlig falsche Schlüsse. Eine Konfundierung liegt dann vor, wenn eine weitere Variable – typischerweise vom Forscher übersehen – mit der unabhängigen Variablen kovariiert. Während sich die im vorherigen Abschnitt behandelten »einfachen« Störvariablen nur unsystematisch auswirken und damit die Fehlervarianz erhöhen, ist der Einfluss der Konfundierung systematisch. Auch bei scheinbar sauberen Experimenten treten immer wieder Konfundierungen auf. Ein Beispiel soll dies erläutern.

Levels-of-Processing

Im Standardexperiment zur *levels-of-processing* Theorie (Craik & Lockhart, 1972; Craik & Tulving, 1975) mussten die Versuchspersonen Fragen zu präsentierten Wörtern mit ja/nein beantworten. Es gab drei unterschiedliche Versuchsbedingungen: (a) Ist ein Wort in Großbuchstaben geschrieben? (z. B. *sonne*) (b) Reimt sich ein Wort? (z. B. *Reimt sich das folgende Wort auf ›gut‹ – Hut*) (c) Passt ein Wort in einen vorgegebenen Satz? (z. B. *Der Mann aß seine – Suppe*). Später erfolgte die Erhebung der Behaltensleistung (ohne dass die Versuchspersonen das vorher wussten) mittels Wiedererkennen. Es zeigte sich, dass die Wörter der »groß/klein«-Bedingung am schlechtesten und die Wörter der »passt in den Satz«-Bedingung am besten erinnert werden konnten. Die Interpretation lautete dann, dass eine »tiefe, semantische« Verarbeitung zu besseren Behaltensleistungen als eine »flache, formbasierte« Verarbeitung führt. Sieht man einmal von den theoretischen Problemen ab (es gibt kein unabhängiges Maß für die Tiefe der Verarbeitung), dann gibt es eine ärgerliche Konfundierung in diesem Experiment: Die Zeit, die die Versuchspersonen im Mittel benötigten, um ihre jeweilige ja/nein-Entscheidung zu treffen, war in den drei experimentellen Bedingungen nicht gleich. Die groß/klein-Entscheidung benötigte im Mittel ca. 550 ms, die Entscheidung in der Reimbedingung ca. 630 ms und die in der semantischen Bedingung ca. 730 ms. Die *Tiefe* der Verarbeitung war also konfundiert mit der *Dauer* der Verarbeitung, weshalb nicht zweifelsfrei gefolgert werden kann, dass die Tiefe der Verarbeitung die Behaltensleistung beeinflusst.

Dieses Beispiel macht deutlich, dass die Interpretation der Ergebnisse aufgrund der Konfundierung fraglich ist. Man hat berechtigte Zweifel an der Gültigkeit der Schlüsse, weiß aber nicht, ob die Alternativinterpretation zutreffend ist. Der Reiz nachfolgender Experimente könnte nun darin bestehen, durch geschicktes Experimentieren die Konfundierung aufzuheben oder nachzuweisen, dass das Ergebnismuster tatsächlich allein durch die Konfundierung entstanden ist.

2.7 Prozedur

Neben dem Design ist die Prozedur der Kern einer experimentellen Arbeit. Anhand der Abschnitte 2.7.1 »Einfachreaktion« und 2.7.2 »Wahlreaktion« sollen zunächst die wesentlichen Begrifflichkeiten und typischen Abläufe ausführlich erläutert werden. Im Anschluss daran werden weitere gebräuchliche Verfahren skizziert sowie wichtige zu berücksichtigende Aspekte dargestellt.

2.7.1 Einfachreaktion

Das vermutlich einfachste Reaktionszeit-Paradigma ist die Einfachreaktion. Es werden mindestens zwei verschiedene Reize präsentiert und die Versuchsperson soll so schnell wie möglich beim Erscheinen eines Reizes (egal welches) die Antworttaste drücken. Als abhängige Variable wird die Reaktionszeit, vom Beginn der Präsentation des Reizes bis zum Tastendruck der Versuchsperson, erfasst. Geht man davon aus, dass die Versuchsperson in jedem Durchgang tatsächlich die Taste drückt, so gibt es keine fehlerhaften Reaktionen. Vorzugsweise wird man solch ein Paradigma als Messwiederholungsdesign mit vielen Replikationen realisieren: Jede Versuchsperson reagiert mehrfach auf die unterschiedlichen Reize.

Der genaue Ablauf eines Durchganges soll im Folgenden Schritt für Schritt entwickelt werden. Zunächst stellt sich die Frage nach der Dauer der Reizdarbietung. Der Reiz kann entweder nach einer vom Versuchsleiter festgelegten Zeit beendet werden oder so lange auf dem Bildschirm stehen bleiben, bis die Versuchsperson die Antworttaste drückt (siehe Abbildung 2.8).

Meist ist es besser, die zweite Variante zu wählen, da in diesem Fall das Verschwinden des Reizes der Versuchsperson signalisiert, dass ihr Tastendruck registriert wurde. Will man jedoch die physikalischen Eigenschaften des Reizes unter voller Kontrolle haben, z. B. die emittierte Energie, so muss man als Versuchsleiter die Reizdauer festlegen.

Da Experimente dieser Art für die Versuchspersonen anstrengend sind, können sie schlecht ihre Aufmerksamkeit fortwährend aufrecht erhalten. Aus diesem Grund ist

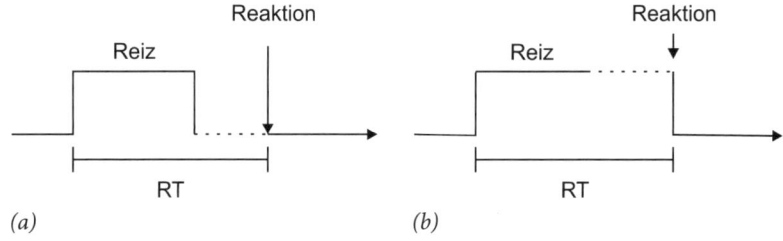

Abbildung 2.8. Zeitlicher Verlauf eines Durchgangs mit (a) durch den Versuchsleiter festgelegter Reizdauer und (b) durch den Tastendruck der Versuchsperson beendeter Reizdarbietung.

es wichtig, einen Hinweisreiz (*cue*) zu präsentieren, der das Erscheinen des imperativen Reizes ankündigt (siehe Abbildung 2.9). Dabei stellt sich sofort die Frage, welcher Art der *cue* sein soll und wie lange er zu präsentieren ist. Natürlich muss der Hinweisreiz gut sichtbar bzw. hörbar sein, sonst kann er die Aufmerksamkeit nicht ausrichten. Außerdem muss er eindeutig verschieden vom imperativen Reiz sein, damit eine Verwechslung ausgeschlossen werden kann. Eine vernünftige Darbietungsdauer liegt bei ca. 200–500 ms.

Weiterhin muss die Zeitdauer zwischen dem Ende des Hinweisreizes und dem Beginn des imperativen Reizes (Vorperiode) festgelegt werden (siehe Abbildung 2.9). Im Einfachreaktionsparadigma ist es keine gute Methode eine konstante Zeitdauer zu verwenden, da der imperative Reiz immer im gleichen zeitlichen Abstand zum *cue* präsentiert würde. Die Versuchsperson könnte dieses Zeitintervall erlernen und entsprechend verzögert auf den *cue* reagieren, ohne den imperativen Reiz zu beachten. Aus diesem Grund bietet es sich an, die Vorperiode zeitlich variabel zu gestalten, d. h. in jedem Durchgang wird eine zufällig gewählte Dauer der Vorperiode verwendet.

Aus theoretischen Erwägungen heraus wären exponentialverteilte Zeiten für die Vorperiode ideal (Luce, 1986), da die Exponentialverteilung eine konstante Hazardfunktion besitzt. Aus praktischen Gründen sollte man jedoch von strikt exponentialverteilten Zeiten Abstand nehmen. Zum einen entstünden viele kurze Zeiten, die für die Versuchspersonen nicht sehr angenehm sind. Zum anderen sind auch sehr lange Zeiten möglich, sodass der präsentierte *cue* seine Wirkung zur Aufmerksamkeitslenkung bereits wieder verloren hätte.

Eine praktikable Lösung sieht folgendermaßen aus: Die Dauer der Vorperiode setzt sich aus einer konstanten Mindestzeit und einer exponentialverteilten Zeitdauer zusammen; zusätzlich wird eine Maximaldauer festgelegt. Diese Lösung ist vernünftig, die so entstehenden Zeiten sind jedoch nicht mehr exponentialverteilt und besitzen demzufolge auch keine konstante Hazardfunktion mehr.

Eine andere Lösung kann darin bestehen, dass man sich für eine konstante Vorperiode entscheidet, aber sogenannte *catch-trials* ins Experiment einbaut. In diesem Fall wären *catch-trials* solche, in denen auf bestimmte Reize *nicht* reagiert werden soll (siehe Abschnitt 2.7.3).

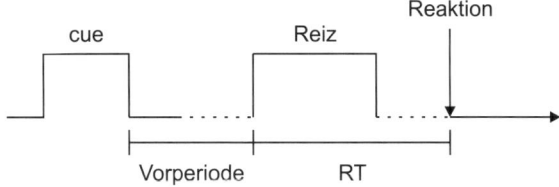

Abbildung 2.9. Zeitlicher Verlauf eines Durchgangs mit Hinweisreiz, variabler Vorperiode und konstanter Reizdauer.

Letztlich gilt es zu klären, wie viel Zeit von der Reaktion der Versuchsperson bis zum Beginn des nächsten Durchgangs vergehen soll (*inter-trial-interval*, ITI). Das ITI sollte so gewählt werden, dass der gesamte Ablauf für die Versuchsperson angenehm ist. Ist er zu schnell, dann wird das Experiment unnötig anstrengend, im umgekehrten Fall langweilt sich die Versuchsperson sehr schnell. Beides gilt es zu vermeiden. In den meisten Experimenten sind 1–2 Sekunden für das *inter-trial-interval* geeignet. Auch hier stellt sich die Frage nach konstanter vs. variabler Dauer. Ist die Vorperiode schon zeitlich variabel, dann kann man das ITI problemlos konstant wählen. Ist die Vorperiodendauer jedoch konstant, dann sollte das ITI variabel gewählt werden. In Abbildung 2.10 ist der vollständige zeitliche Ablauf eines Durchgangs im Einfachreaktionsparadigma dargestellt.

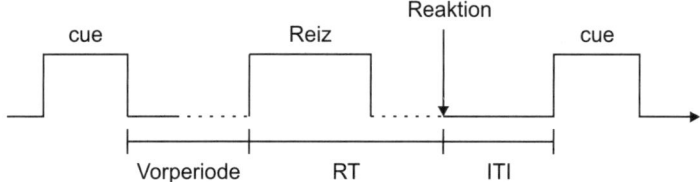

Abbildung 2.10. Zeitlicher Verlauf eines vollständigen Durchgangs mit Hinweisreiz, variabler Vorperiode, konstanter Reizdauer und *inter-trial-interval* im Einfachreaktionsparadigma.

2.7.2 Wahlreaktion

Beim Einfachreaktionsparadigma gibt es zwar unterschiedliche Reize bzw. experimentelle Bedingungen, aber nur eine einzige mögliche Reaktion. Deshalb kann eine Versuchsperson auch keinen Fehler begehen – vom Nicht-Drücken einmal abgesehen. Vernünftigerweise interessiert man sich für den Zeitbedarf der Reaktionen. Im Falle des Wahlreaktionsparadigmas gibt es ebenfalls mindestens zwei unterschiedliche Reize bzw. experimentelle Bedingungen, aber mindestens zwei unterschiedliche Antwortmöglichkeiten. Damit können als abhängige Variable sowohl die Reaktionszeit als auch die Qualität der Antwort betrachtet werden. Das Wahlreaktionsparadigma ist das mit Abstand häufigste Paradigma der Experimentellen Psychologie. Da viele Sachverhalte auch auf andere Paradigmen angewendet werden können, soll erneut etwas ausführlicher auf die verschiedenen Aspekte eingegangen werden.

Die einfachste Form eines Wahlreaktionsexperimentes ist das *Ein-Intervall-Design*: Innerhalb eines Durchgangs wird genau ein Reiz präsentiert, die Versuchsperson soll instruktionsgemäß eine von mindestens zwei Antworttasten drücken. In vielen Fällen sind die unterschiedlichen Reize bzw. experimentellen Bedingungen klar unterscheidbar und die Aufgabe der Versuchsperson ist es, diese voneinander zu diskriminieren. Solche Experimente werden als *Ja-Nein-Experimente* (auch Diskriminations- oder

Wiedererkennens-Experimente) bezeichnet, selbst wenn die tatsächlichen Antworten nicht »ja« oder »nein« lauten, sondern z. B. »hell« vs. »dunkel«. Handelt es sich jedoch um die Bedingungen ›gerade wahrnehmbarer Reiz‹ vs. ›kein Reiz‹ und die Aufgabe der Versuchsperson besteht darin zu entscheiden, ob ein Reiz präsentiert wurde oder nicht, spricht man von einem *Entdeckungsexperiment*. Allerdings wird auch im Kontext von Entdeckungsexperimenten häufig von Ja-Nein-Experimenten gesprochen (Macmillan & Creelman, 1991).

Zeitlicher Ablauf. Der zeitliche Ablauf eines Durchgangs ist in wesentlichen Teilen identisch zum Zeitverlauf in Einfachreaktionsexperimenten. Erneut muss man sich zwischen einer festgelegten Reizdauer und einer durch den Tastendruck der Versuchsperson beendeten Reizdarbietung entscheiden (vgl. Abbildung 2.8). Auch für die *cue*-Eigenschaften ergeben sich die gleichen Empfehlungen wie beim Einfachreaktionsparadigma: Der Hinweisreiz sollte gut sichtbar bzw. hörbar sein, er sollte verschieden vom imperativen Reiz sein und er sollte für eine Dauer von ca. 200–500 ms dargeboten werden. Der wesentliche Unterschied zwischen Einfach- und Wahlreaktionsparadigma besteht in der Konstruktion der Vorperiode. Da die Versuchsperson auf jeden Fall das Erscheinen des imperativen Reizes abwarten muss, um entscheiden zu können, welche Taste zu drücken ist, kann man problemlos eine konstante Vorperiode wählen. Empfehlenswert sind Vorperiodendauern zwischen 200 und 500 ms.

Die mögliche Alternative auf die Vorperiode komplett zu verzichten, ist nicht zu empfehlen. Zum einen entsteht durch das unmittelbare Aufeinanderfolgen von Hinweis- und Zielreiz ein sehr schneller Bildwechsel, der Stress induzieren kann. Zum anderen kann durch diesen Bildwechsel eine Scheinbewegung erzeugt werden, die es auf jeden Fall zu vermeiden gilt.

Gelegentlich werden sogenannte Antwortfenster verwendet, d. h. der Versuchsleiter begrenzt die Zeit, in der die Versuchsperson reagieren kann. Üblicherweise macht man dies in Wahlreaktionsexperimenten, in denen die Fehlerzahl als abhängiges Maß betrachtet wird: Durch die Begrenzung sollen bei der Versuchsperson Zeitdruck erzeugt und somit mehr Fehler provoziert werden (vgl. Abschnitt 3.1.2). Ist man jedoch an Reaktionszeiten interessiert, so ist die Verwendung von Antwortfenstern nicht empfehlenswert. Sie führen zu den gleichen Problemen wie die Anwendung willkürlicher Reaktionszeitintervalle bei der Datenvorauswertung (vgl. Abschnitt 3.1). Diese Kritik gilt im Übrigen in gleichem Maße für das Einfachreaktionsparadigma.

Letztlich muss man sich noch für ein geeignetes ITI entscheiden. Da die Vorperiode konstant ist, sollte das ITI von Durchgang zu Durchgang unterschiedlich lang sein. Wäre dies nicht der Fall, entstünde ein fester Takt, der die Versuchsperson dazu verleiten könnte, getaktet zu reagieren.

In Abbildung 2.11 ist der vollständige zeitliche Verlauf eines Durchgangs im Wahlreaktionsexperiment dargestellt.

Reaktionszeiten. Häufig ist man an Reaktionszeiten als abhängigem Maß interessiert. Erhoben wird in diesem Fall die Zeit vom Präsentationsbeginn des Zielreizes bis zum

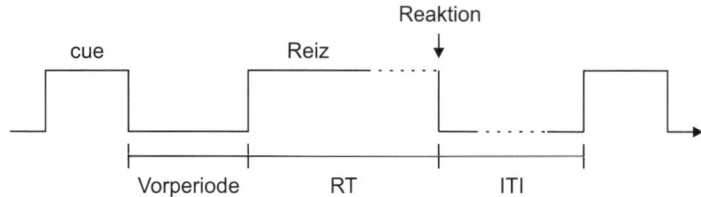

Abbildung 2.11. Vollständiger zeitlicher Verlauf eines Durchgangs im Wahlreaktionsparadigma mit variablem *inter-trial-interval.*

Drücken der entsprechenden Reaktionstaste. Allerdings müssen auch die Fehler betrachtet und ausgewertet werden, um einen eventuellen *speed-accuracy tradeoff* erkennen zu können (vgl. Abschnitt 3.1.3) und um feststellen zu können, ob die Fehlerraten in einem akzeptablen Bereich liegen (vgl. Abschnitt 2.1.2). In die deskriptive und inferenzstatistische Auswertung gehen nur Reaktionszeiten von korrekten Durchgängen ein!

Durch fehlerhafte Durchgänge entstehen fehlende Werte (*missing values*). Dies führt in einem *within-subjects* Design zu Problemen, wenn man pro Versuchsperson und experimenteller Bedingung nur eine Reaktion erhebt. Dann wären die Daten der Versuchsperson unvollständig und sie fiele komplett aus der inferenzstatistischen Standardanalyse heraus. Deshalb ist es wichtig, von jeder Versuchsperson unter allen experimentellen Bedingungen gültige Daten zu erhalten. Daraus ergibt sich ein weiteres Argument für die mehrfache Messung innerhalb einer Person und experimentellen Bedingung, da über die korrekten Replikationen gemittelt werden kann (vgl. Abschnitt 3.1). Hätte man beispielsweise zehn Replikationen pro Bedingung und Versuchsperson, dann gingen in diese Mittelung bei einer Versuchsperson z. B. zehn Werte ein, bei einer anderen aber nur neun, weil sie einen Fehler gemacht hat. Dennoch hat man pro Person und Bedingung letztlich gültige (mittlere) Beobachtungen.

Eine gelegentlich zu lesende Alternativstrategie besteht darin, fehlerhafte Durchgänge am Ende des Experimentes (oder der Sitzung) so oft zu wiederholen, bis die Versuchsperson korrekt geantwortet hat. Auf diese Weise entstehen ebenfalls pro Person und Bedingung gültige Beobachtungen. Dies scheint insbesondere attraktiv für die Fälle, in denen jede Bedingung nur ein einziges Mal realisiert wird. Dieses Verfahren hat allerdings einen beträchtlichen Nachteil: Es entstehen unterschiedlich große Übungseffekte für die unterschiedlichen experimentellen Bedingungen. Angenommen, Bedingung A wäre ›einfach‹, führe zu kurzen Reaktionszeiten und keinen Fehlern und Bedingung B wäre ›schwierig‹, führe zu langen Reaktionszeiten und vielen Fehlern. Die fehlerhaften *trials* aus Bedingung B werden nun so oft wiederholt, bis sie endlich fehlerfrei beantwortet werden. Dadurch entstehen sehr viel mehr Wiederholungen der Bedingung B im Vergleich zu A. Deshalb sind die Übungseffekte in Bedingung B größer. Das führt wiederum dazu, dass die Versuchspersonen schneller werden. Ergo wird der eigentlich vorhandene Unterschied zwischen A und B künstlich reduziert. Die Wiederholung fehlerhafter Durchgänge sollte also unbedingt vermieden werden.

Qualität der Antwort. Gelegentlich betrachtet man als abhängige Variable auch die Qualität der Antwort. Im einfachsten Fall hat man in einem Wahlreaktionsexperiment zwei Reizkategorien/experimentelle Bedingungen und zwei mögliche Reaktionen. Die Versuchsperson kann nun die richtige oder falsche Taste drücken. In diesem Fall sollte die Auswertung mittels Signalentdeckungstheorie (SDT, siehe Abschnitt 3.1.2) erfolgen. Hat man mehr als zwei Reizkategorien bzw. experimentelle Bedingungen und somit auch mehr als zwei mögliche Reaktionen, kann auf die übliche Fehlerauswertung (relative Fehlerhäufigkeit) zurückgegriffen werden (vgl. Abschnitt 3.1.2).

Tastenzuordnung. So banal es klingen mag, im Wahlreaktionsparadigma muss man sich auch Gedanken über die Bedienung der Tasten und Zuordnung von Tasten zu korrekten Antworten machen. Hat man, wie in den meisten Fällen, zwei Tasten, so ist es üblich, diese mit den Zeigefingern beider Hände bedienen zu lassen, da in diesem Fall homologe Muskelgruppen für die Reaktionsalternativen innerviert werden. Bei mehr als zwei Tasten sollte man nach dem gleichen Prinzip eine geeignete Effektorenwahl treffen.

Bei der Zuordnung von Tasten zu korrekten Antworten unterscheidet man willkürliche von natürlichen Zuordnungen. Bei letzteren liegt eine Art Kompatibilität zwischen dem Reiz und der Antwort vor, diese kann verschiedener Natur sein (Dehaene et al., 1993; Simon & Rudell, 1967; Wallace, 1971). Präsentiert man beispielsweise einen nach rechts oder links zeigenden Pfeil und die Versuchsperson soll eine rechte oder linke Taste drücken, dann wäre die Zuordnung »rechte Taste« zu ›rechter Pfeil‹ kompatibel.

Häufiger gibt es keine natürliche Zuordnung, d. h. die Tastenbelegung kann vom Versuchsleiter willkürlich festlegt werden. Beispielsweise werden der Versuchsperson einzelne Zahlen visuell präsentiert und sie hat die Aufgabe zu entscheiden, ob die dargebotene Zahl gerade oder ungerade ist. Für diese Antwortalternativen gibt es zwei Tasten. Entscheidet man sich für die Zuordnungen ›gerade – rechte Taste‹ und ›ungerade – linke Taste‹, kann es sein, dass die ›gerade‹-Urteile schneller als die ›ungerade‹-Urteile erfolgen. Dies hat sehr wahrscheinlich nichts mit der gerade/ungerade-Entscheidung zu tun, sondern liegt vielmehr an der Tatsache, dass die Mehrheit der Versuchspersonen Rechtshänder sind und bei diesen Reaktionen mit der rechten Hand etwas schneller erfolgen.

Man muss also die Tastenzuordnung ausbalancieren. Dies kann man *innerhalb* der Versuchspersonen durchführen, etwa von Block zu Block oder von Sitzung zu Sitzung. Alternativ kann man die Tastenzuordnung *zwischen* den Versuchspersonen ausbalancieren, die Hälfte der Versuchspersonen hat die eine Zuordnung, die andere Hälfte die andere. Hat man die Wahl zwischen beiden Varianten, sollte man sich für das Ausbalancieren *zwischen* Versuchspersonen entscheiden. Wechselt man nämlich innerhalb der Versuchsperson die Tastenzuordnung, so muss diese umlernen, was zu verlangsamten

Reaktionen und erhöhten Fehlerzahlen führt. Zudem wird es von den Versuchspersonen als unangenehm empfunden.

Natürlich gibt es Ausnahmen von dieser Empfehlung. Manchmal benötigt man aus
inhaltlichen Gründen sowohl »rechte« als auch »linke« Antworten pro Person und Bedingung (z. B. beim SNARC-Effekt, vgl. Dehaene et al., 1993), dann bleibt nichts weiter
übrig, als die Tastenzuordnung block- oder sitzungsweise innerhalb der Person auszubalancieren.

2.7.3 Go/no-go

Im Wahlreaktionsexperiment stehen mindestens zwei Tasten für die unterschiedlichen
Reaktionen zur Verfügung. Gelegentlich liest man, dass in solch einer Situation genauso gut oder sogar besser eine *go/no-go*-Aufgabe verwendet werden kann. Dabei besteht
eine Antwortalternative in der *Nicht-Reaktion*, d. h. die Versuchsperson darf bei bestimmten Reizen bzw. experimentellen Bedingungen keine Taste drücken.

Thorpe et al. (2001) verwendeten solch ein Vorgehen beispielsweise bei einer Bilder-
klassifikationsaufgabe, bei welcher die Versuchspersonen entscheiden mussten, ob Tiere auf Fotos zu sehen waren oder aber nicht. Sie begründeten das Vorgehen u. a. damit,
dass die Reaktionszeiten bei einer *go/no-go*-Aufgabe kürzer seien, weil die Versuchsperson nicht zwischen zwei motorischen Reaktionen zu wählen habe. Ungeachtet der Tatsache, dass diese Begründung nicht sehr plausibel ist – die Versuchsperson muss zwar
nicht zwischen zwei unterschiedlichen Reaktionen wählen, dafür aber zwischen ›reagieren‹ und ›nicht-reagieren‹ – bedürfte sie der empirischen Bestätigung. Aber selbst
wenn sich dies empirisch bestätigen ließe, gibt es weitere Argumente gegen die Verwendung einer *go/no-go*-Aufgabe: Es lassen sich nur Reaktionszeiten für die *go-trials*
erheben, man weiß für die *no-go-trials* nicht, warum die Versuchsperson nicht reagiert
hat.

Bei Thorpe et al. (2001) erhielten die Autoren zwar für alle Reize die Qualität der
Antwort (richtig/falsch), aber nur für die Hälfte der Reize zugehörige Reaktionszeiten.
Auch wurden die Reize nur kurz und mit z. T. großen Exzentrizitäten dargeboten: Die
Versuchspersonen waren sich oft unsicher, ob ein Tier auf dem Bild zu sehen war oder
nicht. Hat die Versuchsperson in einem *no-go-trial* nun nicht gedrückt, weil sie (sicher)
kein Tier gesehen hat oder weil sie sich einfach unsicher war? Außerdem haben Thorpe
et al. ein Antwortfenster von 1 s vorgeben. Dies ist für *no-go-trials* unvermeidlich, führt
jedoch dazu, dass im Prinzip gültige, aber lange Reaktionszeiten in *go-trials* verunmög-
licht werden.

All diese Probleme lassen nur einen Schluss zu: Das *go/no-go*-Verfahren als Alternative zum Wahlreaktionsexperiment hat nur Nachteile und sollte nicht eingesetzt werden.

Gelegentlich wird das *go/no-go*-Paradigma auch als Alternative zur variablen Vorperiode im Einfachreaktionsparadigma verwendet. In diesem Fall werden sogenannte

catch-trials eingebaut, bei denen die Versuchsperson nicht reagieren darf – eingebürgert haben sich maximal 25 %. Durch die *catch-trials* hat man die Möglichkeit geschaffen, fehlerhaft zu reagieren. Ist die Fehlerrate gering, so interpretiert man das dahingehend, dass die Versuchsperson tatsächlich den imperativen Reiz abgewartet und verarbeitet hat (sonst könnte die Fehlerrate nicht gering sein). Ist die Fehlerrate hoch, so liegt die Vermutung nahe, die Versuchsperson habe auf den *cue* reagiert. Die Problematik dieses Vorgehens liegt in der Bedeutung der Wörter ›gering‹ vs. ›hoch‹. Außerdem verwandelt man auf diese Weise das Einfachreaktions- in ein Wahlreaktionsparadigma. Aufgrund dieser Problematiken ist von der Verwendung von *catch-trials* abzuraten.

2.7.4 2AFC – Two-Alternative-Forced-Choice

Beim 2AFC-Paradigma besteht das Prinzip darin, dass in einem Durchgang zwei Reize präsentiert werden, über deren zeitliche oder räumliche Ordnung eine Aussage getroffen werden soll. Die Versuchsperson hat also nicht nur zwei mögliche Antwortalternativen – wie beim Wahlreaktionsexperiment – sondern die Exemplare der zwei Reizkategorien werden immer gemeinsam in einem Durchgang präsentiert.

Beispielsweise werden in jedem Durchgang *nacheinander* ein lauter *und* ein leiser Ton dargeboten, die Versuchsperson muss sich entscheiden zwischen »laut zuerst« oder »leise zuerst« – hier ist die zeitliche Ordnung relevant. Werden hingegen in der Testphase eines Gedächtnisexperimentes in einem Durchgang immer *zwei* Bilder, z. B. übereinander, dargeboten und die Versuchsperson muss zwischen »alt oben« und »alt unten« unterscheiden, ist die räumliche Ordnung relevant.

Häufig interessiert man sich in solchen Experimenten für die Qualität der Antworten. Auch in diesem Fall kann die Auswertung mittels SDT erfolgen. Es sei an dieser Stelle aber ausdrücklich darauf hingewiesen, dass die Details der SDT-Auswertung verschieden von der Auswertung von Ja-Nein-Experimenten sind. Entscheidungstheoretisch lässt sich zudem zeigen, dass das 2AFC-Paradigma sensitiver als das Ja-Nein-Experiment ist (vgl. Macmillan & Creelman, 1991; Wickens, 2002).

Die Bezeichnung »2AFC« wird häufig fälschlicherweise (!) als Abkürzung für ein Wahlreaktionsexperiment gebraucht. Auch bei diesem muss sich die Versuchsperson für eine von zwei Alternativen entscheiden, sieht in einem Durchgang aber immer nur *einen* von mehreren möglichen Reizen. Die alleinige Verwendung von zwei Antwortalternativen macht ein Experiment noch lange nicht zu einem 2AFC-Paradigma.

2.7.5 Gleich-Verschieden

Das *same-different*-Paradigma ist eine Form eines Zwei-Intervall-Experimentes, bei dem in einem Durchgang zwei Reize präsentiert werden und die Versuchsperson entscheiden muss, ob die beiden Reize »gleich« oder »verschieden« sind. Es gibt zwei übliche Varianten der Reizpräsentation: gleichzeitig vs. nacheinander. Werden beide Reize gleichzeitig präsentiert, so ergibt sich der gleiche zeitliche Ablauf wie im Ja-Nein-Experiment (vgl. Abbildung 2.11).

Bei sequenzieller Darbietung der beiden Reize entspricht der zeitliche Verlauf bis zur Darbietung des ersten Reizes ebenfalls dem Zeitverlauf im Ein-Intervall-Design. Im Unterschied zu diesem wird der erste Reiz nur für eine feste Zeitdauer dargeboten, es folgt eine Darbietungslücke, dann wird der zweite Reiz präsentiert. Die zeitliche Lücke zwischen den beiden Reizen wird als Inter-Stimulus-Intervall (ISI) bezeichnet. Für den Spezialfall *ISI* = 0 folgen die beiden Reize unmittelbar aufeinander. Hier ergeben sich die gleichen Einschränkungen wie beim Verzicht auf die Vorperiode zwischen Hinweisreiz und Zielreiz (vgl. Abschnitt 2.7.2). Es sei angemerkt, dass auch eine zeitlich überlappende Präsentation der Reize denkbar ist. In diesem Fall kann jedoch nicht das ISI betrachtet werden, stattdessen ist der zeitliche Abstand zwischen den Präsentations-anfängen (*stimulus-onset asynchrony*) beider Reize zu berücksichtigen (vgl. Abschnitte 2.7.6 und 2.10.2).

Aus der sequenziellen Darbietung der beiden Reize ergibt sich, dass neben den experimentellen Bedingungen *gleich* vs. *verschieden* mindestens eine weitere unabhängige Variable zu variieren ist – die Länge des ISI. Dabei ist es keineswegs ausreichend, nur einige wenige ISI-Stufen zu betrachten (siehe Abschnitt 2.7.7).

Die Reaktionszeitmessung beginnt, wie in Abbildung 2.12 zu sehen, mit dem Darstellungsbeginn des zweiten Reizes. Dies entspricht der Logik der Aufgabe, denn die Versuchsperson kann ihre Entscheidung erst treffen, nachdem der zweite Reiz präsentiert wurde. Neben der Reaktionszeit kann man aber auch an der Qualität der Antwort als primärem abhängigem Maß interessiert sein. In diesem Falle ist auch beim *same-different*-Paradigma eine signalentdeckungstheoretische Auswertung naheliegend: Es werden gleiche oder verschiedene Reize präsentiert und die Versuchsperson antwortet »gleich« oder »verschieden«, jedoch muss auch hier der Hinweis erfolgen, dass die Details deutlich verschieden zur Auswertung von Ja-Nein-Experimenten und von 2AFC-Experimenten sind. Entscheidungstheoretisch weist das *same-different*-Paradigma im Vergleich zu 2AFC und Ja-Nein-Experimenten die geringste Sensitivität auf (vgl. Macmillan & Creelman, 1991).

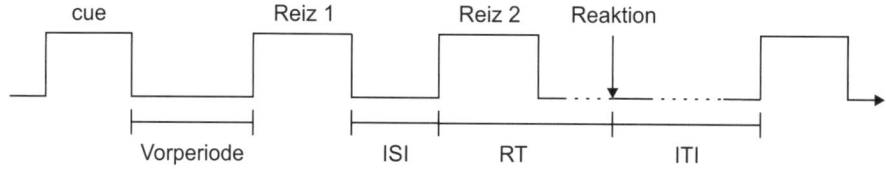

Abbildung 2.12. Vollständiger zeitlicher Verlauf eines Durchgangs in einem Gleich-Verschieden-Paradigma mit zwei durch ein ISI zeitlich getrennten Reizen.

2.7.6 Priming

Priming-Paradigmen sind in der Experimentellen Psychologie weit verbreitet. Leider finden sich ganz unterschiedliche experimentelle Vorgehensweisen, die alle mit Priming bezeichnet werden. So ist etwa im Rahmen der Wortstamm-Ergänzung bei Amnesie-Patienten (vgl. Graf, Squire & Mandler, 1984) genauso wie in der Psycholinguistik von Priming die Rede, obwohl die Zeitverläufe extrem unterschiedlich sind. Gemeinsam ist den verschiedenen Priming-Paradigmen, dass im Prinzip zwei Reize in gewissem zeitlichen Abstand präsentiert werden, nämlich die *primes* (Bahnungsreize) und die *targets* (Zielreize). Die grundlegende Idee besteht darin, dass die *primes* einen Einfluss auf die Zielreiz-Verarbeitung haben sollen, der sich auf Verhaltensebene in unterschiedlichen Reaktionszeiten und/oder unterschiedlichen Fehlerraten oder anderen Maßen der Performanz äußern kann. Werden *prime* und *target* in kurzer zeitlicher Abfolge präsentiert, dann ergibt sich der in Abbildung 2.13 dargestellte Verlauf.

In Priming-Experimenten wird statt des ISI üblicherweise die *stimulus-onset asynchrony* (SOA), d. h. der zeitliche Versatz von *prime* und *target* betrachtet. Dabei werden die Asynchronie-Zeiten relativ zum Zielreiz gemessen: Erscheint der *prime* vor dem Zielreiz, dann wird von *negativen* SOAs gesprochen. Dies ist zwar eine reine Konvention, das Befolgen derselben erleichtert jedoch die Verständigung. Wie wichtig es ist, nicht nur wenige SOA-Stufen abzufahren, wird in Abschnitt 2.7.7 gesondert erläutert.

Unverzichtbar ist bei allen Priming-Experimenten, dass in den unterschiedlichen experimentellen Bedingungen die gleichen Zielreize verwendet werden (vgl. Abschnitt 2.10.5). Je nach inhaltlicher Fragestellung gestaltet sich die Darbietung der *primes* unterschiedlich; beim unbewussten Priming (vgl. Abschnitt 2.10.6) muss man beispielsweise sicherstellen, dass die *primes* auch tatsächlich nicht bewusst wahrgenommen werden können.

Es hat sich bei Priming-Experimenten eingebürgert, nicht die absoluten Reaktionszeiten (oder Fehlerraten) zu betrachten, sondern sogenannte Primingeffekte. Darunter ist zu verstehen, dass die Reaktionszeitdifferenzen zwischen den verschiedenen experimentellen Bedingungen bestimmt und dargestellt werden.

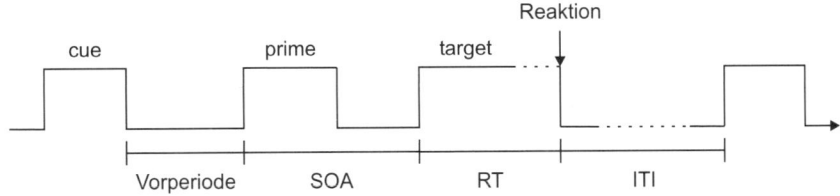

Abbildung 2.13. Zeitlicher Verlauf eines Durchgangs in einem typischen Priming-Experiment.

2.7.7 SOA- und ISI-Funktionen

In den vorangegangenen Abschnitten 2.7.5 und 2.7.6 war von SOAs und ISIs die Rede. Wie Abbildung 2.14 zeigt, sind diese beiden Größen bei konstanter Reizdauer jedoch vollständig konfundiert: Jede Veränderung des ISIs führt zu einer gleichartigen Veränderung der SOA. Welche der beiden Größen angegeben wird, ist vom jeweiligen Experiment abhängig. Vernünftig ist es, die Daten eines Experimentes sowohl in Abhängigkeit vom ISI als auch von der SOA zu betrachten. Dies gilt insbesondere, wenn die Darbietungsdauer des ersten Reizes variiert wurde, da dann SOA und ISI nicht durch eine additive Konstante verknüpft sind.

In den oben genannten Abschnitten wurde bereits darauf hingewiesen, dass es nicht ausreichend ist, einige wenige Stufen der SOAs oder ISIs zu realisieren. Das Problem besteht darin, dass viele Effekte eine zeitliche Dynamik besitzen. Möchte man etwas über diese Dynamik erfahren, dann ist es unbedingt notwendig, einen größeren SOA-Bereich (bzw. ISI-Bereich) in kleinen Schritten »abzufahren«. Dies soll für die SOA-Funktion beispielhaft an einem Experiment von Lingnau und Vorberg (2005) illustriert werden.

In diesem Experiment bestanden die *primes* aus Pfeilen, entweder nach links oder nach rechts. Diese *primes* wurden maskiert (vgl. Abschnitt 2.10.6), danach wurde ein *target* präsentiert, ebenfalls ein Pfeil nach links oder rechts. Wie üblich konnten *prime* und *target* in kongruenter oder inkongruenter Beziehung zueinander stehen. Man würde erwarten, dass kongruente Durchgänge zu einer RT-Beschleunigung führen, inkongruente jedoch RT-Kosten erzeugen. Die Differenz zwischen inkongruenten und kongruenten Durchgängen wird als Netto-Priming-Effekt bezeichnet und sollte positiv sein. In diesem speziellen Paradigma ist das auch der Fall, aber nur für kurze SOAs bis 42 ms zwischen Maskier- und Zielreiz und für lange SOAs größer 250 ms. In dem Bereich dazwischen gibt es negative Primingeffekte (siehe Abbildung 2.15). An dieser Stelle soll keine theoretische Diskussion über die Bedeutung der Befunde geführt werden, sondern es soll nur hervorgehoben werden, dass in *einem* Experiment sowohl po-

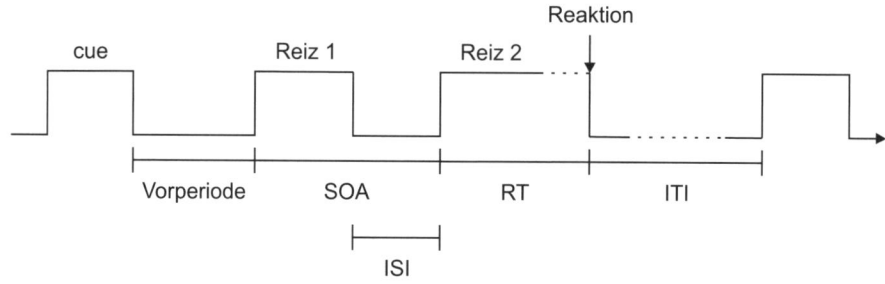

Abbildung 2.14. Zeitlicher Verlauf eines Durchgangs in einem typischen Priming-Experiment, SOA und ISI sind eingezeichnet.

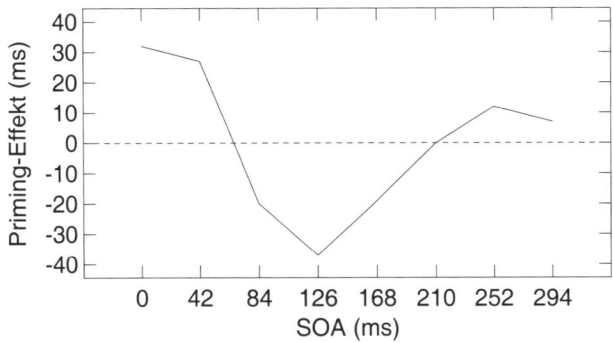

Abbildung 2.15. Primingeffekte in Abhängigkeit von der SOA. Abbildung in Anlehnung an Lingnau und Vorberg (2005, Abb. 3C, Near).

sitive als auch negative Primingeffekte beobachtet werden können und zwar bei *iden-tischen prime-target-Beziehungen*, einzig und allein abhängig von der SOA. Hätte man nur SOAs von 0 und 250 ms untersucht, dann hätte man nur positive Primingeffekte ge-funden. Hätte man nur einen mittleren SOA-Bereich um 100 ms untersucht, man hätte nur negative Primingeffekte gefunden.

Leider ist es allzu oft gängige Praxis, nur wenige SOA-Stufen zu realisieren. Wenn man jedoch in einem Experiment aus gutem Grunde die SOA (oder das ISI) variiert, weil man der Meinung ist, bestimmte Effekte seien davon abhängig, muss man sich schon die Mühe machen, die SOA-Funktion sauber abzufahren. In Lingnau und Vor-berg (2005) haben die Autoren erfreulicherweise die SOA-Funktion in Schritten zu 42 ms von 0 bis 294 ms erhoben, in anderen Experimenten (z. B. Vorberg, 1998) wur-den noch größere Bereiche erfasst.

2.7.8 Durchgänge, Blöcke und Sitzungen

In den bisherigen Betrachtungen lag der Schwerpunkt auf dem zeitlichen Verlauf eines einzelnen experimentellen Durchgangs. Da aber nahezu alle Experimente aus mehre-ren Durchgängen bestehen, soll nun deren Organisation erläutert werden. Als erstes stellt sich die Frage, wie viele Durchgänge überhaupt benötigt werden. Dies ergibt sich aus der Zahl der experimentellen Bedingungen und der gewählten Anzahl an Replika-tionen pro Bedingung.

Angenommen, man wolle einstellige Additions- und Multiplikationsaufgaben unter-suchen. Für den Zahlenbereich 2–9 gibt es 64 verschiedene Additions- und ebenso viele verschiedene Multiplikationsaufgaben. Jede Aufgabe soll der Versuchsperson zehn mal dargeboten werden. Das ergibt eine (vorläufige) Gesamtzahl von 1280 Durchgängen.

Aus dem durchschnittlichen Zeitbedarf für einen Durchgang lässt sich nun berech-nen, wie lange das gesamte Experiment ungefähr dauern wird. Für dieses Beispiel ergibt sich bei einer *trial*-Dauer von ca. 3–4 s eine Gesamtdauer von etwa 85 Minuten. Da Experimente am Computer generell nicht länger als eine Stunde dauern sollten, ergäben sich (vorläufig) zwei Sitzungen zu je 640 *trials*.

Innerhalb einer Sitzung würde man jedoch 640 Durchgänge nicht ohne Pause präsentieren. Da konzentriertes Blicken auf den Monitor anstrengend und ermüdend ist, macht man auch innerhalb einer Sitzung mehrere Pausen. Abhängig davon, wie anstrengend ein Durchgang ist, sollte nach etwa 30–60 Durchgängen eine Pause erfolgen. Am besten probiert man in einem Selbstversuch aus, wie viele *trials* man problemlos am Stück bearbeiten kann. Die exakte Anzahl der Durchgänge pro Block richtet sich außerdem auch nach dem Design des Experimentes: Günstig ist es, wenn die *trial*-Zahl ein Vielfaches der Faktorstufen ist. In dem Beispiel mit 64 Additions- oder Multiplikationsaufgaben bieten sich 32 oder 64 Durchgänge pro Block an.

Die Pause nach einem Block dient der kurzen Erholung, insbesondere soll die Versuchsperson ihren Blick im Raum wandern lassen. Dazu reichen schon 20–30 Sekunden. Es empfiehlt sich eine Mindestpausenlänge vorzugeben, der Versuchsperson aber zu erlauben, die Pause ein wenig zu verlängern. Gibt man keine Mindestlänge vor, so neigen Versuchspersonen dazu, sofort weitermachen zu wollen, was zu unreliableren Daten führt.

In fast allen Experimenten werden sich Übungs- oder Lerneffekte einstellen, selbst in den allereinfachsten Reaktionszeitexperimenten. Diese Lerneffekte sind z. T. spezifisch, z. T. unspezifisch. In dem obigen Kopfrechenexperiment präsentiert man viele Rechenaufgaben, die Versuchspersonen antworten dann im Laufe der Zeit schneller und auch fehlerfreier. Ein Hauptgrund liegt darin, dass durch das Experiment das Kopfrechenwissen aufgefrischt und trainiert wird. Dies ist ein spezifischer Lerneffekt. Gleichzeitig wird die Versuchsperson aber auch deshalb besser, weil sie z. B. die gesamte Apparatur kennengelernt hat und genau weiß, welche Reize verwendet werden.

Ist man inhaltlich nicht am Lernverlauf interessiert, dann stellen diese Übungseffekte Fehlervarianz dar. Deshalb ist es gut, den anfänglichen Lernverlauf bis zum asymptotischen Verhalten nicht in die Auswertung einfließen zu lassen (d. h. wegzuwerfen). In einem sehr einfachen Experiment kann die Asymptote schon nach wenigen Blöcken erreicht sein, dann genügt es, die ersten Blöcke als Übungsblöcke zu deklarieren und nicht weiter zu berücksichtigen. In etwas komplizierteren Experimenten kann die Lernphase länger andauern, in diesen Fällen kann es sinnvoll sein, die gesamte erste Sitzung oder sogar zwei Sitzungen »wegzuwerfen«. Zwar reduziert man auf diese Weise die Gesamtzahl der Beobachtungen, eliminiert aber lediglich den unreliablen Teil und erhält so verlässlichere Schätzer. Die Verwendung von Übungsblöcken oder -sitzungen erhöht natürlich den experimentellen Aufwand, da insgesamt mehr Durchgänge benötigt werden. Leider ist es heutzutage gängige Praxis nur das zu erheben und auszuwerten, was unserer Empfehlung nach weggeworfen werden sollte.

Auch innerhalb einer Sitzung kommt es nach jeder Blockpause zu unreliablen Daten. Für gewöhnlich sind die Versuchspersonen nach der Pause ein wenig langsamer als im

Mittel – sie müssen erst wieder »in die Gänge kommen«. Deshalb sollten die ersten *trials* nach einer Blockpause ebenfalls nicht ausgewertet werden. Dazu beginnt man jeden Block mit sogenannten *warm-up trials*. Drei Aufwärm-Durchgänge nach einer Blockpause haben sich bewährt. Eine vollständige Beispielrechnung zur Bestimmung der Gesamtzahl der Durchgänge findet sich in der folgenden Box.

Beispielrechnung

Wendet man diese Überlegungen auf das anfängliche Kopfrechenexperiment an, ergibt sich folgende Rechnung: Aus je 64 Additions- und Multiplikationsaufgaben ergeben sich bei zehn Replikationen insgesamt 1280 Durchgänge. Diese sollen auf vier Sitzungen mit fünf Blöcken zu je 64 *trials* aufgeteilt werden. Außerdem ist von einem etwas längeren Übungsverlauf auszugehen, deshalb werden eine komplette Übungssitzung und ein vollständiger Übungsblock pro Sitzung benötigt. Zusätzlich wird jeder Block mit drei *warm-up trials* eingeleitet. Es ergeben sich also fünf Sitzungen (Übungssitzung + 4 experimentelle Sitzungen) mit je sechs Blöcken (Übungsblock + 5 experimentelle Blöcke) und jeder Block besteht aus 67 *trials* (3 *warm-ups* + 64 experimentelle Durchgänge). Insgesamt benötigt man also 2010 *trials*, von denen letztlich 1280 ausgewertet werden. Eine etwas weniger aufwändige Lösung könnte darin bestehen, auf den Übungsblock zu Beginn jeder Sitzung zu verzichten, dann wären es nur noch fünf Sitzungen zu je fünf Blöcken zu je 67 *trials*, insgesamt also nur noch 1675 *trials*, von denen wie zuvor 1280 ausgewertet werden.

Es bleibt festzuhalten: Ein Experiment besteht aus einer oder mehreren Sitzungen, innerhalb der Sitzungen gibt es Blöcke, jeder Block besteht aus einer gewissen Anzahl von *trials*. Je nach Aufgabenschwierigkeit gelten die ersten Blöcke oder Sitzungen als Übungsphase und werden nicht ausgewertet. Ebenso werden die *warm-up trials* zu Beginn der Blöcke nicht berücksichtigt. Diese Überlegungen fließen bereits in die Berechnung der Gesamtzahl der Durchgänge ein: Man berechnet die Zahl der notwendigen *trials* und fügt die *warm-up trials* sowie Übungsblöcke bzw. -sitzungen hinzu.

Ist das Experiment nach einer Sitzung zu Ende, dann ist die Sitzung das Experiment. Werden mehrere Sitzungen benötigt, so bildet die Gesamtzahl der Sitzungen das Experiment. Statt von einem Experiment kann auch von einem Versuch gesprochen werden. Man sollte jedoch unbedingt vermeiden, einen einzelnen *trial* als Versuch oder Experiment zu bezeichnen: Ein *trial* ist ein *trial* ist ein *trial* oder eben ein Versuchsdurchgang, aber kein Versuch.

Muss eine Versuchsperson zu mehreren Sitzungen erscheinen, so stellt sich die Frage nach der zeitlichen Abfolge dieser Sitzungen. Ideal wäre, wenn jede Versuchsperson in konstantem Abstand zur gleichen Tageszeit käme. Aus organisatorischen Gründen ist so ein exakter Plan kaum durchführbar. Dann sollte zumindest darauf geachtet werden, dass die Tagesabstände innerhalb und zwischen den Versuchspersonen möglichst gleich sind. Es ist nicht sinnvoll, die erste und zweite Sitzung an aufeinander folgenden Tagen durchzuführen, die dritte Sitzung jedoch erst eine Woche später. Ebenso ist es nicht sinnvoll, mit einer Versuchsperson täglich zu experimentieren, die andere Versuchsperson aber im Wochenrhythmus zu untersuchen. In nahezu allen Experimenten stellen sich Lerneffekte ein, die Versuchspersonen werden im Laufe des Experimentes besser. Längere Pausen reduzieren diesen Lerneffekt und tragen so zur Fehlervarianz bei, die möglichst klein gehalten werden soll.

2.8 Probelauf

Hat man alle experimentell-methodischen Fragen geklärt, dann kann man sich an die technische Realisation des Experimentes begeben. Manchmal genügt es, Papier, Bleistift und Wortlisten zu besorgen; oft ist jedoch die Programmierung des Experimentes erforderlich. Ist das Experiment fertig vorbereitet, wird gerne ein entscheidender Fehler begangen: Die erste Versuchsperson wird einbestellt und das Experiment mit ihr durchgeführt. Bevor jedoch die erste *richtige* Versuchsperson an dem Experiment teilnimmt, ist es unbedingt erforderlich, das *komplette Experiment* im Selbstversuch durchzuführen. Dafür gibt es zwei wesentliche Gründe:

1. Man muss feststellen, ob alles funktioniert.
2. Man muss feststellen, ob das Experiment zumutbar ist.

Punkt 1 wird gerne als gegeben hingenommen, obwohl dies keineswegs selbstverständlich ist. Insbesondere bei rechnergestützten Experimenten schleichen sich gerne Programmierfehler ein. Zwar wurden offensichtliche Bugs bereits beseitigt, aber die kleinen, hinterhältigen Fehler entdeckt man nur bei einem kompletten Durchlauf.

Mindestens ebenso wichtig ist die Frage, ob das Experiment überhaupt zumutbar hinsichtlich Zeitbedarf und Schwierigkeit ist. Es kann auch sein, dass das Experiment schmerzhaft oder unangenehm ist, auch ohne absichtliche Schmerzreize. In manchen Fällen muss man mit einer unangenehmen Kinnstütze oder sogar einem Beißbrett arbeiten. Auch hier muss im Selbstversuch überprüft werden, ob dies für die Dauer des Experimentes auszuhalten ist[5].

Nach erfolgreich absolviertem Selbstversuch sollte das Experiment mit ein oder zwei vorläufigen Versuchspersonen durchgeführt werden. Man darf nicht übersehen, dass man als Versuchsleiter besonders motiviert und hoch geübt ist. Was man selbst für zumutbar hält, kann eine »normale« Versuchsperson als indiskutabel empfinden. Außerdem ist man als Versuchsleiter zur Beurteilung der Qualität der Instruktion denkbar ungeeignet, da man aus dem Effeff weiß, was zu tun ist. Ergo, bei der Durchführung des Experimentes mit den Probe-Versuchspersonen ist besonders auf folgende Punkte zu achten:

---

[5] Arbeitet man tatsächlich mit Kinnstütze, Beißbrett oder dergleichen, dann ist selbstverständlich für ausreichende Hygiene zu sorgen!

1. Ist die Instruktion verständlich, weiß die Versuchsperson, was sie machen muss?
2. Ist die Versuchsperson in der Lage, die gestellte Aufgabe zu bewältigen?
3. Ist die Versuchsperson willens, die Aufgabe zu bewältigen?
4. Wie lange dauert das Experiment tatsächlich?

Hat man das Experiment mit sich selbst und ein oder zwei Probe-Versuchspersonen durchgeführt und konsequent verbessert, kann man die »richtigen« Versuchspersonen ins Labor einbestellen.

2.9   Instruktion

Die Instruktion der Versuchspersonen ist ein heikles Thema. Ist die Instruktion nicht Gegenstand der experimentellen Manipulation, dann taucht sie in der Präsentation, sei es Vortrag, sei es Bericht, nicht auf. Daraus den Schluss zu ziehen, sie sei auch nicht so wichtig, wäre falsch. Die Instruktion ist von zentraler Wichtigkeit für das Gelingen des Experimentes. Nur eine gute Instruktion führt dazu, dass die Versuchsperson versteht, was von ihr in dem Experiment verlangt wird. Die Instruktion ist quasi die Gebrauchsanleitung für die Versuchsperson. Missversteht die Versuchsperson die Instruktion, dann kann man die erhobenen Daten getrost vergessen.

Beispiel

Ein Mitglied des Autorenteams führte vor Jahren ein Experiment zu numerischen Vergleichen (Moyer & Landauer, 1967) durch. Die Versuchsperson sitzt vor einem Computermonitor, es werden gleichzeitig zwei einstellige Zahlen dargeboten (z. B. 3 und 5) und die Versuchsperson muss entscheiden, welche der beiden Zahlen die numerisch größere ist (in diesem Beispiel also die 5). Diese Entscheidung soll sie dann per Tastendruck (linke Taste, rechte Taste) abgeben. In diesem Beispieldurchgang müsste die Versuchsperson also die rechte Taste drücken, denn rechts steht die numerisch größere Zahl. Normalerweise benötigen Versuchspersonen im Mittel so zwischen 350 und 800 ms für diese Aufgabe und sie machen recht wenige Fehler, oft unter 5 %. Eine Versuchsperson brauchte jedoch extrem lange und machte sehr viele Fehler in dem Experiment. Nach der Sitzung vom Versuchsleiter befragt, worin das Problem bestand, antwortete sie, dass die Aufgabe teuflisch schwer gewesen sei, die beiden Zahlen eines jeden Durchgangs seien in ihrer Größe kaum zu unterscheiden gewesen. Dabei veranschaulichte sie beidhändig mit Daumen und Zeigefinger die ungefähre Größe der Zahlen auf dem Bildschirm.

Im Nachhinein kann man über diesen Fehler schmunzeln (oder laut lachen), aber er macht auf jeden Fall deutlich, dass die Versuchsperson die Instruktion nicht so verstanden hatte, wie sie vom Versuchsleiter intendiert war. Es sollte die *numerische* Größe der Zahlen beurteilt werden, die Versuchsperson beurteilte jedoch die *physikalische* Größe der Zahlen. Die Instruktion war also nicht präzise genug. Eine gute Instruktion muss kurz, prägnant, leicht zu verstehen, fehlerfrei und eindeutig sein. Genau darin besteht die Schwierigkeit.

Einleitung. Es ist günstig, wenn die Instruktion in einem, maximal zwei Sätzen erläutert, worum es in dem Experiment im Prinzip geht, also ein Experiment zum Kopfrechnen oder ein Experiment zur visuellen Wahrnehmung oder ein Experiment zur Worterkennung. Außerdem sollte die Versuchsperson an dieser Stelle erfahren, worin ihre wesentliche Aufgabe besteht, z. B.

> In dem folgenden Gedächtnisexperiment sollst du dir in jedem Durchgang Wörter merken und am Ende wiedergeben.

Es ist nicht nötig, der Versuchsperson schon vor dem Experiment für die Teilnahme zu danken. Das wäre zwar höflich, verlängert aber die Instruktion. Man kann (und soll) der Versuchsperson auch gut nach der Durchführung für die Teilnahme danken.

Was geschieht? Dann muss die Versuchsperson genau erfahren, was *geschehen* wird, z. B. »es werden jetzt einzelne Rechenaufgaben auf dem Computer-Monitor präsentiert . . .« oder »du wirst eine Liste mit 20 Wörtern erhalten . . .« oder »per Kopfhörer werden wir dir jetzt eine Geschichte präsentieren . . .« etc. Bei diesen Beschreibungen sollte man auf die Verwendung von Fachbegriffen und Fremdwörtern verzichten. Auch die Angabe genauer Präsentationszeiten ist überflüssig, jedoch sollte die Versuchsperson über die ungefähre Gesamtdauer des Experimentes informiert werden.

Was ist zu tun? Die Versuchsperson muss natürlich auch genau erfahren, was sie *tun* soll, etwa »du sollst das korrekte Rechenergebnis aussprechen« oder »du sollst dir die 20 Wörter merken« oder »leuchtet das linke Lämpchen, dann drücke die linke Taste, leuchtet das rechte Lämpchen, dann drücke die rechte Taste«. Muss die Versuchsperson irgendwelche Geräte bedienen, und seien es nur einfache Tasten, dann müssen diese ganz eindeutig gezeigt und vorgeführt werden. Am besten sollte die Versuchsperson deren Bedienung schon einmal ausprobieren, also etwa auf die Tasten drücken.

Beispiel-Durchgang. Oft ist es günstig, nach der eigentlichen Instruktion auch einen Beispiel-Durchgang mit dem tatsächlichen Stimulus-Material zu präsentieren. Zusätzlich zu der Aussage »es werden Kopfrechenaufgaben auf dem Monitor präsentiert« zeigt man dann wirklich eine Aufgabe auf dem Monitor, in exakt dem *trial-timing*, das auch im Experiment verwendet wird. Dann weiß die Versuchsperson sofort, *wo* die Aufgaben erscheinen werden, *wie groß* die Reize sein werden, in welcher Darstellungsform (z. B. schwarze Schrift auf weißem Grund) und sie weiß auch, in welcher Schriftart die Reize erscheinen. Dies alles in der Instruktion zu beschreiben wäre kontraproduktiv.

Ist die Abfolge der Reize in einem *trial* sehr schnell, z. B. im RSVP-Paradigma (*rapid serial visual presentation*, Shapiro & Raymond, 1994), dann kann es günstig sein, eine verlangsamte Version auf dem Monitor zur Illustration zu präsentieren.

Mündlich vs. schriftlich. Häufig stellt sich die Frage, ob die Instruktion mündlich oder schriftlich erfolgen soll. Es gibt hierauf keine eindeutige Antwort, beide Versionen haben Vor- und Nachteile. Erfolgt die Instruktion schriftlich, dann ist gewährleistet, dass alle Versuchspersonen eine *identische* Instruktion erhalten. Im Sinne standardisierter Versuchsbedingungen ist dies sehr wünschenswert. Allerdings stellt eine mündliche Instruktion eine persönlichere Atmosphäre her, was einerseits freundlicher ist, andererseits auch motivierender sein kann. Wählt man die mündliche Form, dann muss man als Versuchsleiter die Instruktion auswendig lernen, um sie frei vortragen zu können und um zu gewährleisten, dass auch in diesem Fall alle Versuchspersonen die gleiche Instruktion erhalten. Das Vorlesen der Instruktion durch den Versuchsleiter ist zwar möglich, der Aspekt der persönlichen Ansprache geht dabei allerdings verloren. Noch

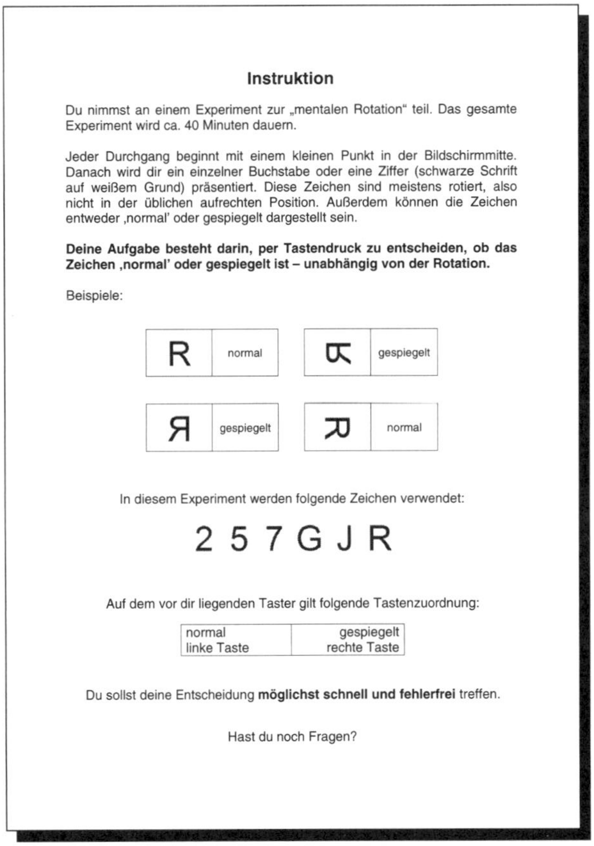

Instruktion

Du nimmst an einem Experiment zur „mentalen Rotation" teil. Das gesamte Experiment wird ca. 40 Minuten dauern.

Jeder Durchgang beginnt mit einem kleinen Punkt in der Bildschirmmitte. Danach wird dir ein einzelner Buchstabe oder eine Ziffer (schwarze Schrift auf weißem Grund) präsentiert. Diese Zeichen sind meistens rotiert, also nicht in der üblichen aufrechten Position. Außerdem können die Zeichen entweder ‚normal' oder gespiegelt dargestellt sein.

Deine Aufgabe besteht darin, per Tastendruck zu entscheiden, ob das Zeichen ‚normal' oder gespiegelt ist – unabhängig von der Rotation.

Beispiele:

In diesem Experiment werden folgende Zeichen verwendet:

2 5 7 G J R

Auf dem vor dir liegenden Taster gilt folgende Tastenzuordnung:

normal	gespiegelt
linke Taste	rechte Taste

Du sollst deine Entscheidung **möglichst schnell und fehlerfrei** treffen.

Hast du noch Fragen?

Abbildung 2.16. Beispiel einer Instruktion, hier für ein Replikationsexperiment der Untersuchung von Cooper und Shepard (1973). Diese Beispiel-Instruktion findet sich auch in den Online-Materialien.

ungünstiger wäre die Variante, die Instruktion auf Band zu sprechen und vorzuspielen – da fragt sich die Versuchsperson zu Recht, ob der Versuchsleiter nicht in der Lage ist, ein paar Erklärungen in freier Rede zu geben.

Ein- oder mehrteilig. Besteht das Experiment aus mehreren Phasen, z. B. einer Lern- und einer Testphase in einem Gedächtnisexperiment, dann werden sowohl für die Lern- als auch für die Testphase Instruktionen benötigt. Es ist davon abzuraten, alle Instruktionen bereits zu Beginn des Experimentes zu präsentieren. Werden mehrere Instruktionen gebraucht, dann sollte immer nur gerade die Instruktion gegeben werden, die für die folgende Phase nötig ist.

Noch Fragen? Auch wenn es dem Gedanken einer standardisierten Instruktion widerspricht: Bevor die Versuchsperson mit dem Experiment beginnt, muss sie die Möglichkeit haben, Verständnisfragen zu stellen.

2.10 Standardparadigmen

In den letzten Abschnitten wurden Details der experimentellen Methodik ausführlich dargestellt und erläutert. Im Folgenden sollen diese Details anhand typischer Paradigmen der Experimentellen Psychologie in den Kontext realer Fragestellungen eingebettet werden. Ohne Anspruch auf Vollständigkeit werden dabei jeweils nur ausgewählte Aspekte betont.

2.10.1 Stroop-Paradigma

Das Stroop-Paradigma geht zurück auf Stroop (1935) und ist eines der klassischen Paradigmen der Kognitionspsychologie. Allerdings verwendet man heutzutage eine andere experimentelle Methode als in der Originaluntersuchung. Die Reize werden nicht mehr in ihrer Gesamtheit auf Karten, sondern jeder einzelne Stimulus wird auf einem Computer-Monitor präsentiert. Als abhängige Variable wird die Reaktionszeit, gemessen vom Stimulus-Onset bis zur Antwort der Versuchsperson, erfasst.

Die grundlegende Idee besteht darin, dass man Farbwörter als Reize verwendet, z. B. das Wort ›ROT‹ in roter Schriftfarbe. Die Versuchsperson hat eine von zwei Aufgaben: Entweder muss sie das Wort vorlesen oder sie muss die Farbe benennen. Für das Wort ›ROT‹ in roter Farbe führen beide Aufgaben zur korrekten Antwort »rot«. In diesem Fall sind Farbwort und Schriftfarbe *kongruent*. Wird jedoch das Wort ›ROT‹ in blauer Farbe geschrieben, dann handelt es sich um einen *inkongruenten* Reiz, Farbwort und Schriftfarbe stimmen nicht überein. Muss die Versuchsperson in diesem Fall das Wort vorlesen, so hätte sie mit »rot« zu antworten, muss sie die Farbe benennen, dann hätte sie mit »blau« zu antworten. Zusätzlich zur kongruenten und inkongruenten Bedingung kann man auch eine *neutrale* Bedingung schaffen, in diesem Fall wäre das Wort

z. B. in schwarzer Farbe geschrieben oder der Farbreiz wäre kein Wort, sondern ein farbiges Quadrat.

Die interessante Frage im Stroop-Paradigma lautet nun, wie sich die Kongruenz in den beiden Aufgaben Wort-lesen bzw. Farbe-benennen auswirkt. Erstaunlicherweise hat die Kongruenz für die Aufgabe Wort-lesen nur sehr kleine Auswirkungen (wenn überhaupt), kongruente und inkongruente Farbwörter lassen sich nahezu gleich schnell lesen. Soll jedoch die Farbe des Wortes benannt werden, dann wirkt sich die Kongruenz erheblich aus, die Schriftfarbe kongruenter Farbwörter lässt sich deutlich schneller als bei inkongruenten Farbwörtern benennen (vgl. Glaser & Glaser, 1982). Es wurden bisher eine Reihe unterschiedlicher Modelle zur Erklärung des Stroop-Phänomens entwickelt (siehe MacLeod, 1991), keines steht jedoch vollständig im Einklang mit den Daten.

Eine Erweiterung des Originalparadigmas besteht darin, den Präsentationsbeginn der beiden Reizdimensionen Schriftfarbe und Farbwort unabhängig voneinander (d. h. $SOA \neq 0$) zu variieren. Dadurch ergeben sich neue Testmöglichkeiten zur Evaluation der unterschiedlichen Erklärungsmodelle. In aller Regel werden dann Kongruenz-Effekte bzw. Interferenz-Effekte in Abhängigkeit von der SOA analysiert. Für das Wettlaufmodell wurde dies paradigmatisch von Vorberg (1985) ausgeführt.

2.10.2 Eriksen-Flanker-Paradigma

Die Situation im Eriksen-Flanker-Paradigma (vgl. Eriksen & Eriksen, 1974) ist leicht darzustellen: Die Versuchsperson sieht zwei Reize, in der Originaluntersuchung sind es Buchstaben. Einer der Buchstaben wird zentral auf dem Bildschirm präsentiert, der andere peripher, seitlich daneben. Die Versuchsperson soll schlicht den zentralen Buchstaben (Zielreiz, *target*) benennen, den peripheren (Flankierreiz, *flanker*) ignorieren.

Die grundlegende Idee besteht darin, dass der Flankierreiz die Verarbeitung des Zielreizes beeinflusst. Somit existiert eine gewisse Analogie zum *priming*-Paradigma – dort beeinflusst der *prime* die Verarbeitung des *targets*. Die Logik des *primings* verlangt, dass der Bahnungsreiz zeitlich vor dem Zielreiz präsentiert wird. Im Eriksen-Flanker-Paradigma wird die Idee des *primings* dahingehend erweitert, dass der Flankierreiz auch nach dem Zielreiz erscheinen und dessen Verarbeitung beeinflussen kann.

Ein weiterer Unterschied zum *priming*-Paradigma besteht darin, dass Flankier- und Zielreiz an unterschiedlichen Bildschirmpositionen präsentiert werden und dass der Flankierreiz bis zur Reaktion der Versuchsperson sichtbar bleibt. Dies ermöglicht die zeitlich überlappende Darbietung beider Reize. Die Asynchronie-Zeiten, d. h. der zeitliche Versatz zwischen Ziel- und Flankierreiz, wird relativ zum Zielreiz angegeben.

Es können im Eriksen-Flanker-Paradigma sowohl negative als auch positive SOAs auftreten: Erscheint der Flankier- vor dem Zielreiz, liegen negative SOAs vor, erscheint er hingegen erst nach dem Zielreiz, liegen positive SOAs vor. Bei $SOA = 0$ erscheinen

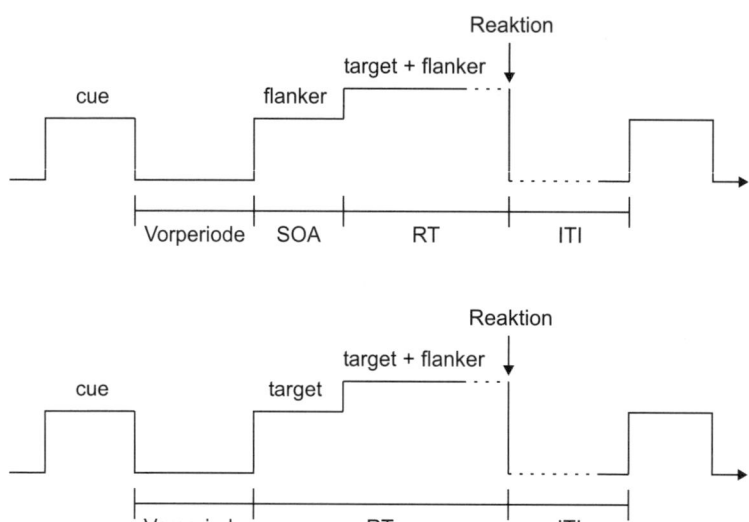

Abbildung 2.17. Ablauf eines *trials* bei zeitlich überlappender Darbietung von *target* und *flanker, flanker* vor dem *target* (oben), *flanker* nach dem *target* (unten).

flanker und *target* zeitgleich. Der zeitliche Ablauf eines Durchgangs mit positiver bzw. negativer SOA ist in Abbildung 2.17 dargestellt.

Die Reaktionszeit wird sowohl bei negativen als auch bei positiven SOAs ab dem Präsentationsbeginn des Zielreizes gemessen, da die Versuchsperson auf diesen Reiz reagieren soll.

2.10.3 Posner-Cuing-Paradigma

Das *spatial-cuing*-Paradigma von Posner (1980) zählt zu den klassischen Paradigmen der Forschung zur selektiven ortsbezogenen Aufmerksamkeit. Die Versuchspersonen erhalten in jedem Durchgang einen Hinweisreiz in der Mitte des Bildschirmes und müssen so schnell wie möglich eine Taste drücken (Einfach-Reaktion), wenn links oder rechts neben dem Hinweisreiz ein kleines schwarzes Quadrat (Zielreiz) erscheint. Der Hinweisreiz kann entweder ortsbezogen (Pfeil nach links oder rechts) oder neutral (Kreuz) sein. Bezüglich der ortsbezogenen Hinweisreize werden valide und invalide Durchgänge unterschieden: Ein Durchgang ist valide, wenn der Zielreiz an dem Ort erscheint, der zuvor durch den ortsbezogenen Hinweisreiz indiziert wurde, sonst invalide. Die Wahrscheinlichkeit, dass ein ortsbezogener Hinweisreiz die Position des nachfolgenden Zielreizes korrekt angibt (und somit valide ist), lag in der Originaluntersuchung bei $p = .8$. Diese Wahrscheinlichkeit wird auch als Informationsgehalt des

Hinweisreizes bezeichnet und bezieht sich auf das gesamte Experiment. Im Gegensatz dazu variiert die Validität von Durchgang zu Durchgang. Insgesamt ergibt sich ein einfaktorielles Design mit Messwiederholung auf dem Faktor Validität (dreistufig: valide, invalide, neutral).

In den Ergebnissen zeigten sich im Vergleich zu den neutralen Durchgängen kürzere Reaktionszeiten in validen und längere Reaktionszeiten in invaliden Durchgängen (Posner, 1980, siehe auch Abbildung 2.18). Der Reaktionszeitvorteil bei Korrespondenz von indizierter und tatsächlicher Zielreizposition wird als Gewinn oder Nutzen bezeichnet. Hingegen werden die längeren Reaktionszeiten in invaliden Durchgängen als Kosten aufgefasst.

Inzwischen existieren eine Vielzahl von Varianten des Originalparadigmas (vgl. Posner, 1980; Posner & Cohen, 1984; Posner & Dehaene, 1994; Posner, Snyder & Davidson, 1980), in denen neben der Validität die Art der Aufgabe (Einfach- vs. Wahlreaktion), die Art der Aufmerksamkeitsverlagerung (verdeckt vs. offen) sowie verschiedene weitere Variablen variiert wurden. Im Folgenden soll nur kurz auf die Art und den Informationsgehalt des Hinweisreizes sowie die *stimulus-onset asynchrony* (SOA) eingegangen werden.

Bezüglich der Art lassen sich zentrale von peripheren Hinweisreizen unterscheiden. Bei den Pfeilen aus dem 1980er Paradigma handelt es sich um zentrale oder auch symbolische Hinweisreize, sie fallen direkt in die Fovea und indizieren die mögliche Ziel-

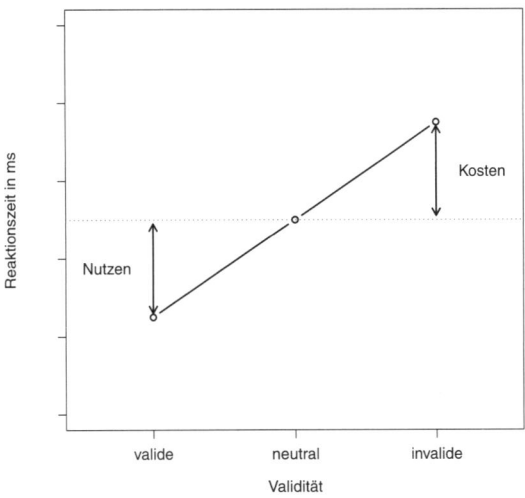

Abbildung 2.18. Im *spatial-cuing*-Paradigma von Posner zeigen sich kürzere Reaktionszeiten für valide und längere Reaktionszeiten für invalide Durchgänge (nach Posner, 1980).

position. Besteht der *cue* aus einer Luminanzänderung am Zielort, spricht man von peripheren (oder auch direkten) Hinweisreizen, da sie in die Peripherie fallen. Für beide Hinweisreizarten lässt sich deren Informationsgehalt, d. h. die Wahrscheinlichkeit, mit der sie die Position des nachfolgenden Zielreizes angeben, variieren. Im Originalparadigma besaßen die *cues* einen hohen Informationsgehalt, da mit einer Wahrscheinlichkeit von p = .8 die Zielreize am indizierten Ort auftraten. Für die Versuchsperson ist es also eine recht verlässliche Strategie, ihre Aufmerksamkeit auf den indizierten Ort zu verlagern. Nähert man die Wahrscheinlichkeiten an p = .5 an, verringert sich der Informationsgehalt der Hinweisreize. Wie zuvor bereits erwähnt, bezieht sich der Informationsgehalt immer auf den gesamten Block oder das gesamte Experiment.

Variiert man nun gleichzeitig Validität, Art des Hinweisreizes und Informationsgehalt, dann zeigt sich, dass bei informativen zentralen und peripheren *cues* Reaktionszeitvorteile bei validen und Reaktionszeitnachteile bei invaliden verglichen mit neutralen Durchgängen auftreten (Posner, 1980; Posner & Cohen, 1984). Bei uninformativen ortsbezogenen Hinweisreizen findet sich dieses Ergebnismuster nur noch für die peripheren *cues*. Posner interpretiert diese Ergebnisse dahingehend, dass beide *cues* unterschiedliche Mechanismen der Aufmerksamkeitsverlagerung ansprechen, einen eher willentlichen, absichtsgesteuerten Mechanismus (bei zentralen Hinweisreizen) und einen eher automatischen, reizgesteuerten Mechanismus (bei peripheren Hinweisreizen).

Eine weitere von Posner und Cohen (1984) variierte Variable, die *stimulus-onset asynchrony*, zeigt erneut, wie wichtig sauberes Experimentieren ist. Variiert man die SOA

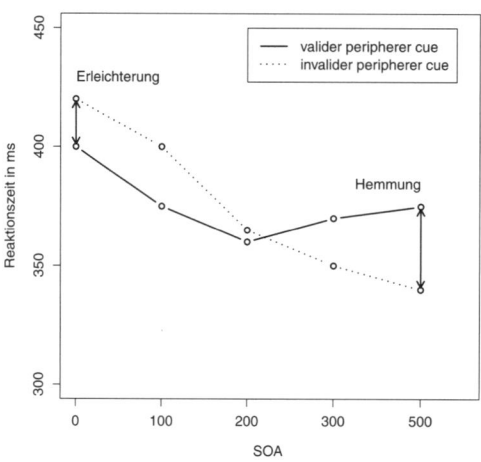

Abbildung 2.19. Bei Variation der SOA zeigt sich eine Umkehr des Reaktionszeitbefundes für valide und invalide Durchgänge ab ca. 200 ms. Abbildung in Anlehnung an Posner und Cohen (1984).

systematisch zwischen 0–500 ms, zeigt sich bei langer SOA (ab ca. 200 ms) eine Umkehr der typischen Reaktionszeitbefunde für periphere Hinweisreize. Die Reaktionszeiten für valide Durchgänge sind länger als für invalide Durchgänge. Posner et al. sprechen in diesem Zusammenhang von Erleichterung (*facilitation*) bei kurzen und Hemmung (*inhibition*) bei langen SOAs (siehe Abbildung 2.19).

Die große Anzahl von Folgeuntersuchungen belegt deutlich, wie stimulierend sich das Posner-Paradigma auf die Forschung zur visuellen Aufmerksamkeit ausgewirkt hat. Bis heute wurden allein die beiden Arbeiten von 1980 über 3700 mal zitiert.

2.10.4 Visuelle Suche

Das Paradigma der visuellen Suche lässt sich sehr anschaulich anhand unterschiedlicher Alltagssituationen illustrieren. Als alltägliches Beispiel soll die Suche nach dem »richtigen« Paar Schuhe dienen: Will man morgens vor dem Gang in die Uni dieses Paar lokalisieren, dann hat man (als Frau) eine ganze Reihe tragbarer Alternativen zur Auswahl und muss sich nicht nur entscheiden, sondern dieses Paar auch finden. Dazu ist es notwendig, den Schuhbestand seriell abzusuchen. Steht man jedoch des Abends geschniegelt und gestriegelt vor demselben Schuhschrank, dann springen die (einzigen) schicken Highheels sofort ins Auge.

Die Übertragung dieses Alltagsbeispiels in das experimentalpsychologische Labor findet sich im Paradigma der visuellen Suche (Treisman & Gelade, 1980). Hierbei gestaltet sich die Situation etwas kontrollierter als vor dem Schuhschrank. In jedem einzelnen Durchgang sieht die Versuchsperson ein Suchdisplay. Außerdem kennt sie instruktionsgemäß den zu findenden Zielreiz. Ihre Aufgabe besteht darin, so schnell wie möglich mittels Tastendruck zu entscheiden, ob der Zielreiz im Suchdisplay enthalten ist oder nicht. Üblicherweise ist dies in der Hälfte der Durchgänge der Fall. Weiterhin wird die Anzahl der Distraktoren (*non-targets*) im Suchdisplay variiert. Es handelt sich also um ein zweifaktorielles Design mit vollständiger Messwiederholung. Als abhängige Variablen werden Reaktionszeiten und Fehler erfasst. Die sogenannte Suchfunktion ergibt sich aus der Betrachtung der Reaktionszeiten als Funktion der Distraktoranzahl und der An-/Abwesenheit des *targets* (vgl. Abbildung 2.20).

Im Rahmen der Merkmalsintegrationstheorie (*feature-integration theory*) werden im Wesentlichen zwei Suchsituationen unterschieden (Treisman & Gelade, 1980). Hebt sich der Zielreiz in nur einem Merkmal (z. B. Farbe *oder* Form) von den Distraktoren ab, spricht man von Merkmalssuche. Hier sucht die Versuchsperson beispielsweise das rote unter vielen grünen Quadraten. Wird hingegen der rote Kreis unter roten Quadraten und grünen Kreisen gesucht, ist der Zielreiz nur durch die Kombination mehrerer Merkmale (Farbe *und* Form) von den Distraktoren zu unterscheiden. Diese Form der Suche wird als Konjunktionssuche bezeichnet. Die Standardbefunde (siehe auch Abbildung 2.20) sehen so aus, dass es bei der Merkmalssuche (fast) keinen Zusammenhang zwischen den Reaktionszeiten und der Anzahl der Distraktoren gibt. Außerdem findet sich bei positiven und negativen Durchgängen kein Unterschied in den Steigungskoeffizienten der Suchfunktionen. Bei der Konjunktionssuche hingegen steigt die Suchfunktion linear mit der Displaygröße an und die Steigungskoeffizienten für positive und negative Durchgänge stehen im Verhältnis von 1:2. Treisman und Gelade (1980) folgern daraus, dass bei der Merkmalssuche der Zielreiz direkt ins Auge springt (*pop-out*, parallele Suche). Hingegen ist es bei der Konjunktionssuche notwendig, das Display Item für Item abzusuchen, um zu einer Entscheidung zu kommen (serielle Suche). Dabei wird die Suche in positiven Durchgängen abgebrochen (*self-terminating*), sobald das *target* entdeckt wird. Zur mathematischen Modellierung der kognitiven Prozesse kann auf die gleichen Formalismen zurückgegriffen werden, die für das Sternberg-Paradigma (vgl. Abschnitt 2.10.10) entwickelt wurden.

Folgeuntersuchungen legen nahe, dass die Ergebnisse und damit die theoretischen Schlussfolgerungen von Treisman und Gelade (1980) stark durch das verwendete Material beeinflusst wurden. Cave und Wolfe (1990) konnten zeigen, dass die Ähnlichkeit zwischen Zielreiz und Distraktoren sowie die Ähnlichkeit der Distraktoren untereinander einen starken Einfluss auf die Suchfunktionen haben. Je größer die Ähnlichkeit zwischen Zielreiz und Distraktoren ist, desto steiler steigt die Suchfunktion an. Hingegen führt eine hohe Distraktorähnlichkeit zu flacheren Suchfunktionen. Die Ergebnisse führten zur Entwicklung der *guided search theory*, welche die Dichotomie zwischen paralleler und serieller Suche aufgegeben hat.

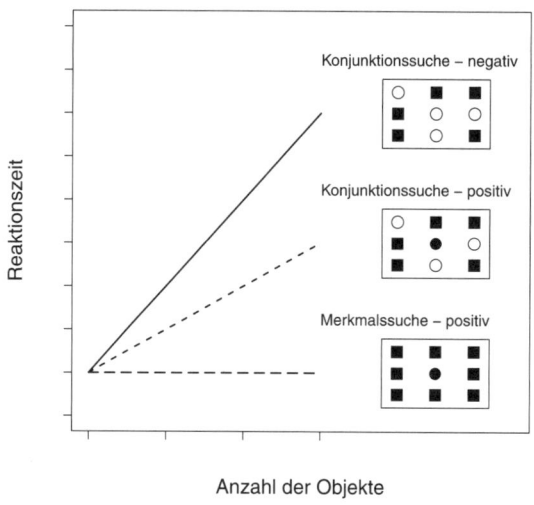

Abbildung 2.20. Typisches Befundmuster der Reaktionszeiten im visuellen Suchparadigma. Der gefüllte Kreis ist das *target*. Abbildung in Anlehnung an Treisman und Gelade (1980).

Dieses Beispiel macht deutlich, dass die Materialwahl die Ergebnisse und daraus resultierende Schlussfolgerungen maßgeblich beeinflussen kann. Gleichzeitig sieht man, dass es durchaus nützlich ist, grundlegende Befunde mit verschiedenartigem Material zu replizieren.

2.10.5 Semantisches Priming

Semantisches Priming ist ein typisches Paradigma der Psycholinguistik. Es werden kurz nacheinander zwei Wörter präsentiert, z. B. *Brot – Butter*, und die Aufgabe der Versuchsperson besteht darin, das zweite Wort auszusprechen (Benennung, *naming*) oder für das zweite Wort die Entscheidung zu treffen, ob es ein Wort der Muttersprache ist oder nicht (lexikalische Entscheidung, *lexical decision*). Das erste Wort, der *prime*, soll von der Versuchsperson üblicherweise ignoriert werden. Unter dem Primingeffekt versteht man dann eine Erleichterung (kürzere Reaktionszeiten) bei verwandten *prime-target* Paaren (*Brot – Butter*) im Vergleich zu nicht-verwandten Wortpaaren (*Sessel – Butter*).

Da beim Priming die Reaktionen auf die Zielreize miteinander verglichen werden, müssen in den unterschiedlichen experimentellen Bedingungen (verwandt vs. unverwandt) die gleichen *targets* verwendet werden. Die *prime-target* Abfolgen *Brot – Butter* (verwandt) bzw. *Katze – Butter* (unverwandt) erlauben also, die Reaktionen auf das Zielwort *Butter* miteinander zu vergleichen. Abfolgen der Form *Brot – Butter* (verwandt) vs. *Brot – Katze* (unverwandt) wären ein eindeutiger Kunstfehler, da es viele Gründe geben kann, weshalb die Reaktionszeiten auf Butter vs. Katze unterschiedlich ausfallen.

Da es in der Worterkennung starke Effekte der Wortwiederholung gibt und diese Wiederholungseffekte für hoch- und niedrigfrequente Wörter unterschiedlich ausfallen, werden die in einem Experiment verwendeten Wörter üblicherweise pro Versuchsperson nur ein einziges Mal dargeboten. Das bedeutet, eine Versuchsperson sieht nicht sowohl *Brot – Butter* als auch *Sessel – Butter*, sondern eben nur eines der beiden *prime-target*-Paare. Dies macht die geschickte Aufteilung des Materials auf Listen erforderlich. Unter einer Liste versteht man tatsächlich eine Liste der Wörter (oder Wortpaare), die einer Versuchsperson präsentiert werden, also das konkrete Material für eine Versuchsperson. Dies soll an einem Beispiel illustriert werden, der Einfachheit halber wird jedoch auf die Kontrolle möglicher Störvariablen verzichtet. In Tabelle 2.6 ist die Zuordnung der *prime-target*-Paarungen zu sechs Versuchspersonen dargestellt, Tabelle 2.7 zeigt die sich daraus ergebenden Listen für zwei Versuchspersonen. Wie man anhand der Tabellen erkennt, sieht jede Versuchsperson jedes Wort nur genau einmal. Hat man mehr als zwei experimentelle Bedingungen, so folgt man zur Erstellung der Listen einem lateinischen Quadrat.

Beim semantischen Priming wird die Verarbeitung des *targets* durch die semantische Beziehung zum *prime* beeinflusst. Alle Primingformen, die auf einer veränderten bedeutungsbasierten Verarbeitung beruhen, gehören zu der übergeordneten Kategorie

Tabelle 2.6

Aufteilung des Materials

Wortpaare	Vpn
Brot – Butter	Vp1, Vp3, Vp5
Tisch – Stuhl	Vp1, Vp4, Vp6
Hemd – Hose	Vp2, Vp3, Vp6
Messer – Gabel	Vp2, Vp4, Vp5
Flasche – Butter	Vp2, Vp4, Vp6
Auto – Stuhl	Vp2, Vp3, Vp5
Rohr – Hose	Vp1, Vp4, Vp5
Kerze – Gabel	Vp1, Vp3, Vp6

Tabelle 2.7

Beispiellisten

Vp	Liste
Vp1	Brot – Butter
	Tisch – Stuhl
	Rohr – Hose
	Kerze – Gabel
Vp2	Hemd – Hose
	Messer – Gabel
	Flasche – Butter
	Auto – Stuhl

des konzeptuellen Primings. Hingegen werden Primingformen, die auf der veränderten sensorischen Verarbeitung des Zielreizes aufgrund vorheriger *primes* beruhen, zur Kategorie des perzeptuellen Primings gezählt. Die Zuordnung zu diesen Kategorien ist jedoch nicht immer eindeutig. Es gibt beispielsweise Primingvarianten, die zwar auf perzeptueller Ebene agieren, bei denen durch die Perzeption in der Regel aber auch ein Zugang zur Bedeutung folgt, weshalb es zu einer Überlappung von perzeptueller und konzeptueller Bahnung kommen kann.

2.10.6 Unbewusstes Priming

In den letzten Jahren wird verstärkt mit unbewussten *primes* gearbeitet (siehe z. B. Vorberg, Mattler, Heinecke, Schmidt & Schwarzbach, 2003). Ohne auf konkrete inhaltliche Fragen einzugehen, ist offensichtlich, dass man beim unbewussten Priming dafür sorgen muss, dass die *primes* tatsächlich nicht bewusst wahrgenommen werden. Im Falle visuell präsentierter Reize ist es nicht ausreichend sehr kurze *prime*-Darbietungszeiten zu wählen, da spätestens seit Sperling (1960, siehe auch Abschnitt 2.10.7) bekannt ist, dass auch sehr kurzzeitig dargebotene Information bewusst wahrgenommen und berichtet werden kann. Außerdem wurde in Abschnitt 2.2 bereits darauf hingewiesen, dass die Darbietungsdauer auf einem Computer-Monitor nicht beliebig verkürzt werden kann.

Um Reize auf dem Computer-Monitor dennoch so darbieten zu können, dass sie nicht bewusst wahrnehmbar sind, verwendet man die Technik der Maskierung. Darunter wird verstanden, dass speziell konstruierte Reize, die sogenannten Masken, die bewusste Wahrnehmung des »eigentlichen Reizes«, in diesem Fall des *primes*, verhindern. Zwei Maskierungsarten werden am häufigsten eingesetzt: Maskierung mit Mustermasken und Metakontrastmaskierung.

Mustermaske. Eine Mustermaske besteht aus den gleichen Reizbestandteilen wie der zu maskierende Stimulus. Will man den Reiz ›Butter‹ maskieren, so kann man eine Maske aus zufällig ausgewählten Buchstaben konstruieren. Im einfachsten Fall wird eine Zufallsbuchstabenfolge generiert, die genauso groß wie der zu maskierende Reiz ist: Butter … Krqasb. Folgt die Maske dem zu maskierenden Reiz, dann spricht man von einer Rückwärtsmaske. Der Maskierreiz soll den in der Zeit zurückliegenden Reiz maskieren. Die Maskierwirkung solch einer Maske ist oft nicht ausreichend, der zu maskierende Reiz bleibt überschwellig. Dann kann man die Maskierwirkung durch eine Vorwärtsmaske erhöhen. Die Vorwärtsmaske wird vor dem zu maskierenden Reiz dargeboten. In Kombination mit einer Rückwärtsmaske ergibt sich beispielsweise folgende Reizabfolge: Plsflo … Butter … Krqasb. Obwohl in einer Reihe publizierter Experimente mit dieser Art der Maskierung gearbeitet und gute Maskierwirkungen berichtet wurden, zeigt die eigene Erfahrung, dass die Maskierwirkung oft nicht ausreichend ist – es hilft nur auszuprobieren.

Eine deutlich größere Maskierwirkung lässt sich mit Masken erzielen, die aus einer Vielzahl überlagerter Reizbruchstücke bestehen (vgl. Abbildung 2.21a). Für die Arbeit mit Vorwärts- und Rückwärtsmaske ist der zeitliche Ablauf in Abbildung 2.21b dargestellt. Die Zeiten für die SOA beziehen sich auch hier auf den *prime-target*-Abstand, obwohl nach dem *prime* noch eine Maske dargeboten wird. Aus Abbildung 2.21b wird ebenfalls ersichtlich, dass zwischen den Masken und dem *prime* keine »leere« Lücke eingefügt ist. Dies erhöht die Maskierwirkung im Allgemeinen, kann jedoch – je nach Reizgegebenheiten – auch zu einer Scheinbewegung führen, die unter Umständen die Maskierwirkung reduziert.

Metakontrastmaskierung. Eine alternative Art der Maskierung ist die Metakontrastmaskierung. In diesem Fall wird der zu maskierende Reiz von der Maske umschlossen.

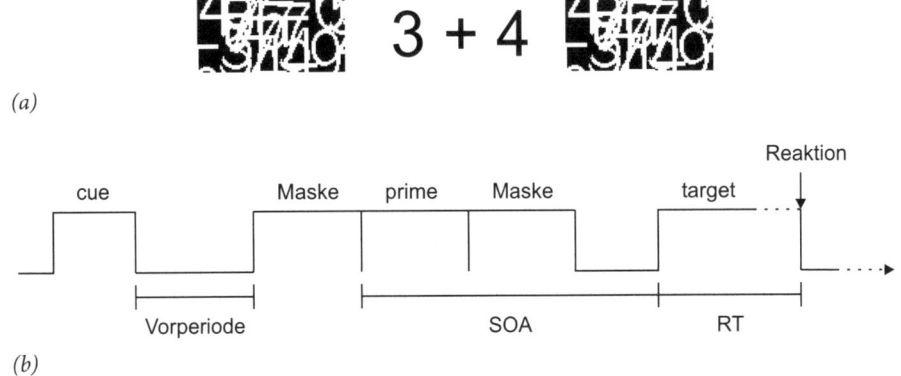

(a)

(b)

Abbildung 2.21. (a) Mustermaske mit guter Maskierwirkung. (b) Zeitlicher Verlauf eines Durchgangs im Priming-Paradigma mit Vorwärts- und Rückwärtsmaske.

Abbildung 2.22a zeigt ein Beispiel. Hier sieht man als *prime* einen Pfeil nach rechts. Die Maske umschließt den *prime*, wenn beide Reize an der gleichen Stelle des Bildschirms dargeboten werden. In diesem speziellen Fall ist die Maske sogar so konstruiert, dass sie gleichzeitig als *target* dient.

Die Maskierwirkung solcher Metakontrastmasken ist ausgezeichnet, es kommt allerdings kritisch auf das *trial-timing* an. In Abbildung 2.22b ist der zeitliche Ablauf für die in Abbildung 2.22a dargestellten Reize abgebildet (vgl. Vorberg et al., 2003). Die Darbietungszeit für den *prime* betrug 14 ms (entsprechend 70 Hz Bildwiederholrate des Monitors), die SOA variierte zwischen 14 ms und 84 ms (das ISI entsprechend zwischen 0 und 70 ms), die Maske (gleichzeitig *target*) wurde für 140 ms dargeboten.

Da es in der Arbeit von Vorberg et al. (2003) inhaltlich u. a. um die Frage ging, ob und wie subliminale *primes* die Wahlreaktionszeit auf das *target* beeinflussen, wurden die Pfeilrichtungen (rechts/links) der Bahnungs- und Zielreize vollständig kombiniert. Bei Übereinstimmung der Richtung von *prime* und *target* sind die Versuchspersonen deutlich schneller als bei Nicht-Übereinstimmung. Diese Priming-Wirkung ist zudem SOA-abhängig: Mit wachsender SOA werden die Primingeffekte größer.

Um zu überprüfen, ob die dargebotenen *primes* tatsächlich subliminal waren, benötigt man entsprechende Kontrollbedingungen. In diesem Zusammenhang muss man sich die Frage stellen, was unter der Wahrnehmbarkeit der *primes* verstanden werden soll. Zu unterscheiden ist die Entdeckbarkeit (»War ein *prime* vorhanden? – ja/nein«) von der Identifikation (»Welcher *prime* wurde präsentiert?«). Da beide Kontrollbedingungen zusätzlich zur eigentlichen *priming*-Aufgabe durchgeführt werden müssen, ergeben sich drei unterschiedliche Aufgaben. Dabei müssen die Kontrolldurchgänge hinsichtlich der Reize und des zeitlichen Verlaufs identisch zu den eigentlichen Versuchs-

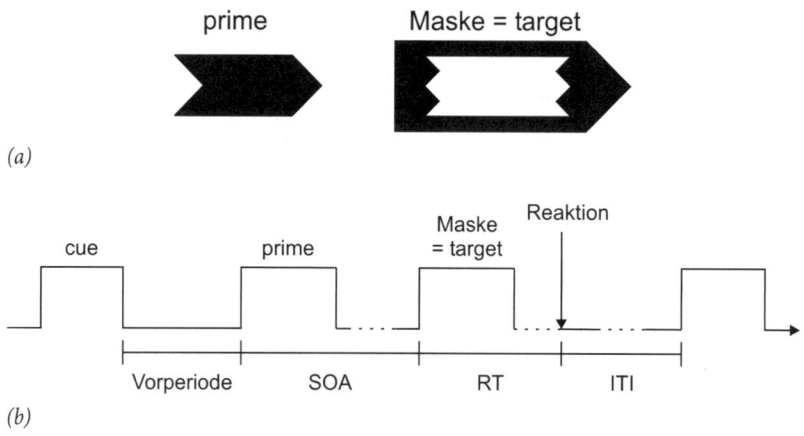

Abbildung 2.22. (a) *Prime,* Maske und *target* bei der Metakontrastmaskierung. Abbildung in Anlehnung an Vorberg et al. (2003). (b) Zeitlicher Verlauf eines *trials* im Priming-Paradigma mit Metakontrastmaskierung.

durchgängen sein. Allerdings ändert sich der Schwerpunkt der Instruktion. Während in den Experimentaldurchgängen »schnell und korrekt« geantwortet werden soll, unterscheiden sich die Kontrolldurchgänge dahingehend, dass die Versuchspersonen so korrekt wie möglich, also ohne Zeitdruck, arbeiten sollen. Das gelegentlich praktizierte Vorgehen, für die Kontrolldurchgänge ein Antwortfenster vorzugeben, führt zu einer künstlichen Herabsetzung der Entdeckungsleistung und ist deshalb abzulehnen.

Interessanterweise zeigte sich in den Kontrollbedingungen bei Vorberg et al. (2003) eine steigende Entdeckbarkeit der *primes* mit wachsender SOA, gleichzeitig aber eine gleichbleibende Identifikationsleistung von $d' \approx 0$.

2.10.7 Sperling-Paradigma

Mit Hilfe des Sperling-Paradigmas (Sperling, 1960; siehe auch Greene, 1992) werden Prozesse des *iconic memory* bzw. Ultra-Kurzzeit-Gedächtnisses untersucht. Die Grundidee des Paradigmas ist sehr einfach: Für eine sehr kurze Zeit wird eine gewisse Anzahl von Reizen (Buchstaben, Zahlen) präsentiert, im Anschluss an die Präsentation soll die Versuchsperson so viele Reize wie möglich erinnern.

Obwohl Sperling (1960) ganz unterschiedliche Reizanordnungen verwendet hat, findet sich in fast allen Lehrbüchern die Aussage, die Buchstaben seien in einer 3×4-Matrix angeordnet gewesen. Das ist korrekt, aber nur »z. B.« oder »u. a.«.

Lagen die Reize also z. B. (!) in einer 3 × 4-Matrix vor, so wurde diese mit Hilfe eines Tachistoskops für 50 ms präsentiert, danach sollten die Versuchspersonen angeben, welcher Buchstabe an welcher Position der Matrix präsentiert wurde. Dieses Vorgehen wird als *whole report* bezeichnet, da die gesamte Buchstabenmatrix reproduziert werden soll.

In dieser Bedingung konnten nur 3–4 Items korrekt wiedergeben werden. Sperling (1960) stellte sich nun die Frage, ob diese geringe Wiedergabeleistung durch unvollständiges Enkodieren während der kurzen Darbietungszeit oder durch den raschen Zerfall der Gedächtnisspur zu erklären ist. Um diese beiden möglichen Erklärungen unterscheiden zu können, führte Sperling die sogenannte *partial-report*-Bedingung ein. Erneut wurde den Versuchspersonen für sehr kurze Zeit eine Buchstabenmatrix präsentiert. Nach dem Präsentationsende signalisierte ein hoher, mittlerer oder tiefer Ton, ob die obere, mittlere oder untere Zeile der Matrix reproduziert werden sollte.

Da der Signalton erst nach Ende der visuellen Präsentation dargeboten wurde, kann er sich nicht auf die Enkodierphase ausgewirkt haben. Liegen die schlechten Leistungen im *whole-report* an ungenügender Enkodierung, sollten die Leistungen im *partial-report* ebenfalls schlecht ausfallen. Das Gegenteil ist der Fall: Im *partial report* konnten die Versuchspersonen 3–4 Items der gewünschten Zeile reproduzieren. Da die relevante Zeile erst nach Präsentationsende bekannt gegeben wurde, hätten die Versuchspersonen also von jeder beliebigen Zeile 3–4, insgesamt also 9–12 Items reproduzieren können. Somit ist klar, dass die schlechte Reproduktionsleistung im *whole-report* auf sehr schnelle Vergessensprozesse zurückgeführt werden kann. Die Information im *iconic memory* zerfällt so schnell, dass sie bereits während der Reproduktion verloren geht.

Zur Untersuchung des Zeitverlaufs des Vergessens variierte Sperling (1960) nun den zeitlichen Abstand (ISI) zwischen dem Präsentationsende der Buchstabenmatrix und dem Ertönen des Signaltons. Nach ca. 1 s ISI waren die Versuchspersonen im *partial report* auf dem (niedrigen) Niveau des *whole-report* angekommen. Die Speicherdauer des Ultra-Kurzzeit-Gedächtnisses kann also auf ca. 1 s geschätzt werden. Andere experimentelle Paradigmen (z. B. die *bar-probe task* von Averbach & Coriell, 1961) kommen zwar zu abweichenden Schätzungen, die aber in der gleichen Größenordnung liegen (vgl. auch Greene, 1992).

2.10.8 Gedächtnisspanne

Unter der Gedächtnisspanne versteht man die Anzahl von *chunks*, die man sich kurzfristig merken kann, es handelt sich also um eine Kapazitätsangabe für das Kurzzeitgedächtnis. Seit Miller (1956) hat sich als Kapazitätsangabe 7 ± 2 etabliert. Auch wenn dies z. T. kontrovers diskutiert wird und Cowan (2001) eine Gedächtnisspanne von vier Items postuliert, bleiben wir bei 7 ± 2, da unterschiedliche Angaben mit unterschiedlichen Kriterien für die Gedächtnisspanne einhergehen (siehe Bachelder, 2001).

Das grundsätzliche Vorgehen zur Messung der Gedächtnisspanne besteht darin, dass eine Itemliste, z. B. eine Zufallsfolge einstelliger Zahlen, seriell präsentiert wird und die Versuchsperson nach der Präsentation diese Liste mittels *immediate serial recall* reproduzieren muss – die Items müssen also *sofort und in der richtigen Reihenfolge* wiedergegeben werden. Dann und nur dann wird die Antwort der Versuchsperson als richtig gewertet.

Zur Messung der Gedächtnisspanne ist die einmalige Präsentation einer Liste nicht ausreichend. Stattdessen müssen Listen unterschiedlicher Längen dargeboten und jede Listenlänge mehrfach repliziert werden. Arbeitet man mit Buchstaben oder Zahlen als Stimuli, dann kann man in der Regel mit einer Listenlänge von drei Items beginnen. Ob die Itemlisten visuell oder akustisch dargeboten werden, spielt dabei keine entscheidende Rolle, ebenso kann die Reproduktion mündlich oder schriftlich erfolgen (sofern das Material das jeweils erlaubt).

Nun gibt es unterschiedliche Vorgehensweisen, wie genau die Gedächtnisspanne erfasst wird. Häufig beginnt man mit einer bestimmten Listenlänge, z. B. drei Items, und bietet mehrere Listen dieser Länge dar (natürlich mit immer anderen Items). In jedem Durchgang wird registriert, ob die Reproduktion korrekt ist. Kann die Versuchsperson mindestens 50 % der Listen dieser Länge korrekt reproduzieren, erhöht man die Listenlänge um ein Item. Dies wird so lange fortgesetzt, bis die Versuchsperson weniger als 50 % der Listen einer bestimmten Länge reproduzieren kann. Die vorherige Listenlänge entspricht dann ihrer Gedächtnisspanne. Diese Methode hat den Vorteil, dass jede Versuchsperson tatsächlich nur so viele Listen zu bearbeiten hat, wie mit ihrer Gedächtnisspanne zu bewältigen sind. Allerdings kann eine Versuchsperson auch per Zufall bei einer Listenlänge schlecht abschneiden, dann wäre ihre tatsächliche Gedächtnisspanne höher als die durch das Verfahren ermittelte.

Um dieses Problem zu umgehen, bietet sich eine alternative Methode an. Der Versuchsleiter legt von vornherein fest, bis zu welcher Listenlänge reproduziert werden muss, z. B. Listenlängen 3–10. Pro Listenlänge entscheidet man sich für eine feste Anzahl an Replikationen, z. B. 10 Replikationen. Im Experiment werden die Listenlängen aufsteigend in geblockter Reihenfolge präsentiert. Für jede Liste wird registriert, ob die Reproduktion korrekt oder inkorrekt war. Auf diese Weise erhält man pro Listenlänge und Versuchsperson den Prozentsatz korrekter Erinnerungen. Es bietet sich dann an, in diese Daten eine psychometrische Funktion der Form

$$f(x) = \frac{1}{1 + e^{\frac{-(x-a)}{b}}} \qquad (2.6)$$

zu legen (vgl. auch Abbildung 2.23, Abschnitt 2.10.12). Die zu schätzenden Parameter a und b bestimmen die Lage und Steilheit der Funktion. Als Gedächtnisspanne wird üblicherweise die Listenlänge x definiert, bei der die psychometrische Funktion den Funktionswert 0.5 annimmt, das gilt für $x = a$ (vgl. Ausdruck 2.10, Abschnitt 2.10.12).

Der Nachteil beider skizzierter Verfahren besteht darin, dass im Laufe des Experimentes die Listenlänge kontinuierlich gesteigert wird. Dies ist zwar die übliche Vorgehensweise, es soll aber nicht unterschlagen werden, dass man sich auf diese Art Konfundierungen einhandeln kann. Man könnte einerseits vermuten, dass die Konzentration der Versuchspersonen im Laufe des Experimentes abnimmt. Dann wäre die unabhängige Variable Listenlänge mit der Störvariablen Konzentration konfundiert. Die abfallende Konzentration führt dazu, dass die Reproduktionsleistung mit steigender Listenlänge zusätzlich sinkt. Man würde die Gedächtnisspanne unterschätzen. Andererseits könnte man vermuten, dass Übungseffekte im Laufe des Experimentes dazu führen, dass die Versuchspersonen im Prinzip besser werden, weil sie sich z. B. an das Material gewöhnt haben oder effizientere Enkodierstrategien entwickelt haben. Dies würde dazu führen, dass die Versuchspersonen bei längeren Listen weniger schlecht abschneiden als ohne diese Konfundierung. Egal welche der beiden Konfundierungen vorliegt (möglicherweise sogar beide gleichzeitig), über eine Randomisierung der Variablen Listenlänge ließen sie sich vermeiden. Man müsste also die verschiedenen Listen unterschiedlicher Länge in zufälliger Abfolge präsentieren. Diese Variante ist in der Literatur nur selten zu finden.

2.10.9 Brown-Peterson-Paradigma

Peterson und Peterson (1959) führten das klassische Experiment durch, das heute unter der Bezeichnung Brown-Peterson-Paradigma geführt wird (siehe auch Brown, 1958).

Es sollte die Behaltensleistung für einzelne Items – im Gegensatz zu den damals üblichen Item-Listen – nach einer einzigen Präsentation untersucht werden. Dazu wurden 48 Konsonanten-Trigramme konstruiert. Die Aufgabe der Versuchsperson bestand darin, sich diese Trigramme, pro *trial* eines, zu merken und nach einem Behaltensintervall zu reproduzieren. Die Behaltensintervalle reichten von 3 bis 18 s in 3-Sekunden-Schritten.

In jedem Durchgang sprach der Versuchsleiter die Buchstaben des Trigramms aus, darauf folgend eine zufällig gewählte dreistellige Zahl. Die Versuchsperson sollte dann sofort diese Zahl wiederholen und in Dreier- oder Viererschritten laut rückwärts zählen. Nach Ablauf des Behaltensintervalls wurde die Versuchsperson durch ein rotes Licht aufgefordert, das Trigramm zu wiederholen. Registriert wurde die Korrektheit der Reproduktion.

Die Gesamtzahl von 48 Trigrammen war pro Versuchsperson gleichmäßig auf die sechs Behaltensintervalle aufgeteilt, jede Behaltensintervalllänge wurde in einem Block von sechs *trials* genau einmal verwendet.

Das wesentliche Resultat dieser Untersuchung bestand darin, dass die Behaltensleistung im Mittel von ca. 80% für das 3-Sekunden-Intervall auf ca. 10 % für das 18-Sekunden-Intervall sank. Peterson und Peterson (1959) gingen von Spurenzerfall als Vergessensursache aus. Keppel und Underwood (1962) konnten jedoch zeigen, dass die Reproduktion des ersten Trigramms fast gar kein Vergessen aufweist. Die Autoren führten dies auf fehlende Interferenz zurück. Das Phänomen der *release from proactive interference* unterstützt diese Vorstellung. Wechselt man nach wenigen Durchgängen die Kategorie (z. B. von Blumen- zu Tiernamen), zeigt sich für das erste Item nach dem Kategoriewechsel erneut eine gute Reproduktionsleistung. Heutzutage wird neben der Interferenztheorie die Spurendiskriminationshypothese zur Erklärung des Vergessens im Brown-Peterson-Paradigma angeführt (Baddeley, 1997).

2.10.10 Sternberg-Paradigma

Das Sternberg-Paradigma (Sternberg, 1966) ist eines der ersten Experimente der Kurzzeitgedächtnis-Forschung, in dem primär Reaktionszeiten als abhängiges Maß betrachtet wurden. In jedem Durchgang sieht die Versuchsperson sequentiell 1–6 verschiedene Ziffern, jede für 1.2 s. Nach einem anschließenden Behaltensintervall von 2 s wird ihr eine weitere Ziffer (Testreiz) präsentiert. Die Versuchsperson soll mittels Tastendruck entscheiden, ob der Testreiz in der zuvor gezeigten Lernliste enthalten war (positiver Durchgang) oder nicht (negativer Durchgang). Anschließend soll die gesamte Lernliste in der richtigen Reihenfolge reproduziert werden.

Es handelt sich hierbei also um ein Wahlreaktionsexperiment mit einer Wiedererkennensaufgabe und anschließender serieller Reproduktion. Die unabhängigen Variablen sind Listenlänge (sechsstufig: 1–6, *within-subjects*) und Art des Durchganges (zweistufig: positiv/negativ, *within-subjects*). Als primäres abhängiges Maß werden die Reaktionszeiten vom Beginn der Testreizpräsentation bis zum Tastendruck der Versuchsperson erfasst. Außerdem werden die Fehlerraten beim Wiedererkennen und Reproduzieren registriert.

In den Ergebnissen zeigt sich ein linearer Anstieg der Reaktionszeiten in Abhängigkeit von der Listenlänge. Interessanterweise ist die Suche im Kurzzeitgedächtnis bei positiven Durchgängen nicht seriell abbrechend, wie man intuitiv vermuten könnte. Die Steigungen der Regressionsgeraden sind für positive und negative Durchgänge nahezu identisch. Dieses Ergebnismuster interpretierte Sternberg (1966) dahingehend, dass im Kurzzeitgedächtnis eine seriell erschöpfende Suche stattfindet: Sowohl bei positiven als auch negativen Durchgängen wird das Testitem seriell mit allen Listenitems verglichen, um zu einer Entscheidung zu gelangen. Fände bei positiven Durchgängen im Falle einer Übereinstimmung ein Abbruch der Suche statt, dann müsste die Steigung der Regressionsgeraden gerade halb so groß wie in negativen Durchgängen sein. Dies ergibt sich aus der Tatsache, dass die Entscheidung im Mittel nach der Hälfte der Vergleiche des Testitems mit den Listenitems getroffen werden kann.

An dieser Stelle sei angemerkt, dass sich das Paradigma sehr gut dazu eignet die verschiedenen möglichen Suchmodelle (erschöpfend und abbrechend, seriell und parallel, mit und ohne Kapazitätsbeschränkung) mathematisch zu modellieren (Sternberg, 1966, 1969). Auch lässt sich das grundlegende Paradigma einfach modifizieren, um verwandte Fragestellungen zu untersuchen – das Paradigma ist keineswegs auf die Präsentation von Ziffern beschränkt.

2.10.11 Primacy-Recency

Die klassische Studie zum *primacy*- und *recency*-Effekt stammt von Postman und Phillips (1965). Die Versuchspersonen bekamen Wortlisten mit 10, 20 oder 30 Items (*between-subjects* Variable) seriell dargeboten, wobei jedes Wort für ca. eine Sekunde gezeigt wurde. Zusätzlich wurde das Behaltensintervall zwischen 0, 15 und 30 Sekunden variiert (*within-subjects* Variable). Daraus ergibt sich ein 3×3 faktorielles Design mit Messwiederholung auf dem Faktor Behaltensintervall. Insgesamt wurden sechs Durchgänge pro Versuchsperson und Behaltensintervall absolviert, die Abfolge der Intervalle erfolgte ausbalanciert. Die Aufgabe der Versuchsperson bestand darin, am Ende eines Durchganges so viele Listenitems wie möglich wiederzugeben, wobei die Reihenfolge irrelevant war (*free recall*).

Bei den 15- und 30-sekündigen Behaltensintervallen wurde nach der Präsentation der Liste eine Zahl genannt, von der aus die Versuchsperson in Dreierschritten rückwärts zählen sollte. Nach Ablauf des Behaltensintervalls signalisierte ein Ton den Beginn des *delayed free recall*. Bei dem Behaltensintervall von 0 Sekunden ertönte das Abrufsignal sofort nach Präsentation der Liste (*immediate free recall*).

Erfasst wurde der Prozentsatz korrekter Reproduktion in Abhängigkeit von der Listenposition. Die Standardbefunde sehen nun so aus, dass in allen neun Bedingungen die ersten 2–3 Items besonders gut reproduziert werden konnten (*primacy*-Effekt). Bei *immediate serial recall* konnten zusätzlich die letzten 4–5 Items gut wiedergegeben werden (*recency*-Effekt). Dieser Effekt verschwindet beim *delayed free recall* vollständig.

Die Standardinterpretation attribuiert den *primacy*-Effekt auf das Langzeitgedächtnis und den *recency*-Effekt auf den Beitrag des Kurzzeitgedächtnisses. Bei einem Behaltensintervall ohne *rehearsal*-Möglichkeit kann das Kurzzeitgedächtnis nicht zur Speicherung der letzten Items verwendet werden.

2.10.12 Bestimmung von Schwellen

Die Bestimmung von Wahrnehmungsschwellen ist ein traditionsreiches Gebiet der Psychophysik, die sich mit dem Zusammenhang zwischen physikalischen Größen und psychologischen Empfindungen beschäftigt. Mit geeigneten Paradigmen soll dabei eine Vorhersage von Empfindungen und Verhaltensweisen aufgrund physikalischer Reizeigenschaften getroffen werden. Die Paradigmen und das Reizmaterial sind dabei oft relativ einfach und unspektakulär (Levine, 2000, S. 5) – die Ergebnisse jedoch grundlegend für die moderne Wahrnehmungspsychologie. Im einfachsten experimentellen Aufbau gibt es eine unabhängige Variable – die physikalische Eigenschaft des Reizes (z. B. Frequenz, Amplitude, Wellenlänge, Intensität, Größe, Gewicht) – und eine abhängige Variable – die psychologische Empfindung (z. B. Tonhöhe, Lautstärke, Entdeckt – Nicht entdeckt, Helligkeit). Man kann sich nun fragen, welche physikalische Reizgröße mindestens nötig ist, damit überhaupt eine Empfindung hervorgerufen wird (Detektion, Absolutschwelle) oder wie groß die physikalische Differenz zwischen zwei Reizen sein muss, um sie als unterschiedlich wahrzunehmen (Diskrimination, Unterschiedsschwelle). Bei der Bestimmung der Absolutschwelle wird *ein* Reiz hinsichtlich einer Empfindung (z. B. gesehen – nicht gesehen) beurteilt. Hingegen wird bei der Betrachtung von Unterschiedsschwellen der Reiz mit einem Standardreiz verglichen und danach beurteilt, ob er sich in dem betrachteten Merkmal vom Standardreiz unterscheidet. Zu den bekanntesten Verfahren der Schwellenbestimmung zählen die Grenzmethode, die Konstanzmethode und die Herstellungsmethode, mit denen sich sowohl die Absolut- als auch die Unterschiedsschwelle bestimmen lassen.

Herstellungsmethode. Bei der Herstellungsmethode muss die Versuchsperson selbst die physikalische Eigenschaft des Reizes so verändern, dass sie ihn gerade noch oder nicht mehr wahrnimmt (Absolutschwelle) bzw. dass er sich gerade noch von einem Standardreiz unterscheidet (Unterschiedsschwelle). Die Herstellungsmethode gehört zu den ältesten und einfachsten Verfahren der Psychophysik. Gleichzeitig ist sie extrem anfällig für Störeinflüsse, weshalb diese Methode nur noch selten verwendet wird (Levine, 2000).

Grenzmethode. Bei der Grenzmethode werden die Reize mit einer bestimmten Systematik dargeboten und die Versuchsperson muss ein Urteil bezüglich des betrachteten Merkmals abgeben. Beispielsweise werden ihr eine Reihe überschwelliger Reize präsentiert, deren Intensität langsam abnimmt (absteigende Messreihe), bis sie den Reiz nicht mehr wahrnimmt (Absolutschwelle) bzw. Standard- und Vergleichsreiz als »gleich« einschätzt (Unterschiedsschwelle). Ist dies der Fall, wird die Messreihe abgebrochen und eine neue begonnen. Jetzt werden unterschwellige Reize dargeboten, deren Intensität solange zunimmt (aufsteigende Messreihe), bis der Reiz entdeckt bzw. als unterschiedlich wahrgenommen wird. Dieses Vorgehen wird mehrfach wiederholt und für jede Messreihe werden die »Übergänge« erfasst. In Tabelle 2.8 ist ein fiktives Ergebnisprotokoll einer Versuchsperson in einem Experiment zur Bestimmung einer Absolutschwelle dargestellt. Die Versuchsperson musste immer angeben, ob sie den Reiz wahrnimmt (j = »ja«) oder nicht (n = »nein«). Die in Spalte eins notierten Reizintensitäten nehmen von oben nach unten ab. In jedem Durchgang i ergibt sich nun der Übergangswert aus dem Mittel der Reizintensität der »nein«-Antwort (RI_{nein}) und der Intensität der »ja«-Antwort (RI_{ja}) an der Stelle des Übergangs, d. h.

$$\text{Übergang}_i = \frac{RI_{nein} + RI_{ja}}{2} . \tag{2.7}$$

Um die Schwelle zu bestimmen mittelt man nun über die Übergangsintensitäten, ergo

$$\text{Schwelle} = \frac{\sum_{i=1}^{n} \text{Übergang}_i}{n} . \tag{2.8}$$

Konstanzmethode. Im Gegensatz zur Grenzmethode werden bei der Konstanzmethode die vom Experimentator festgelegten physikalischen Reizeigenschaften in zufälliger Reihenfolge präsentiert. Die Versuchsperson muss in jedem Durchgang ein Urteil bezüglich des betrachteten Merkmals abgeben (z. B. seh ich – seh ich nicht, schwerer – leichter, höher – tiefer).

Möchte man beispielsweise mit der Konstanzmethode die Unterschiedsschwelle für die physikalische Reizeigenschaft Frequenz bestimmen, legt man dafür zunächst einen Standardreiz (z. B. 440 Hz) sowie verschiedene Vergleichsreize (z. B. 430 Hz, 433 Hz, 435 Hz, 439 Hz, 441 Hz, 445 Hz, 447 Hz, 450 Hz) fest. In jedem Durchgang bekommt die Versuchsperson nun nacheinander den Standardreiz und einen der Vergleichsreize präsentiert und soll, bezogen auf den Standardreiz, ein entsprechendes Urteil abgeben. Für die Antworterfassung bietet sich ein *choice-reaction*-Paradigma (»Drücke Taste A, wenn der Ton höher als der Vergleichston war und Taste B, wenn er tiefer war.«) an, da die Versuchsperson so zu einer Antwortabgabe gezwungen wird. Jeden der Vergleichsreize bietet man natürlich mehrfach dar und bestimmt am Ende z. B. die Häufigkeit für

Tabelle 2.8

Fiktives Protokoll einer Versuchsperson in einem Experiment zur Bestimmung der Absolutschwelle für eine physikalische Reizintensität x mit der Grenzmethode

Intensität	Auf $i=1$	Ab $i=2$	Auf $i=3$	Ab $i=4$	Auf $i=5$	Ab $i=6$
x_1		j		j		j
x_2		j		j		j
x_3		j		j		j
x_4		j		j		j
x_5	j[a]	j		j		j
x_6	n[a]	j	j	n	j	n
x_7	n	n	n		n	
x_8	n		n		n	
x_9	n		n		n	
x_{10}	n		n		n	
Übergang	$\frac{x_5+x_6}{2}$	$\frac{x_6+x_7}{2}$	$\frac{x_6+x_7}{2}$	$\frac{x_5+x_6}{2}$	$\frac{x_6+x_7}{2}$	$\frac{x_5+x_6}{2}$

[a] j – ja, n – nein

die Antwortkategorie »höher«. Für die deutlich tieferen Reize erwartet man diese Antwort selten bis gar nicht, während dies für die deutlich höheren Reize genau entgegengesetzt sein sollte. Bei den Reizen, deren Frequenz sehr nahe an der des Standardreizes liegt, erwartet man Antworten auf Zufallsniveau.

In einer entsprechenden Abbildung kann man dann die beobachteten relativen Häufigkeiten der Antwort »höher« in Abhängigkeit von der Frequenz des Vergleichsreizes darstellen. Dabei werden die Reizeigenschaften der Vergleichsreize auf der Abszisse und die relative Häufigkeit des Urteils auf der Ordinate abgetragen (vgl. Abbildung 2.23). Für die weitere Auswertung wird nun an die beobachteten relativen Häufigkeiten eine Funktion (*psychometrische Funktion*) angepasst. Dabei wird davon ausgegangen, dass die Antwortwahrscheinlichkeiten in systematischer Weise von den Reizeigenschaften abhängen. Häufig wird hierfür die logistische Funktion

$$f(x) = \frac{1}{1 + e^{\frac{-(x-a)}{b}}} \tag{2.9}$$

verwendet. Dabei ist x die physikalische Größe der Vergleichsreize und die Parameter a und b bestimmen Lage und Steilheit der Funktion. Es lässt sich leicht zeigen, dass gilt:

$$f(a) = \frac{1}{2}. \tag{2.10}$$

Damit determiniert $x_{.5}$ den »Punkt subjektiver Gleichheit« (PSE; *point of subjective equality*) von Standard- und Vergleichsreiz. Die Differenz zwischen der Frequenz am Punkt subjektiver Gleichheit und der Frequenz des Standardreizes bezeichnet man als konstanten Fehler. Der »eben merkliche Unterschied« (JND, *just noticeable difference*) wird definiert als

$$JND = \frac{x_{.75} - x_{.25}}{2} \ . \tag{2.11}$$

Neuere Entwicklungen. Im Zeitalter zunehmender Technisierung werden inzwischen einige modernere und statistisch komplexere Verfahren zur Bestimmung von Absolut- und Unterschiedsschwellen angewendet – sogenannte adaptive oder *staircase* Verfahren (siehe auch García-Pérez & Alcalá-Quintana, 2007; Levitt, 1971; Pentland, 1980; Treutwein, 1995). In diesen Verfahren nähert man sich der Schwelle iterativ, indem die Reizeigenschaft in einem Durchgang in Abhängigkeit von der Leistung in den vorangegangenen Durchgängen (und bestimmten theoretischen Erwartungen) gewählt wird.

Eine Sonderausgabe der Zeitschrift *Attention, Perception & Psychophysics* aus dem Jahre 2001 widmet sich umfassend der Darstellung psychometrischer Funktionen und adaptiver Verfahren (Macmillan, 2001). Ebenso sei auf die Ausführungen von Irtel (1993) verwiesen.

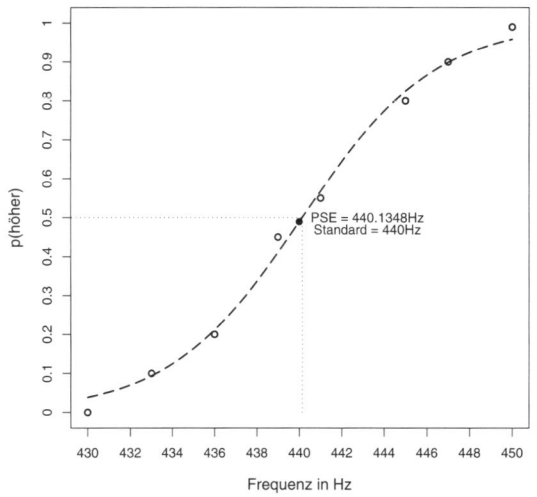

Abbildung 2.23. Relative Häufigkeiten der »höher«-Antworten in Abhängigkeit von der Frequenz. Ungefüllte Kreise symbolisieren die beobachteten Daten, der gefüllte Kreis steht für den Standardreiz und die gestrichelte Linie stellt die angepasste psychometrische Funktion dar.

2.10.13 Größenwahrnehmung

Ein inzwischen sehr altes, aber immer wieder zitiertes, klassisches Experiment zur Größenwahrnehmung stammt von Holway und Boring (1941). Den Versuchspersonen wurde in unterschiedlichen Entfernungen eine Scheibe (Testreiz) dargeboten. Im rechten Winkel dazu und in ca. 3 m Entfernung befand sich eine weitere, größenveränderliche Scheibe (Vergleichsreiz). Die Versuchspersonen sollten die Größe des Vergleichsreizes solange verändern, bis sie mit der Größe des Testreizes übereinstimmte.

Die Testreize wurden zwar in unterschiedlichen Entfernungen dargeboten (3–36 m), überdeckten aber immer den gleichen Sehwinkel von 1°. Dies wurde erreicht, indem mit steigender Entfernung auch der Durchmesser der Scheibe vergrößert wurde. Somit war die Größe des retinalen Abbildes der Testreize bei allen Entfernungen gleich groß.

Unter normalen Sehbedingungen (1) war es für die Versuchspersonen kein Problem, die Größe der Vergleichsreize korrekt einzustellen, also kleiner Scheibendurchmesser bei geringer Entfernung und großer Durchmesser bei großer Entfernung. Holway und Boring (1941) begannen dann, die Entfernungswahrnehmung zu manipulieren. Die Versuchspersonen betrachteten den Testreiz nun mit nur einem Auge (2), mit nur einem Auge und durch eine Lochblende (3) oder in einem Tunnel aus dunklem Stoff, mit einem Auge und durch eine Lochblende (4). Holway und Boring konnten zeigen, dass die Größenwahrnehmung unter monokularen Sehbedingungen sich nicht von der binokularen Sehbedingung unterschied. Mit zunehmender Reduktion von Entfernungshinweisen (Bedingungen 3 und 4) wurde die Größenwahrnehmung jedoch schlechter und näherte sich einer Größenbeurteilung entsprechend dem Sehwinkel an, d. h. unterschiedlich entfernte, unterschiedlich große Testreize wurden als gleich groß eingeschätzt.

2.10.14 Fitts-Paradigma

Im Jahre 1954 publizierte Fitts eine für die Psychomotorik richtungsweisende Arbeit (Fitts, 1954). Er stellte die Frage nach dem Zusammenhang zwischen der Geschwindigkeit und der Genauigkeit von motorischen Abläufen (vgl. auch Abschnitt 3.1.3 zum *speed-accuracy tradeoff*).

Die Aufgabe für die Versuchsperson war sehr einfach: Mit einem Stift sollte sie für eine gewisse Zeitdauer (z. B. 20 s) alternierend zwei Ziele so schnell wie möglich treffen und dabei möglichst wenig Fehler (das Ziel verpassen) machen. Erhoben wurde die Anzahl der Bewegungen von Ziel zu Ziel, unabhängig davon, ob das Ziel auch wirklich getroffen wurde. Aus der Anzahl der Bewegungen konnte dann die Zeit pro Bewegung (MT, *movement time*) berechnet werden: MT = Gesamtdauer/Anzahl der Bewegungen. Bei z. B. 40 Bewegungen innerhalb von 20 s dauerte jede einzelne Bewegung $^{20}/_{40}$ = 0.5 s = 500 ms.

Die unabhängigen Variablen in diesem Experiment waren die Bewegungsweite (A) und die Zielgröße (W) (vgl. Abbildung 2.24). Aus den beobachteten Daten seiner Experimente leitete Fitts (1954) eine Gesetzmäßigkeit ab, die heute unter dem Namen *Fitts' Gesetz* geläufig ist, nämlich

$$MT = a + b \cdot \log_2\left(\frac{2A}{W}\right). \qquad (2.12)$$

Anhand dieser Gleichung sieht man, dass die Bewegungszeit linear mit dem Term $\log_2\left(2A/W\right)$ steigt, weshalb der Ausdruck auch Schwierigkeitsindex (*index of difficulty, ID*) genannt wird. Je größer die Bewegungsamplitude und/oder je kleiner das Ziel, desto länger dauert die Bewegung. Außerdem sind die Bewegungsweite und Zielgröße direkt proportional zueinander: Multipliziert man beide Größen mit dem gleichen Faktor, so bleibt die Bewegungszeit unverändert. Eine gut lesbare Darstellung zu inhaltlichen Aspekten bzgl. Fitts' Gesetz findet sich bei Schmidt und Lee (2005).

Hat das Fitts-Paradigma für sich genommen schon einen bedeutenden Beitrag zur Psychomotorik geleistet, so lässt es sich darüber hinaus auch verwenden, um andere motorische Problemfelder zu untersuchen. So kann mit dem Paradigma beispielsweise auch untersucht werden, ob Übungseffekte dem *power law of practice* folgen. Darunter wird verstanden, dass mit zunehmender Übung die Leistung entsprechend der Potenzfunktion

$$T = a \cdot P^b \qquad (2.13)$$

steigt. Hierbei steht T für die abhängige Variable, z. B. die Bearbeitungszeit für eine motorische Aufgabe. P ist ein Maß der Übung, z. B. Anzahl der Durchgänge, a und b sind zu schätzende Parameter. Nimmt die abhängige Variable im Laufe der Übung ab (z. B. Fehlerrate), so ergeben sich negative Werte für b. Hingegen ergeben sich positive Werte, wenn die abhängige Variable mit steigender Übung zunimmt (z. B. Trefferquote).

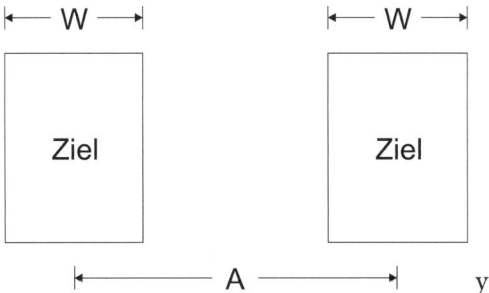

Abbildung 2.24. Bewegungsweite A und Zielgröße W im Fitts-Paradigma. Abbildung in Anlehnung an Fitts (1954).

Eine günstige Eigenschaft der Potenzfunktion besteht darin, dass sie durch logarithmieren zu einer linearen Gleichung wird $(\log(T) = \log(a) - b\log(P))$ und man sehr gut darin ist, lineare Zusammenhänge *per Augenmaß* valide zu beurteilen.

2.10.15 Simon-Effekt

Der Simon-Effekt gehört wahrscheinlich zu einem der meistuntersuchten Effekte überhaupt und lässt sich in die Klasse der räumlichen Kompatibilitätseffekte einordnen. Die prinzipielle experimentelle Situation ist sehr einfach: Einer von zwei möglichen Reizen wird präsentiert, z. B. ein blaues oder ein rotes Rechteck, die Versuchsperson muss auf den einen Reiz mit einem rechten Tastendruck, auf den anderen Reiz mit einem linken Tastendruck reagieren (vgl. Hommel & Prinz, 1997). Zusätzlich wird der Ort des Reizes (rechts vs. links) variiert. Der Reizort ist für die Auswahl der korrekten Antwort jedoch völlig irrelevant, es muss nur entsprechend der Farbe der Reize reagiert werden.

In der Terminologie des Simon-Effektes spricht man von einer *kompatiblen* Reizkonfiguration, wenn der Ort des Reizes mit dem Ort der Reaktion übereinstimmt (z. B. Reiz links und Reaktion links). Findet sich diese Übereinstimmung nicht (z. B. Reiz rechts und Reaktion links), wird von einer *inkompatiblen* Reizkonfiguration gesprochen. Typischerweise sind die Reaktionszeiten (die primäre abhängige Variable) in der kompatiblen Bedingung kürzer als in der inkompatiblen – obwohl der Reizort immer irrelevant ist.

Die Bezeichnung *Simon-Effekt* geht auf Untersuchungen von Simon und Mitarbeitern (Simon, 1969; Simon & Rudell, 1967) zurück. Simon und Rudell (1967) präsentierten dem rechten oder linken Ohr die Wörter ›left‹ und ›right‹, die Versuchspersonen mussten die dem Wort entsprechende Taste drücken. Stimmten Reiz- und Reaktionsseite überein, dann waren auch bei diesem Experiment die Reaktionszeiten kürzer. Obwohl der Simon-Effekt also ursprünglich aus dem auditiven Bereich kommt, wird er heutzutage primär im visuellen untersucht. Nach wie vor herrscht keine Einigkeit über den (mentalen) Ursprung dieses Effektes (Kornblum, Hasbroucq & Osman, 1990; Müsseler, Aschersleben & Prinz, 1996).

2.10.16 Mentale Rotation

Eine der klassischen Untersuchungen zum Forschungszweig *mental imagery* stammt von Shepard und Metzler (1971) zur *mentalen Rotation*. Da sich die Untersuchung von Cooper und Shepard (1973) einfacher illustrieren lässt, soll das Prinzip an dieser Studie skizziert werden.

Die Versuchsperson sieht auf dem Computermonitor einen Buchstaben oder eine Zahl aus der Menge $\{G, J, R, 2, 5, 7\}$. Jedes einzelne Zeichen kann entweder *normal* oder *gespiegelt* dargestellt sein. Zusätzlich wurden die Zeichen zwischen 0° und 300° in 60°-Schritten rotiert dargeboten (siehe Abbildung 2.25).

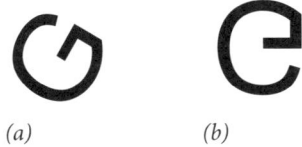

(a)   (b)

Abbildung 2.25. (a) Der Buchstabe G in normaler Darstellung, um 300° im Uhrzeigersinn gedreht. (b) Der Buchstabe G in gespiegelter Darstellung, um 180° im Uhrzeigersinn gedreht.

In jedem einzelnen Durchgang muss die Versuchsperson entscheiden, ob das präsentierte Zeichen in normaler oder gespiegelter Form dargestellt ist, es handelt sich also
um ein klassisches Wahlreaktionsexperiment (vgl. Abschnitt 2.7.2). Erhoben wird die
Reaktionszeit von der Präsentation des Reizes bis zum Tastendruck der Versuchsperson.

Bei sechs verschiedenen Rotationswinkeln, zwei Orientierungen (normal/gespiegelt)
und sechs unterschiedlichen Zeichen ($G, J, R, 2, 5, 7$) ergeben sich $6 \times 2 \times 6 = 72$ Bedingungskombinationen. Entscheidet man sich für 10 Replikationen pro Bedingungskom-
bination, dann ergibt dies 720 *trials* (ohne Übungs- und *warm-up trials*), das lässt sich
problemlos in einer experimentellen Sitzung von ca. 45 Minuten realisieren.

In diesem Experiment ist man in erster Linie an den Reaktionszeiten in Abhängigkeit vom Drehwinkel interessiert; zusätzlich kann man nach normal vs. gespiegelt un-

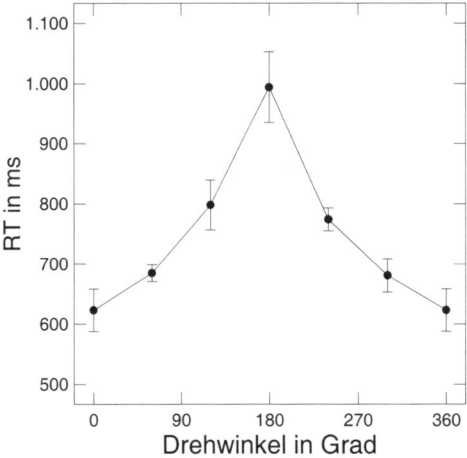

Abbildung 2.26. Reaktionszeiten in Abhängigkeit vom Drehwinkel bei einer Replikation
der Untersuchung von Cooper und Shepard (1973). Die eingezeichneten Fehlerbalken entsprechen den 95 %-Konfidenzintervallen nach Bakeman und McArthur (1996). Der 360°-
Datenpunkt ist identisch zum 0°-Datenpunkt. Auf eine Unterscheidung hinsichtlich nor-
mal/gespiegelt wurde hier verzichtet.

terscheiden, sodass sich ein zweifaktorielles *within-subjects* Design ergibt. Möchte man die Variable normal/gespiegelt in die Auswertung einbeziehen und eventuell interpretieren, so ist es unbedingt notwendig, die Tastenzuordnung auszubalancieren. Hierfür ist eine *between-subjects* Variation ausreichend.

Typische Resultate dieses Experimentes sind in Abbildung 2.26 dargestellt. Wie man leicht sieht, steigt die mittlere Reaktionszeit monoton mit dem Drehwinkel bis 180° an, um danach wieder abzufallen. Dies wird üblicherweise dahingehend interpretiert, dass die Versuchspersonen die Reize mental rotieren, bevor sie ihre Entscheidung treffen können. Die Reaktionszeitunterschiede zwischen den verschiedenen Drehwinkeln sind erheblich und der Effekt so robust, dass er auch in einem Experimentalpsychologischen Praktikum jederzeit repliziert werden kann.

2.10.17 Posner-Same-Different-Paradigma

Das Posner-Paradigma (z. B. Posner et al., 1969) ist ein typisches Reaktionszeitexperiment vom *same-different*-Typ, nicht zu verwechseln mit dem Posner-Cuing-Paradigma. In einem Durchgang werden zwei Buchstaben dargeboten (z. B. A und B) und die Versuchsperson muss entscheiden, ob die Buchstaben gleich oder verschieden sind. In Experiment 3 (visuell, gemischte Bedingung) von Posner et al. (1969) wurde der erste Buchstabe als Großbuchstabe für 500 ms dargeboten. Nach einem variablen ISI von 0, 500 oder 1000 ms wurde der zweite Buchstabe präsentiert, dieser konnte ein Groß-

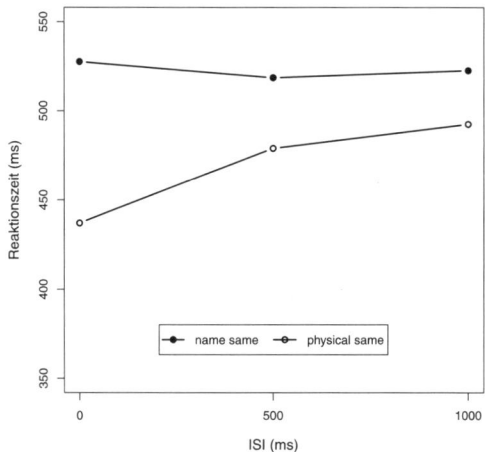

Abbildung 2.27. Reaktionszeitverläufe im Posner-Paradigma in Abhängigkeit vom ISI. Abbildung in Anlehnung an Posner, Boies, Eichelman und Taylor (1969).

oder Kleinbuchstabe sein. In jedem Fall hatte die Versuchsperson die Aufgabe zu entscheiden, ob beide Buchstaben den gleichen Namen haben (z. B. A a – gleich, A A – gleich, A B – verschieden). Erhoben wurde die Reaktionszeit von der Präsentation des zweiten Buchstabens bis zum Drücken der Antworttaste.

Für die Auswertung der Daten wurden die *same-trials* dahingehend unterschieden, ob sie lediglich *name same* (z. B. A a) oder auch *physical same* (z. B. A A) waren. In Abbildung 2.27 sind die mittleren Reaktionszeiten für die *same-trials* in Abhängigkeit von dem ISI und der Reizart (*name same* vs. *physical same*) dargestellt. Es soll explizit darauf hingewiesen werden, dass dieses Paradigma gerne falsch dargestellt wird (als gäbe es die beiden Instruktionen *name same* und *physical same*) und dass die in Lehrbüchern zu findenden Ergebnisdarstellungen ebenfalls z. T. fehlerhaft sind, z. B. falsche ISI-Angaben enthalten.

2.10.18 Numerischer Vergleich

Moyer und Landauer publizierten im Jahre 1967 in der Zeitschrift *Nature* ein für den Forschungsbereich *numerische Kognition* bedeutendes Experiment. Die Versuchspersonen mussten einen numerischen Vergleich durchführen: Welche Zahl ist größer, 3 oder 5? In jedem Durchgang wurde ein Paar einstelliger Zahlen präsentiert (z. B. 3 4). Sogenannte *ties*, Paare mit gleichen Zahlen (z. B. 4 4), wurden nicht verwendet. Laut Instruktion sollte für jedes Zahlenpaar per Tastendruck entschieden werden, auf welcher Seite (rechts oder links) die *numerisch* größere Zahl steht.

Dieses Paradigma zeigt auf anschauliche Weise, dass es durchaus möglich ist, die unabhängige(n) Variable(n) auf unterschiedliche Weise zu konzipieren. Eine Möglichkeit besteht darin, die linke und rechte Zahl jeweils als unabhängige Variable aufzufassen. Da die Zahlen Werte von eins bis neun annehmen können, handelte es sich um ein zweifaktorielles (9×9) *within-subjects* Design. Jedoch wurden die *ties* ausgeschlossen, sodass sich ein unvollständiges Design (*incomplete*) ergibt. Eine Alternative besteht darin, das ›Zahlenpaar‹ als unabhängige Variable zu betrachten. Es ergibt sich ein einfaktorielles *within-subjects* Design mit einer 72-stufigen unabhängigen Variable.

Moyer und Landauer (1967) interessierten sich jedoch hauptsächlich für die numerische Differenz, d. h. den Absolutbetrag der Differenz der beiden Zahlen eines Paares. Beispielsweise haben die Zahlenpaare (1 8), (8 1), (2 9), (9 2) alle die numerische Differenz 7. Fasst man alle Zahlenpaare mit gleichen Differenzen zusammen, ergibt sich ein acht-stufiges einfaktorielles *within-subjects* Design.

Betrachtet man nun die Reaktionszeiten in Abhängigkeit von der numerischen Differenz, findet sich ein deutlich negativer Zusammenhang: Mit wachsender numerischer Differenz werden die Reaktionszeiten kürzer. Dieser robuste Effekt, als *numerischer Distanzeffekt* in die Literatur eingegangen, dient als wichtiger Beleg für die Annahme einer analogartigen mentalen Größenrepräsentation von Zahlen – auch als ›mentaler‹ Zahlenstrahl bezeichnet.

2.11 Forschungslogik

In den vorherigen Abschnitten wurden eine Reihe von Standardparadigmen beschrieben, mit deren Hilfe sich viele unterschiedliche Fragestellungen untersuchen lassen. Manchmal besteht der Ausgangspunkt zur Entwicklung eines Experimentes aber nicht in einem Standardparadigma, das man entsprechend modifiziert, sondern in einer bestimmten Forschungslogik, aus der heraus man ein Experiment entwickelt. Zwei klassische Ansätze, die in der Experimentellen Psychologie von zentraler Bedeutung sind, sollen im Folgenden genauer dargestellt werden: Donders' Subtraktionsmethode (Donders, 1868) und Sternbergs Additive Faktorenlogik (Sternberg, 1969).

2.11.1 Donders' Subtraktionsmethode

Donders' (1868) Anliegen war es, etwas über den *Zeitbedarf* psychischer Prozesse in Erfahrung bringen zu können. Seine grundlegende Idee bestand darin, verschiedene experimentelle Aufgaben so zu konstruieren, dass sie bis auf den zu untersuchenden Prozess identisch waren. Misst man dann die Zeiten für die verschiedenen Aufgaben und subtrahiert diese voneinander, erhält man den Zeitbedarf für den interessierenden Prozess. Dies ist in Abbildung 2.28 illustriert. Donders führte die a- und b-Aufgabe ein, heute spricht man von Einfach- und Wahlreaktion (vgl. die Abschnitte 2.7.1 und 2.7.2). Angenommen, es gibt genau zwei verschiedene Reize, ein helles und ein dunkles Licht. Im Falle der Einfachreaktion besteht die Aufgabe der Versuchsperson darin, eine Taste zu drücken, sobald einer der beiden Reize erscheint. Im Falle der Wahlreaktionsaufgabe gibt es nicht nur zwei unterschiedliche Reize, sondern auch zwei unterschiedliche Tasten. Beim hellen Licht muss die eine Taste, beim dunklen Licht die andere Taste gedrückt werden. Nach Donders' Analyse muss bei der Einfachreaktion der Reiz wahrgenommen und die motorische Reaktion ausgeführt werden. Bei der Wahlreaktionsaufgabe muss *zusätzlich* eine Reizunterscheidung und Antwortauswahl erfolgen. Subtrahiert man nun die entsprechenden Reaktionszeiten voneinander, erhält man als Differenz genau die Zeit, die von den Prozessen Reizunterscheidung und Antwortauswahl benötigt wird. Damit diese Differenz tatsächlich ein valider Schätzer für den Zeitbedarf der entsprechenden Prozesse ist, müssen allerdings zwei Annahmen erfüllt sein:

1. **Serielle Organisation**, d. h. die unterschiedlichen Verarbeitungsstufen müssen sequenziell durchlaufen werden. Parallele Verarbeitung oder teilweise überlappende Stufen sind ausgeschlossen.
2. **Reine Einfügung**, d. h. das Hinzufügen eines Prozesses (z. B. Prozess B in Abbildung 2.28) lässt die Verarbeitungszeiten der anderen Prozesse unverändert.

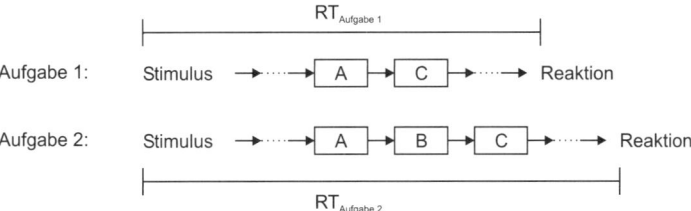

Abbildung 2.28. Donders' Subtraktionsmethode: Die beiden Aufgaben 1 und 2 unterscheiden sich lediglich in Prozess B. Subtraktion der Reaktionszeiten für Aufgabe 1 von Aufgabe 2 führt zur Dauer des Prozesses B. Abbildung in Anlehnung an Sternberg (1969).

Betrachtet man die Erwartungswerte für die Bearbeitungszeiten von Aufgabe 1 und 2 (vgl. Abbildung 2.28), so ergibt sich

$$E(T_1) = E(A_1) + E(C_1) \qquad (2.14)$$
$$E(T_2) = E(A_2) + E(B_2) + E(C_2) \qquad (2.15)$$

Die additive Dekomposition folgt aus der Annahme der seriellen Organisation. Aufgrund der Annahme der reinen Einfügung gilt $E(A_1) = E(A_2)$ und $E(C_1) = E(C_2)$ und somit $E(T_2) - E(T_1) = E(B_2)$.

Donders' (1868) Subtraktionsmethode lässt sich selbstverständlich auf viele unterschiedliche Fragestellungen anwenden. Blankenberger und Vorberg (1997) untersuchten z. B. den Zeitbedarf für die mentale Rechenoperation ›+1‹. Zu diesem Zweck gab es gewöhnliche Additionsaufgaben (z. B. 3 + 4), die Versuchspersonen mussten das korrekte Ergebnis aussprechen. In anderen Durchgängen wurden die gleichen Aufgaben präsentiert, die Versuchspersonen waren jedoch instruiert, ›im Kopf‹ plus 1 zu rechnen. Die Reaktionszeitdifferenz aus beiden Bedingungen schätzt den Zeitbedarf für die mentale Operation ›+1‹ – interessanterweise ist dieser abhängig vom Zwischenergebnis.

Kritisiert wurde Donders' (1868) Subtraktionsmethode besonders deshalb, weil die beiden Annahmen serielle Organisation und reine Einfügung im Rahmen der einfachen Subtraktionsmethode empirisch nicht überprüft werden können. Allerdings lassen sich für spezielle Paradigmen weitere Annahmen formulieren, die einen empirischen Simultantest erlauben, z. B. im Sternberg-Paradigma mit der Zusatzannahme konstanter Vergleichszeiten (Sternberg, 1969).

2.11.2 Sternbergs Additive Faktorenlogik

Ebenso wie Donders (1868) geht Sternberg (1967, 1969, 1998) davon aus, dass ein mentaler Prozess aus mehreren separaten Teilprozessen bestehen kann. Im Gegensatz zu Donders liegt die Zielsetzung der Additiven Faktorenlogik jedoch nicht darin, den Zeitbedarf für die einzelnen Teilprozesse zu bestimmen. Stattdessen soll herausgefunden werden, aus welchen (und wie vielen) Teilprozessen der Gesamtprozess besteht. Die grundlegende Idee besteht darin, *mehrere* unabhängige Variablen (Faktoren) zu finden, die einen Einfluss auf die Lösungszeit des Gesamtprozesses haben – die experimentelle Umsetzung erfordert also immer mehrfaktorielle Designs (vgl. Abschnitt 2.4.1). Aus dem Interaktionsmuster der Faktoren kann dann ein Rückschluss auf die beteiligten Teilprozesse gezogen werden, wobei auch die Additive Faktorenlogik die Gültigkeit gewisser Voraussetzungen erfordert:

1. **Serielle Organisation**, d. h. die unterschiedlichen Verarbeitungsstufen müssen sequenziell durchlaufen werden. Parallele Verarbeitung oder teilweise überlappende Stufen sind ausgeschlossen.
2. **Selektive Beeinflussung**, d. h. Faktoren (unabhängige Variablen) wirken selektiv auf einzelne Teilprozesse.

Abbildung 2.29 zeigt die Situation für zwei Teilprozesse A und B sowie zwei Faktoren F und G. Die Teilprozesse weisen eine serielle Organisation auf, Teilprozess B wird erst gestartet, wenn Teilprozess A vollständig abgeschlossen ist. Außerdem beeinflussen die Faktoren F und G die Teilprozesse selektiv in dem Sinn, dass F nur auf A und G nur auf B wirkt.

Liegt eine Organisation wie in Abbildung 2.29 vor, so ergibt sich die Vorhersage, dass die Faktoren F und G additiv wirken, d. h. der Einfluss von F ist unabhängig von den Stufen von G und umgekehrt.

Wie bei Donders' Subtraktionsmethode lässt sich die Reaktionszeit T aufgrund der Annahme serieller Organisation additiv dekomponieren in $T = A + B$. Betrachtet man erneut die Erwartungswerte und berücksichtigt die Abhängigkeit der Zeiten von den Stufen der Faktoren F und G, so ergibt sich

$$E[T(F, G)] = E[A(F)] + E[B(G)]. \qquad (2.16)$$

Diese Vorhersage lässt sich einfach mittels zweifaktorieller Varianzanalyse überprüfen: Die Interaktion $F \times G$ darf nicht bedeutsam sein.

Ist die Teilprozessstruktur unbekannt, so stützen additive Faktoren die Hypothese, dass selektiv beeinflussbare Teilprozesse vorhanden sind. Liegt jedoch eine Interaktion

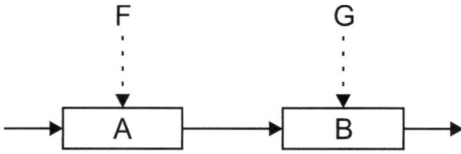

Abbildung 2.29. Serielle Organisation der Teilprozesse A und B mit selektiver Beeinflussung durch die Faktoren F und G. Abbildung in Anlehnung an Sternberg (1998).

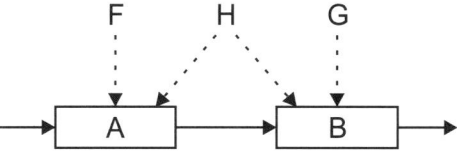

Abbildung 2.30. Serielle Organisation der Teilprozesse A und B mit selektiver Beeinflussung durch die Faktoren *F* und *G*. Faktor *H* wirkt gleichzeitig auf A und B. Abbildung in Anlehnung an Sternberg (1998).

vor, spricht dies dafür, dass mindestens eine der beiden Annahmen (serielle Organisation, selektive Beeinflussung) nicht erfüllt ist. Kann von der Gültigkeit der seriellen Organisation ausgegangen werden, folgt aus dem Vorhandensein einer Interaktion, dass die Faktoren auf den gleichen Teilprozess wirken.

Abbildung 2.30 zeigt den Fall von zwei Teilprozessen A und B und drei Faktoren *F*, *G* und *H*. Die Faktoren *F* und *G* wirken erneut selektiv auf die Teilprozesse A und B, der Faktor *H* wirkt jedoch sowohl auf A als auch auf B. Aus dieser Organisation ergibt sich erneut die Vorhersage, dass die Faktoren *F* und *G* nicht interagieren. Da *F* und *H* beide auf Teilprozess A einwirken, dürfen diese interagieren. Das gleiche gilt für die Faktoren *G* und *H*, die beide auf den Teilprozess B einwirken. Gleichzeitig gibt es keinen Teilprozess, auf den alle drei Faktoren einwirken, also darf es keine dreifache Interaktion $F \times G \times H$ geben.

Ein häufiger Einwand gegen die Additive Faktorenlogik besteht darin, dass die serielle Organisation in Frage gestellt wird. Laufen Teilprozesse parallel oder zumindest teilweise überlappend ab, dann kann die Zeit für den Gesamtprozess nicht mehr additiv dekomponiert werden, es können z. B. trotz selektiver Beeinflussung Interaktionen entstehen. In diesem Fall hängt es kritisch davon ab, wie die einzelnen Teilprozesse organisiert sind. Lassen sich bestimmte (z. B. parallele) Teilprozesse zu größeren, seriell organisierten Prozessen zusammenfassen, dann bleibt die Additive Faktorenlogik weiterhin gültig. Abbildung 2.31 zeigt einen solchen Fall. Die Teilprozesse A_1 und A_2 laufen parallel, aber Teilprozess B kann erst gestartet werden, wenn A_1 und A_2 beendet sind. Die Additive Faktorenlogik ist weiterhin gültig, obwohl A_1 und A_2 parallel laufen.

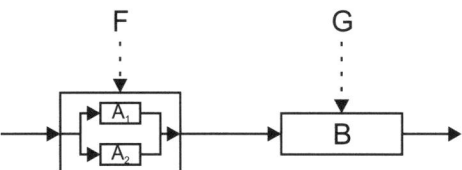

Abbildung 2.31. Parallele Organisation der Teilprozesse A_1 und A_2 mit selektiver Beeinflussung durch die Faktoren *F* und *G*. Trotz paralleler Verarbeitung von A_1 und A_2 bleibt die Additive Faktorenlogik gültig. Abbildung in Anlehnung an Blankenberger und Vorberg (1997).

Sternbergs Additive Faktorenlogik (Sternberg, 1969) lässt sich auf zwei Weisen im Forschungsprozess verwenden. Die ursprüngliche Zielsetzung bestand darin, Teilprozesse zu identifizieren. Von einem psychischen Prozess kennt man anfangs lediglich seinen Gesamt-Zeitbedarf und das Interaktionsmuster mehrerer Faktoren. Aus diesem Interaktionsmuster können dann Teilprozesse erschlossen werden: Additive Faktoren wirken auf separate Teilprozesse, interagierende Faktoren wirken auf identische Teilprozesse.

Man kann die Additive Faktorenlogik aber auch zum Modelltest einsetzen (vgl. Blankenberger & Vorberg, 1997). In diesem Fall geht man von einer bestimmten Teilprozessorganisation und Beeinflussungsstruktur aus, leitet daraus die zu erwartenden Interaktionsmuster ab und überprüft mit einem geeigneten Experiment, ob die Daten mit den Vorhersagen in Einklang stehen.

2.11.3 Nachbemerkung

Interessanterweise lässt sich Donders' Subtraktionsmethode (1868) als Spezialfall Sternbergs Additiver Faktorenlogik (1998) auffassen. Die Faktoren bei Sternberg wirken sich auf den Zeitbedarf einzelner Teilprozesse aus – im Extremfall hat ein Teilprozess den Zeitbedarf $t = 0$ ms. Auf diese Weise lässt sich ein Faktor G entsprechend den Donders-Aufgaben 1 und 2 konstruieren. Repräsentiert dieser Faktor G das Vorhandensein eines Prozesses B (z. B. Reizunterscheidung), dann ergibt sich der Zeitbedarf für diesen aus der Differenz der Lösungszeiten mit und ohne den Prozess B. Liegt nun ein weiterer Faktor F vor, der einen Prozess A selektiv beeinflusst (z. B. Reizenkodierung), so kann sogar Donders' Annahme der reinen Einfügung empirisch überprüft werden: Liegt eine Interaktion zwischen den beiden Faktoren F und G vor, so ist die Annahme der reinen Einfügung verletzt.

3 Ergebnisse

Das Ziel dieses Kapitels besteht nicht darin, die Kurzfassung eines Statistikbuches zu liefern. Dies wäre nicht nur zum Scheitern verurteilt, sondern auch unsinnig. Eine fundierte Statistikausbildung ist für experimentelle Psychologen unerlässlich, dazu gehören nicht nur erhellende Lehrveranstaltungen, sondern auch vernünftige Statistikbücher, z.B. Hays (1994) und Maxwell und Delaney (2004). Auf den folgenden Seiten sollen lediglich einige Empfehlungen zur Datenauswertung gegeben, vernünftige Vorgehensweisen aufgezeigt und unsinnige Verfahren benannt werden – ohne Anspruch auf Vollständigkeit, aber mit der Hoffnung, wesentliche Punkte angesprochen zu haben.

Ein gern vergessener erster Schritt bei der Auswertung ist der kritische Blick auf die Rohdaten. Oft wurden z.B. Werte falsch übertragen, falsch kodiert, sind um eine Zeile oder Spalte verrutscht oder haben das Komma an der falschen Stelle. Gehen diese falschen Werte erst einmal in die Berechnung von Mittelwerten, Prüfgrößen, Koeffizienten, p-Werten etc. ein, lassen sich solche Fehler kaum noch aufspüren.

3.1 Vorauswertung

3.1.1 Reaktionszeiten

Sind alle Daten erhoben und korrekt eingegeben, dann muss bei der Analyse von Reaktionszeiten eine Datenvorauswertung bzw. -vorverarbeitung durchgeführt werden. Es soll von dem Standardfall ausgegangen werden, dass pro Versuchsperson und experimenteller Bedingung mehrere Messungen (Replikationen) vorliegen.

In einem ersten Schritt werden die fehlerhaften Durchgänge markiert und von der weiteren Analyse ausgeschlossen. Es werden für die Reaktionszeitanalysen also tatsächlich nur die Zeiten verwendet, die aus korrekten *trials* stammen.

Im zweiten Schritt werden nun üblicherweise Maße der zentralen Tendenz pro Versuchsperson und Bedingung berechnet. Die einfachste Variante besteht darin, aus den gültigen Werten das arithmetische Mittel zu bilden. Dies ist tatsächlich die optimale Statistik, wenn die Beobachtungen aus einer normalverteilten Grundgesamtheit stammen, da das arithmetische Mittel in diesem Falle das Maß der zentralen Tendenz mit dem kleinsten Standardfehler ist. Reaktionszeiten folgen aus logischen Gründen keiner Normalverteilung und sind zudem meist asymmetrisch (linksgipflig). Häufig wird weiterhin unterstellt, dass sich in den Daten sogenannte *Ausreißer* befinden. Hierbei handelt es sich um Reaktionszeiten, die nicht durch den untersuchten Prozess, sondern auf andere Art und Weise zustande gekommen sind. Typische Beispiele wären sehr kurze Zeiten durch sogenannte *fast-guesses* oder sehr lange Zeiten aufgrund einer

Unaufmerksamkeit der Versuchsperson. Das Bestreben besteht nun darin, sowohl etwaige Ausreißer zu identifizieren und aus der weiteren Datenanalyse auszuschließen, als auch ein Maß der zentralen Tendenz zu wählen, das unempfindlich gegenüber Abweichungen von der Normalverteilung ist. Hierfür wurde eine Vielzahl von Verfahren entwickelt, von denen zwei übliche und ein geeignetes im Folgenden dargestellt werden sollen.

2SD-Trimming. Relativ weit verbreitet ist der Ansatz, all diejenigen Beobachtungen von der weiteren Analyse auszuschließen, die weiter als ±2 Standardabweichungen vom Mittelwert entfernt sind. Dieses Verfahren gibt es in zwei Varianten. Bei Variante 1 werden alle Beobachtungen einer Versuchsperson über alle experimentellen Bedingungen hinweg *in einen Topf* geworfen, es werden Mittelwert und Standardabweichung berechnet und alle Werte eliminiert, die außerhalb des Intervalls $M \pm 2SD$ liegen. Das folgende Beispiel soll die Unsinnigkeit dieses Verfahrens illustrieren.

Tabelle 3.1 zeigt einen kleinen Beispieldatensatz mit jeweils zehn Werten pro Bedingung. Die Werte jeder Bedingung stammen aus einer *normalverteilten* Grundgesamtheit. Es gibt also keine Ausreißer. Der Gesamtmittelwert beträgt $M = 532.2$ und die Standardabweichung beträgt $SD = 102.01$. Für die $\pm 2\,SD$-Grenzen ergibt sich das Intervall [328.18, 736.22]. Das hat zur Folge, dass aus Bedingung 1 der kleinste, aus Bedingung 2 der größte Wert eliminiert werden müsste. Die ursprüngliche Mittelwertsdifferenz von $M_1 - M_2 = 36.6$ reduziert sich auf -8.4, die Mittelwertdifferenz wird in diesem Beispiel nicht nur kleiner, sondern sie dreht sich sogar in ihrer Richtung um. Grundsätzlich führt dieses Vorgehen also dazu, dass eventuell vorhandene Mittelwertunterschiede künstlich verkleinert werden, was der Power eines anschließenden statistischen Tests sehr abträglich ist.

Statt alle Daten einer Versuchsperson gemeinsam zu betrachten, werden bei Variante 2 des *2SD-trimming* die Beobachtungen pro Person (i) und Bedingung (j) analysiert. Es werden pro Versuchsperson und Bedingung Mittelwert und Standardabweichung berechnet und Werte außerhalb des Intervalls $M_{ij} \pm 2SD_{ij}$ eliminiert. Tabelle 3.2 zeigt vier einfache Datensätze zur Illustration dieses Verfahrens.

Wie man deutlich sieht, ist im ersten Datensatz (Zeile 1) der Wert $x_{(10)} = 50$ ein Ausreißer. Das *2SD-trimming* führt dazu, dass dieser Ausreißer von der weiteren Analyse ausgeschlossen wird. Im Datensatz der zweiten Zeile sind die Werte $x_{(9)}$ und $x_{(10)}$ Ausreißer, doch sie würden nicht ausgeschlossen werden. Selbst die beiden Werte in Zeile

Tabelle 3.1

Je 10 Werte pro Bedingung, der Größe nach sortiert

	$x_{(1)}$	$x_{(2)}$	$x_{(3)}$	$x_{(4)}$	$x_{(5)}$	$x_{(6)}$	$x_{(7)}$	$x_{(8)}$	$x_{(9)}$	$x_{(10)}$	M
Bedingung 1	324	361	443	544	553	557	562	570	603	622	513.9
Bedingung 2	420	427	452	533	553	563	568	595	628	766	550.5

Tabelle 3.2

Je 10 Werte pro Datensatz, der Größe nach sortiert (Wilcox, 1998a)

$x_{(1)}$	$x_{(2)}$	$x_{(3)}$	$x_{(4)}$	$x_{(5)}$	$x_{(6)}$	$x_{(7)}$	$x_{(8)}$	$x_{(9)}$	$x_{(10)}$	M	SD	$M + 2SD$
2	3	4	5	6	7	8	9	10	50	10.4	14.15	38.70
2	3	4	5	6	7	8	9	50	50	14.4	18.89	52.18
2	3	4	5	6	7	8	9	100	100	24.4	39.90	104.20
2	3	4	5	6	7	8	9	1000	1000	204.4	419.32	1043.04

drei $x_{(9)} = x_{(10)} = 100$ und sogar $x_{(9)} = x_{(10)} = 1000$ (Zeile 4) werden mit der $2SD$-Variante nicht als Ausreißer entdeckt. Das grundsätzliche Problem besteht darin, dass das Maß zur Beurteilung von Ausreißern (hier SD) ebenso wie das Maß der zentralen Tendenz (arithmetisches Mittel) selbst von diesen Ausreißern beeinflusst sind. Deshalb ist auch diese Variante der Ausreißerkontrolle nicht sinnvoll.

Willkürliche Reaktionszeitintervalle. Oft werden statt der $2SD$-Methode willkürliche Grenzwerte festgelegt, beispielsweise werden alle Reaktionszeiten kleiner als 100 ms oder größer als 1200 ms aus der weiteren Analyse ausgeschlossen. Zwar ließe sich begründen, dass Reaktionszeiten unter 100 ms physiologisch unplausibel sind, aber wie ist es mit Zeiten zwischen 100 und 150 ms, weshalb gerade eine obere Grenze von 1200 ms? Solche willkürlichen Grenzwerte sind für gewöhnlich nicht vernünftig zu begründen.

Trimmed Means. Ein statistisch geeignetes und gleichzeitig robustes Maß der zentralen Tendenz ist der *trimmed mean* (Wilcox, 1997, 1998a, 1998b). Die Berechnung ist relativ einfach. Erneut werden die Beobachtungen pro Person und Bedingung der Größe nach sortiert. Von dieser Messwertreihe werden die g größten und kleinsten Beobachtungen gestrichen und vom Rest der Daten wird das arithmetische Mittel berechnet. Empfehlenswert ist eine *trim*-Menge von 20 % (Rosenberger & Gasko, 1983). Bei n Beobachtungen werden dann $g = \lfloor 0.2 \times n \rfloor$ Werte oben und unten abgeschnitten. Hierbei steht $\lfloor 0.2 \times n \rfloor$ für die größte ganze Zahl kleiner-gleich $0.2n$. Auf diese Weise erhält man robuste Lokationsschätzer, die in allen weiteren Analysen verwendet werden können. Ist die Zahl der Beobachtungen pro Person und Bedingung gering (< 20), so empfehlen Rosenberger und Gasko (1983, vgl. auch Wilcox, 1996) eine *trim*-Menge von 25 %. Wendet man *trimmed means* mit 25 % *trim*-Menge auf die Daten aus Tabelle 3.2 an, ergeben sich für alle vier Datensätze identische *trimmed means* von $tm = 6.5$. Erfreulicherweise sind moderne Statistikprogramme, z. B. R und SYSTAT, in der Lage, *trimmed means* zu berechnen. Allerdings muss man den genauen Berechnungsalgorithmus der Statistikprogramme in Erfahrung bringen. SYSTAT (in den Versionen 12 und 13) berechnet beispielsweise für die Zahl der abzuschneidenden Beobachtungen die größte ganze Zahl größer-gleich $0.2n$ bei 20 %-*trimming*.

3.1.2 Qualität der Antwort

Die Auswertung der Antwortqualität lässt sich grob in drei Kategorien einteilen:

1. Die Qualität der Antwort wurde zwar registriert, ist aber nicht die im Zentrum stehende abhängige Variable.
2. Die Qualität der Antwort ist die entscheidende abhängige Variable.
3. Die Fehler sollen qualitativ ausgewertet werden.

Qualität der Antwort von untergeordneter Bedeutung. In fast allen Reaktionszeitexperimenten wird natürlich auch die Qualität der Antwort registriert, allein schon deshalb, weil man nur Reaktionszeiten von korrekten *trials* auswertet. Gängige Praxis ist es dennoch, die Fehlerraten, üblicherweise in Prozent, anzugeben. Auf eine inferenzstatistische Analyse kann gut verzichtet werden. Allerdings sollte man bei Reaktionszeitexperimenten prüfen, ob ein *speed-accuracy tradeoff* vorliegt (siehe Abschnitt 3.1.3).

Qualität der Antwort als primäre abhängige Variable. Interessiert man sich für die Qualität der Antwort als primäre abhängige Variable, dann sind unterschiedliche Situationen denkbar. In vielen Experimenten ist es egal, ob man die Zahl der Fehler oder die Zahl der korrekten Antworten betrachtet: Ob eine Versuchsperson von 20 Items zwölf korrekt reproduzieren konnte oder acht nicht reproduzieren konnte, ist äquivalent. Die Anzahl korrekter Antworten (oder die Fehlerzahl) kann dann ohne weiteres in eine entsprechende statistische Analyse einfließen, man berücksichtige aber die Verteilungsvoraussetzung (siehe auch Abschnitt 3.5.4).

Bei einer Vielzahl experimenteller Designs ist es zwar verbreitet, die Anzahl korrekter Antworten (oder Fehler) auf die eben beschriebene Weise auszuwerten, es wäre aber viel geschickter, die Daten mittels Signalentdeckungstheorie (SDT) auszuwerten (Lukas, 2006; Macmillan & Creelman, 1991; Wickens, 2002). Beispielsweise werden in einem Experiment 25 Fotos präsentiert, jedes für genau eine Sekunde. Die Aufgabe der Versuchsperson besteht darin, sich die Fotos einzuprägen. Nach einem Behaltensintervall werden in zufälliger Reihenfolge 50 Fotos präsentiert, die 25 Fotos der Lernliste und 25 neue Fotos. Die Versuchsperson soll bei jedem dieser Fotos die Entscheidung

		Reiz	
		alt	neu
Antwort	"alt"	Treffer	falsche Alarme
	"neu"	Verpasser	korrekte Zurückweisungen

Abbildung 3.1. Kombination aus Reiz und Antwort im Wiedererkennensexperiment: Treffer (*hits*), falsche Alarme (*false alarms*), Verpasser (*misses*) und korrekte Zurückweisungen (*correct rejections*).

»alt« (war in der Lernliste) oder »neu« (war nicht in der Lernliste) treffen. Aus der Kombination von Reiz (alt oder neu) und Antwort der Versuchsperson (»alt« oder »neu«) lässt sich das in Abbildung 3.1 dargestellte Vierfelder-Schema erzeugen.

Interessiert ist man letztlich an der Sensitivität der Versuchsperson, zwischen alten und neuen Bildern unterscheiden zu können. Eine vernünftige Auswertung dieser Fragestellung erfolgt mittels Signalentdeckungstheorie (vgl. Lukas, 2006; Macmillan & Creelman, 1991; Wickens, 2002). Die Alternative, einfach die *hits* und *correct rejections* zusammenzufassen und als Prozentsatz korrekter Antworten zu werten, erlaubt keine Trennung von Sensitivität und *bias*.

Qualitative Fehleranalyse. Für eine qualitative Fehleranalyse ist es erforderlich, dass man die Qualität der falschen Antwort beurteilen kann. Ein Beispiel aus dem Bereich *mentale Arithmetik* soll dies verdeutlichen.

Den Versuchspersonen wird eine Kopfrechenaufgabe präsentiert und sie sollen das korrekte Ergebnis aussprechen, z. B. sieht die Versuchsperson 3 × 4 und muss »12« aussprechen. Bei einer fehlerhaften Antwort kann registriert werden, welches falsche Ergebnis ausgesprochen wurde. Zu jeder Aufgabe erhält man so eine Verteilung der fehlerhaften Antworten und könnte nach Gesetzmäßigkeiten suchen. Um bei dem 3 × 4-Beispiel zu bleiben: Fehlerhafte Antworten verteilen sich nicht gleichmäßig über alle möglichen anderen Zahlen, sondern es werden gehäuft falsche Ergebnisse aus der gleichen Multiplikationstabelle genannt, etwa »9« (denn 3 × 3 = 9) oder »8« (2 × 4 = 8). Außerdem finden sich überzufällig viele Operationsverwechslungen, in diesem Falle würde die Versuchsperson »7« antworten, denn 3 + 4 = 7.

Solch eine qualitative Fehleranalyse setzt zusätzlich noch voraus, dass man genügend Fehler registriert. Beim Kopfrechnen liegen die Fehlerraten oft im Bereich um 5 %, das sind nicht allzu viele. Dann *kann* es sinnvoll sein, Fehler zu provozieren, indem man z. B. eine Antwort-Grenze setzt: Nur wenn die Antwort vor der Zeitschranke erfolgt, wird sie als korrekt gewertet. Das treibt die Versuchspersonen an und erhöht die Fehlerrate. Jedoch sollten in diesem Fall keine Reaktionszeiten ausgewertet werden.

3.1.3 Speed-Accuracy Tradeoff

Bei den meisten Reaktionszeitexperimenten kann die Versuchsperson neben der richtigen auch die falsche Taste drücken: Sie macht dann einen Fehler. Obwohl die Versuchspersonen im Allgemeinen instruiert sind, möglichst schnell und fehlerfrei zu arbeiten, kommen Fehler nun mal vor. Treten diese fehlerhaften Tastendrücke selten und unsystematisch auf, so ist das kein Problem. Ein Problem entsteht jedoch dann, wenn die Fehlerrate entweder insgesamt zu hoch ist, oder wenn sich ein Geschwindigkeits-Genauigkeits-Ausgleich (*speed-accuracy tradeoff*) zeigt.

Hat man zwei (oder mehr) experimentelle Bedingungen, dann können die Fehlerraten dieser Bedingungen mit den Reaktionszeiten unkorreliert, positiv oder negativ korreliert sein. Sind Reaktionszeiten und Fehlerraten unkorreliert: prima. Findet sich eine positive Korrelation, also mit steigenden mittleren Reaktionszeiten steigen auch die Fehlerraten, so handelt es sich ebenfalls um ein unproblematisches Ergebnismuster. Die »schwierigeren« Bedingungen benötigen mehr Zeit und führen zu mehr Fehlern. Eine negative Korrelation zwischen Reaktionszeiten und Fehlern ist jedoch äußerst problematisch. In diesem Fall gehen längere Reaktionszeiten mit geringeren Fehlerraten einher. Die Versuchsperson(en) könnte(n) ihre Reaktionsgeschwindigkeit gegen ihre Reaktionsgenauigkeit ausgeglichen haben. Will ich schneller reagieren, so kann ich das im Allgemeinen, jedoch auf Kosten der Genauigkeit, also mit steigender Fehlerzahl. Will ich akkurater reagieren, also weniger Fehler machen, so gelingt mir das ebenfalls, allerdings werde ich dann langsamer. Unterscheiden sich nun zwei (oder mehr) experimentelle Bedingungen in ihren mittleren Reaktionszeiten und die Fehlerraten sind negativ mit den Reaktionszeiten korreliert, dann lässt sich der Reaktionszeitunterschied nicht mehr eindeutig interpretieren: Sind die Reaktionszeiten länger auf Grund der Eigenschaften der experimentellen Bedingung oder sind die Reaktionszeiten länger, weil die Versuchsperson akkurater gearbeitet hat, also weniger Fehler produzierte?

Um beurteilen zu können, ob ein *speed-accuracy tradeoff* vorliegt, bietet es sich an, einen *scatterplot* der Fehlerhäufigkeit gegen die Reaktionszeit anzufertigen. Da man in aller Regel Messwiederholungsdesigns und somit mehr als ein Datenpaar (Fehlerhäufigkeit, Reaktionszeit) pro Versuchsperson hat, sind zwei vernünftige Varianten denkbar:

1. Man mittelt zuerst pro Datenpaar über alle Versuchspersonen, veranschaulicht die Daten in einem *scatterplot* und berechnet dann gegebenenfalls die Korrelation über diese gemittelten Datenpaare.
2. Man veranschaulicht und berechnet den Zusammenhang zwischen den relativen Fehlerhäufigkeiten und den Reaktionszeiten über alle Datenpaare für jede Versuchsperson separat.

Variante 1 ist das empfehlenswerte Vorgehen, wenn der Zusammenhang zwischen Fehlerhäufigkeiten und Reaktionszeiten bei allen Versuchspersonen qualitativ ähnlich ist. Ist dies nicht der Fall, sollte auf Variante 2 ausgewichen werden.

Auf keinen Fall sollte die Korrelation zwischen den Fehlerhäufigkeiten und den Reaktionszeiten über alle Datenpaare aller Versuchspersonen berechnet werden. Wie Abbildung 3.2 zeigt, kann dies zu völlig falschen Schlussfolgerungen führen. In diesem Beispiel gilt für jede der drei Versuchspersonen, dass die Fehlerhäufigkeiten und Reaktionszeiten unkorreliert sind. Berechnet man jedoch die Korrelation über alle Datenpunkte aller Versuchspersonen, so ergibt sich ein negativer Zusammenhang (anhand der Steigung der eingezeichneten Regressionsgeraden leicht zu erkennen) und man würde fälschlicherweise einen *speed-accuracy tradeoff* diagnostizieren. Der umgekehrte Fall wäre ebenso denkbar, für jede einzelne Versuchsperson könnte sich ein *speed-accuracy tradeoff* zeigen, über alle Datenpunkte hinweg könnte die Korrelation bei Null oder sogar positiv sein.

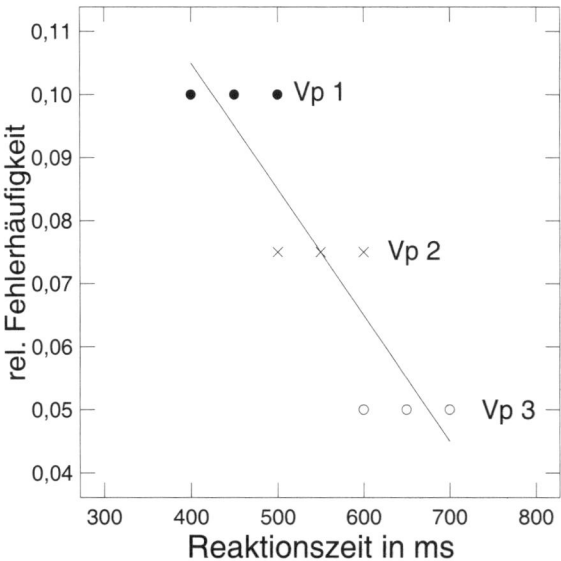

Abbildung 3.2. Keine der drei Versuchspersonen zeigt einen *speed-accuracy tradeoff*, über alle Datenpunkte hinweg ergibt sich dennoch eine negative Korrelation, weshalb diese Auswertungsvariante nicht gewählt werden darf.

3.2 Prinzip des Hypothesentestens

Wie bereits ausgeführt, muss man sich regelmäßig mit der Untersuchung von Stichproben zufrieden geben, will jedoch auf eine zugrunde liegende Population verallgemeinern. Das nötige statistische Hilfsmittel liefert die Inferenzstatistik. Hierzu werden die inhaltlich formulierten Hypothesen in statistische Hypothesen überführt und mittels geeigneter Verfahren überprüft. Dazu werden zwei statistische Hypothesen formuliert, üblicherweise als *Nullhypothese* (H_0) und *Alternativhypothese* (H_1) bezeichnet. Bei der Nullhypothese wird davon ausgegangen, dass sich die betrachteten Populationsparameter nicht unterscheiden (Unterschiedshypothesen) bzw. es keinen Zusammenhang zwischen Merkmalen in der Population gibt (Zusammenhangshypothesen). In der Alternativhypothese geht man hingegen von einem Unterschied bzw. einem bestimmten Zusammenhang zwischen den Populationsparametern aus. Dieser wird in aller Regel unspezifisch formuliert, z. B. $\mu_1 < \mu_2$, $\mu_1 > \mu_2$ oder $\mu_1 \neq \mu_2$. In seltenen Fällen wird die Alternativhypothese spezifisch formuliert, etwa $\mu_2 = \mu_1 + 50$.

Liegt solch eine spezifisch formulierte Alternativhypothese vor, dann lässt sich auch die Effektstärke spezifizieren. Für den einfachen Fall zweier unabhängiger Zufallsvariablen mit Erwartungswerten μ_1 und μ_2 kann die Erwartungswertdifferenz $\mu_2 - \mu_1$ als solches Maß angesehen werden, wäre jedoch nicht dimensionslos und hinge somit von der zugrunde liegenden Skala ab. Deshalb relativiert man zur Berechnung der Effektstärke d die Erwartungswertdifferenz an der (gemeinsamen) Populationsstandardabweichung.

$$d = \frac{|\mu_1 - \mu_2|}{\sigma} \qquad (3.1)$$

Liegt keine spezifisch formulierte Alternativhypothese vor, lassen sich dennoch Mindesteffektstärken spezifizieren, die im Rahmen von Powerberechnungen zur Festlegung der Mindeststichprobenumfänge verwendet werden können (vgl. Cohen, 1988).

Das Ziel des inferenzstatistischen Tests besteht darin, eine Entscheidung für oder gegen die Null- bzw. Alternativhypothese zu treffen. Man will also wissen, ob man die Nullhypothese *beibehalten* oder *ablehnen* und mit der Ablehnung der Nullhypothese die Alternativhypothese *annehmen* soll. Zu diesem Zwecke wird mittels der erhobenen Daten eine Prüfgröße berechnet, deren Verteilung bei Gültigkeit der Nullhypothese bekannt ist. Führt man diese Berechnungen per Hand durch, so vergleicht man die empirische Prüfgröße mit einem tabellierten kritischen Wert und trifft seine Entscheidung. Die gängigen Statistikprogramme geben neben der Prüfgröße die sogenannte Irrtumswahrscheinlichkeit (p-Wert) aus. Dies ersetzt den Vergleich mit dem kritischen Wert. Dabei entspricht der p-Wert der Wahrscheinlichkeit für das Auftreten einer so großen oder noch größeren Prüfgröße unter der Annahme der Gültigkeit der Nullhypothese. Wenn diese Wahrscheinlichkeit klein ist, so ist das beobachtete Ergebnis also sehr unwahrscheinlich bei Gültigkeit der Nullhypothese und man trifft die Entscheidung, diese zu verwerfen. Die spontane Frage lautet nun: Wie klein ist »klein«? Die vorläufige Antwort lautet: Das kommt darauf an.

Das grundsätzliche Problem beim Hypothesentesten ist nämlich, dass man letztlich nie weiß, ob die Entscheidung richtig oder falsch ist. Schließlich kennt man die wahren Populationsparameter nicht. Bei der Anwendung einer solchen Entscheidungsregel besteht demnach die Gefahr, Fehler zu begehen. Als *Fehler 1. Art* (α-Fehler) bezeichnet man Entscheidungen für die Alternativhypothese, obwohl die Nullhypothese gilt. Hingegen werden Entscheidungen für die Nullhypothese bei Gültigkeit der Alternativhypothese als *Fehler 2. Art* (β-Fehler) bezeichnet (siehe Abbildung 3.3). Die Wahrscheinlichkeit für beide Fehler möchte man gerne klein halten. Die Wahrscheinlichkeit für den α-Fehler kann man praktischerweise einfach festlegen, da die Verteilung der Prüfgröße unter Gültigkeit der Nullhypothese ja bekannt ist. Um nicht zu häufig α-Fehler

		wahr ist	
		H_0	H_1
Entscheidung für	H_0	korrekte Entscheidung	Fehler 2. Art
	H_1	Fehler 1. Art	korrekte Entscheidung

Abbildung 3.3. Schema der Entscheidungssituation beim statistischen Hypothesentesten.

zu begehen, wählt man ein kleines α. Auf diese Weise will man gewährleisten, nicht zu häufig die Alternativhypothese anzunehmen, also einen Unterschied bzw. Zusammenhang zu postulieren, obwohl es gar keinen gibt. Es ist jedoch nicht sinnvoll α beliebig klein zu wählen. Verkleinert man nämlich α (bei gleichbleibender Stichproben- und Effektgröße), dann steigt zwangsläufig β (siehe Abbildung 3.4), d. h. man begeht häufiger einen Fehler 2. Art. Eingebürgert haben sich die Werte α = 0.05 und α = 0.01. Diese konkreten Werte sind reine Konvention, 0.0375 wäre genauso gut oder schlecht.

Im Gegensatz zu α lässt sich β nicht einfach festlegen, da die wahre Effektgröße und damit die Lage der Verteilung unter der Alternativhypothese in der Regel nicht bekannt ist. Will man nun dennoch den β-Fehler verringern, hat man drei Möglichkeiten:

1. Man kann die Anzahl der Versuchspersonen erhöhen – der Überlappungsbereich beider Verteilungen wird geringer
2. Man kann die Effektgröße erhöhen – die Verteilungen rutschen auseinander und überlappen ebenfalls weniger
3. Man kann ein größeres α wählen – β wird automatisch kleiner (vgl. Abbildung 3.4)

Letzteres ist immer dann sinnvoll, wenn es im inhaltlichen Forschungsinteresse liegt, die Nullhypothese *beizubehalten*, z. B. bei Tests auf Verteilungsformen oder Varianzenhomogenität. In diesem Fall wählt man ein größeres α, etwa 0.20, um so den Fehler 2. Art zu verringern.

Die Erhöhung der Effektgröße ist übrigens keineswegs so aussichtslos, wie es manchmal dargestellt wird. Es lässt sich z. B. durch eine Erhöhung der Zahl der Replikationen pro Bedingung die Fehlervarianz verringern, was zu einer Vergrößerung des Effektes führt. Ebenfalls könnte man durch eine homogenere Stichprobe die Fehlervarianz verringern (Stelzl, 1982).

Will man β bzw. die Teststärke $1 - \beta$ bestimmen, so ist es erforderlich neben α und der Stichprobengröße auch die Effektgröße festzulegen. Dies erfordert die Formulierung einer spezifische Alternativhypothese. In Abbildung 3.4a und 3.4b sieht man die Verteilung der Prüfgröße (t) unter der Nullhypothese (jeweils links) und einer spezifischen Alternativhypothese (jeweils rechts) für den Ein-Stichproben-t-Test. Außerdem sind entsprechend α und β eingezeichnet. Nun lassen sich vier Fälle unterscheiden: Die empirisch berechnete Prüfgröße liegt links oder rechts vom kritischen Wert (in diesem Beispiel: t = 1.705 bzw. t = 2.478) und die Nullhypothese oder die Alternativhypothese trifft zu. Damit ergibt sich wieder die in Abbildung 3.3 dargestellte Entscheidungssituation.

Die bisherigen Ausführungen zeigen bereits, dass die Frage, welcher der beiden Fehler (α oder β) gravierender ist, von der jeweiligen Fragestellung abhängt. Ein bewusst flapsig formuliertes Beispiel – der Vaterschaftstest – soll drastisch vor Augen führen, dass je nach Prämisse ein α- oder β-Fehler die schwerwiegendere Fehlentscheidung darstellt.

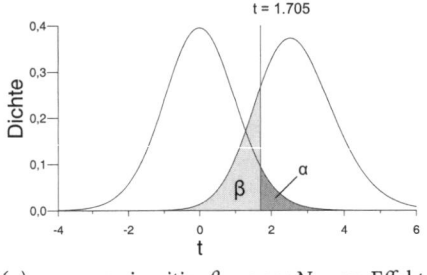
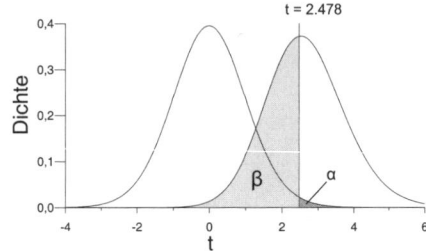

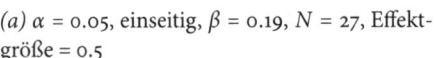

(a) α = 0.05, einseitig, β = 0.19, N = 27, Effekt-größe = 0.5

(b) α = 0.01, einseitig, β = 0.45, N = 27, Effekt-größe = 0.5

Abbildung 3.4. Der Zusammenhang zwischen α und β bei gleichbleibender Stichprobengrö-ße und gleichem Nonzentralitätsparameter.

Welcher Fehler ist gravierender?

Die Nullhypothese bei einem Vaterschaftstest lautet »Man(n) ist nicht der Vater« und die Alternativhypothese entsprechend »Man(n) ist der Vater«. Einen α-Fehler begeht man, wenn man den armen Kerl zum Vater erklärt, obwohl er es nicht ist. Hingegen begeht man einen β-Fehler, wenn man ihm die Vaterschaft nicht zuge-steht, obwohl er ganze Arbeit geleistet hat. Welcher Fehler ist schwerwiegender? Unter dem Gesichtspunkt der Kostenminimierung für den Mann ist ein β-Fehler geradezu wünschenswert, ein α-Fehler wäre hingegen der Beginn jahrelanger un-gerechtfertigter Alimente-Zahlungen. Unter dem Gesichtspunkt unbeschreiblicher Vaterfreuden (Modelleisenbahn, Spielekonsole) beglückt man ihn sogar beim Be-gehen eines α-Fehlers, bei einem β-Fehler stürzt man ihn hingegen in eine mittel-schwere Sinnkrise (zu deren Überwindung allerdings nicht zwangsläufig unattrakti-ve Aktivitäten beitragen können).

In den vorangegangen Ausführungen wurde die Logik des Hypothesentestens (kurz) dargestellt und gezeigt, dass die Entscheidung für die Null- oder Alternativhypothese davon abhängt, ob die Prüfgröße diesseits oder jenseits des Entscheidungskriteriums liegt. Die nächste zu beantwortende Frage ist nun, welche Prüfgröße, d. h. welcher sta-tistische Test, zu wählen ist.

3.3 Auswahl statistischer Tests

Wie im vorangegangenen Abschnitt zum Hypothesentesten bereits zu lesen war, dient der statistische Test dazu, eine Entscheidung über die Beibehaltung der Nullhypothese oder deren Ablehnung und damit die Annahme der Alternativhypothese zu treffen. Für die Auswahl eines geeigneten statistischen Tests sind wiederum verschiedene Merkma-le des Experimentes von Bedeutung, die sich in Form von Fragen formulieren lassen. Deren Beantwortung führt letztlich zu einem geeigneten Verfahren. Dieses Vorgehen lässt sich graphisch in Form eines Entscheidungsbaumes darstellen. Die in den Abbildungen 3.5 und 3.6 präsentierten Teilbäume orientieren sich an dem von Vorberg und Blankenberger (1999) vorgestellten Entscheidungsbaum zur Auswahl statistischer Tests und Maße, beschränken sich jedoch auf Verfahren, die im Rahmen der Experimentellen Psychologie häufig zur Anwendung kommen.

Es stellt sich zunächst die Frage nach dem Typ der abhängigen und unabhängigen Variablen. In Anlehnung an Vorberg und Blankenberger (1999) unterscheidet man qualitative und quantitative Variablen. Unter qualitativen Variablen werden solche verstanden, die sich aus ungeordneten Kategorien zusammensetzen (z. B. richtig vs. falsch, kongruent vs. inkongruent). Hingegen sind z. B. das Inter-Stimulus-Intervall oder Reaktionszeiten quantitative Variablen.

Liegen quantitative unabhängige Variablen (z. B. Listenlängen, SOA, Rotationswinkel) vor, möchte man häufig eine Vorhersage hinsichtlich der abhängigen Variablen (Kriterium) treffen. Entsprechend der Anzahl unabhängiger Variablen (Prädiktor(en)) wendet man hierfür ein einfaches oder multiples Regressionsverfahren an. Ist die abhängige Variable ebenfalls quantitativ, bieten sich die üblichen linearen und nicht-linearen Verfahren an. Ist die abhängige Variable hingegen dichotom, so greift man auf logistische Regressionsmodelle zurück.

Demgegenüber ist man bei qualitativen unabhängigen Variablen (z. B. Gruppenzugehörigkeit oder Behandlungsmethode) üblicherweise an Unterschieden interessiert. Zur Auswahl eines geeigneten Verfahrens ist der Typ der abhängigen Variablen relevant: Ist sie qualitativ oder quantitativ? Es sei an dieser Stelle angemerkt, dass in vielen Statistikbüchern das Skalenniveau der abhängigen Variablen sensu Stevens (1951) (nominal, ordinal, intervall, ratio) als Kriterium für die Auswahl eines Tests herangezogen wird. Dieses Vorgehen wird in der Literatur kontrovers diskutiert (Lord, 1953; Velleman & Wilkinson, 1993; Vorberg & Blankenberger, 1999) und für die Auswahl eines geeigneten Tests als unangemessen angesehen (Niederée & Mausfeld, 1996).

In Abbildung 3.5 und 3.6 ist jeweils ein Entscheidungsbaum für die Wahl eines geeigneten univariaten Verfahrens für Unterschiedshypothesen dargestellt. Beide Teil-Bäume lassen sich anhand der folgenden Fragen durchlaufen:

1. Wie viele unabhängige Variablen (Faktoren) gibt es?
   Es werden ein- und mehrfaktorielle Versuchspläne unterschieden.
2. Wie viele Stufen haben die qualitativen unabhängigen Variablen? In einfaktoriellen Designs wird zwischen zwei- und mehr-als-zwei-stufigen Faktoren unterschieden. In mehrfaktoriellen Designs ist diese Unterscheidung unbedeutend.
3. Besteht Abhängigkeit zwischen den Beobachtungen? Liegen mehrere Beobachtungen einer Person (Messwiederholung) oder parallelisierte Stichproben vor, dann ist auf Verfahren für abhängige Messungen zurückzugreifen.
4. Bei qualitativen abhängigen Variablen: Ist die abhängige Variable dichotom oder mehr als zweistufig?

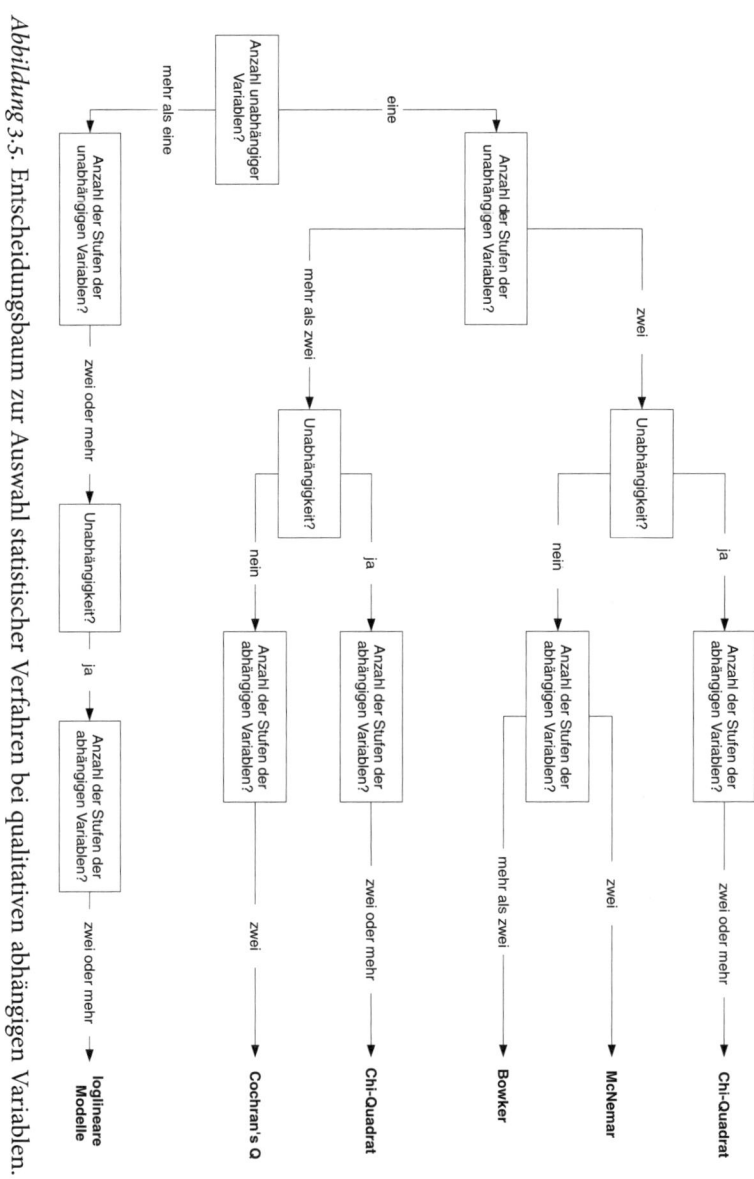

Abbildung 3-5. Entscheidungsbaum zur Auswahl statistischer Verfahren bei qualitativen abhängigen Variablen.

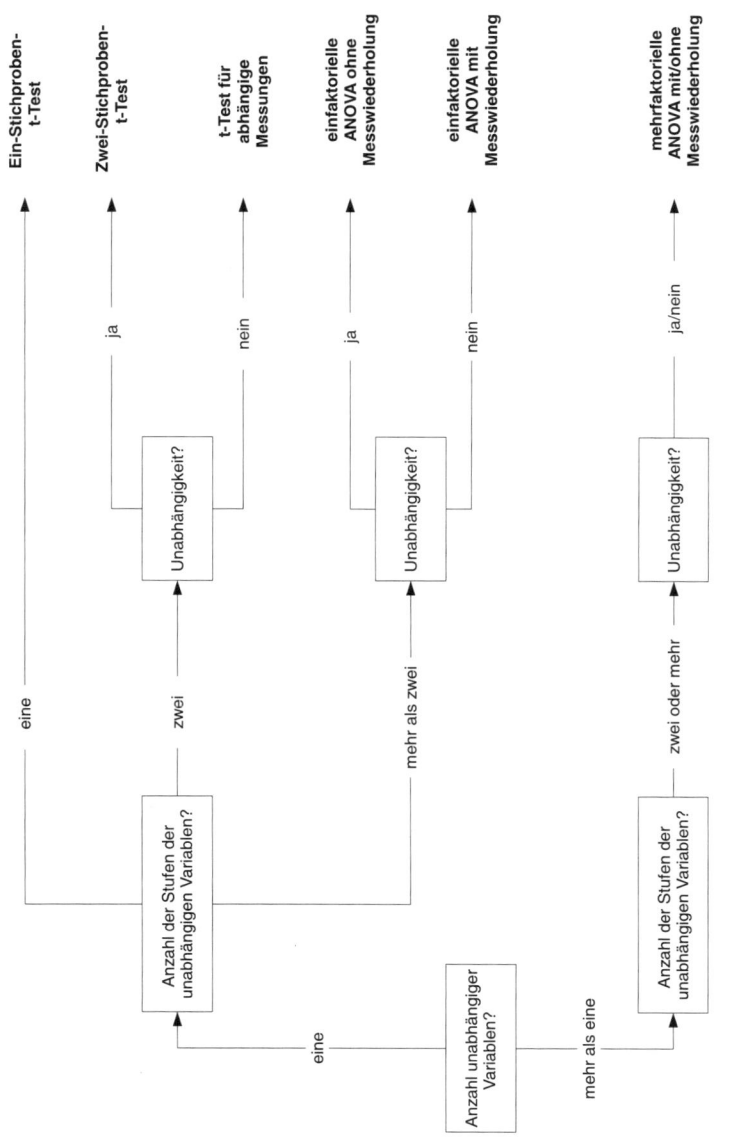

Abbildung 3.6. Entscheidungsbaum zur Auswahl statistischer Verfahren bei quantitativen abhängigen Variablen.

Alle in Abbildung 3.6 aufgeführten Verfahren haben gegebenenfalls nicht erfüllte Verteilungsvoraussetzungen, sind aber relativ robust gegenüber Verletzungen derselben. Es besteht auch die Möglichkeit, auf Verfahren auszuweichen, die keine Normalverteilung voraussetzen (Vorberg & Blankenberger, 1999) oder die abhängige Variable einer Transformation zu unterziehen (vgl. Abschnitt 3.5.4).

Weiterhin lässt sich der Entscheidungsbaum aus Abbildung 3.6 problemlos auf multivariate Fragestellungen verallgemeinern. Statt der t-Tests wird Hotellings T^2 verwendet, bei mehr-als-zwei-stufigen Faktoren wird auf die multivariate Varianzanalyse (MANOVA) ausgewichen.

Das Vorliegen mehrerer abhängiger Variablen (z. B. Reaktionszeiten und Fehlerraten) verlangt *nicht* zwangsläufig eine multivariate Auswertung. Multivariate Verfahren werden dann angewendet, wenn man den Einfluss unabhängiger Variablen simultan auf mehrere abhängige Variablen überprüfen will. Umgekehrt werden unter bestimmten Umständen univariate Fragestellungen multivariat ausgewertet (MANOVA bei Messwiederholungsdesigns, Maxwell & Delaney, 2004).

3.4 Ergebnisdarstellung

3.4.1 Gute Abbildungen, schlechte Abbildungen

Bei der Ergebnispräsentation sollte man sich zunächst überlegen, wie die Daten überhaupt sinnvoll dargestellt werden können. Um den deskriptiven Unterschied in einem Test zwischen Männern und Frauen zu zeigen, benötigt man weder eine Tabelle noch eine Abbildung. Die Mittelwerte und Standardabweichungen können ganz einfach im Fließtext untergebracht werden. Hat man jedoch mehrere experimentelle Bedingungen, dann sollte man Tabellen oder Abbildungen verwenden, wobei man sich für eines der beiden Formate entscheiden muss. Welche der beiden Formen angemessener ist, muss von Fall zu Fall entschieden werden. Man sollte diejenige wählen, welche die Daten am deutlichsten, sparsamsten und anschaulichsten darstellt. Die Ergebnisse von Godden und Baddeley (1975) zum kontextabhängigen Gedächtnis sind beispielhaft als Abbildung und Tabelle gegenübergestellt (Abbildung 3.7 und Tabelle 3.3).

Zunächst kurz die wichtigsten formalen Anforderungen (vgl. American Psychological Association, 2010, Kap. 5): Wie man an Abbildung 3.7 und Tabelle 3.3 sieht, haben Abbildungen Unterschriften und Tabellen Überschriften. Dem Über- bzw. Unterschrift wird der jeweilige Bezeichner (*Tabelle* oder *Abbildung*) und eine fortlaufende Nummer vorangestellt. In größeren Arbeiten mit mehreren Kapiteln bietet es sich an, die Nummerierung in jedem Kapitel neu zu beginnen und die Kapitelnummer voranzustellen. Der Teufel steckt nun im Detail: Bei Abbildungen wird der Bezeichner kursiv und die Beschriftung normal gesetzt, außerdem folgt ein Punkt nach der Nummerierung und

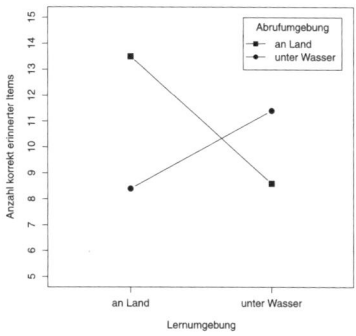

Tabelle 3.3

Behaltensleistung in Abhängigkeit von der Lern- und Abrufumgebung nach Godden und Baddeley (1975)

| Lernumgebung | Abrufumgebung | |
	an Land	unter Wasser
an Land	13.5	8.6
unter Wasser	8.4	11.4

Abbildung 3.7. Behaltensleistung in Abhängigkeit von der Lern- und Abrufumgebung nach Godden und Baddeley (1975).

am Ende der Abbildungsunterschrift. Bei Tabellen hingegen wird der Bezeichner normal, die Nummerierung ohne nachfolgenden Punkt und die Beschriftung kursiv gesetzt. Außerdem werden der Bezeichner und die Nummerierung durch eine Leerzeile von der Tabellenüberschrift getrennt und es folgt kein Punkt am Ende derselben. In Tabellen sind zudem ausschließlich horizontale Linien zu verwenden.

In der Experimentellen Psychologie werden aggregierte Daten in erster Linie als Abbildungen dargestellt. Wie bereits angemerkt, dienen sie dazu, Zusammenhänge bzw. Unterschiede anschaulich darzustellen und so dem Leser das Verständnis zu erleichtern. Häufig verfehlen sie aber genau diesen Anspruch. Oft genug gelingt es nicht, den Inhalt auf Anhieb zu verstehen, weil z. B. eine ungünstige Abbildungsart gewählt wurde, die Informationen unvollständig sind oder die Abbildung durch übermäßige Verwendung von Farbe überladen wirkt. Im Extremfall kann der Inhalt auch nach nochmaligem Lesen des Textes nicht verstanden werden. Daher sollte man beim Erstellen von Abbildungen auf die folgenden wichtigen Punkte achten:

Vollständigkeit. Zu jeder Abbildung gehört eine vollständige und eindeutige Beschriftung. So gehört an jedes Koordinatensystem eine Beschriftung der Achsen und in mehrfaktoriellen Designs die Beschriftung der Gruppierungsvariable(n). Diese kann als Legende in oder neben der Abbildung eingefügt oder in der Abbildungsunterschrift erklärt werden. Weiterhin ist darauf zu achten, dass die verwendeten Bezeichnungen in Text und Abbildung übereinstimmen.

Sparsamkeit. Um es mit den Worten von Tufte (1983) zu formulieren »Above all else show the data« (S. 92). Grundsätzlich sollte in einer Abbildung so wenig Tinte wie möglich und so viel wie nötig verwendet werden. Beispielsweise erhöht die allseits beliebte Verwendung von Balkendiagrammen selten den Informationsgehalt gegenüber

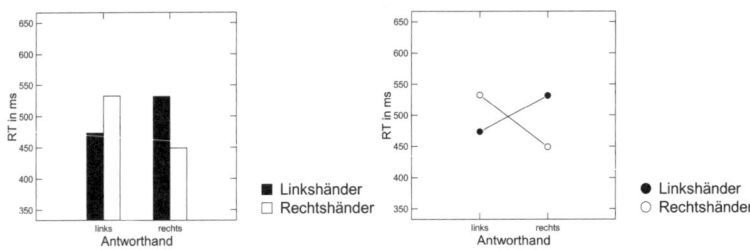

Abbildung 3.8. Mittlere Reaktionszeiten mit der linken und rechten Hand in Abhängigkeit von der Händigkeit. Darstellung als Balkendiagramm (links) und Punktdiagramm (rechts).

einfachen Punkt- oder Liniendiagrammen – es wird lediglich mehr Tinte verbraucht. Auch mehrfarbige 3D-Darstellungen sind selten aussagekräftiger als zweidimensionale Schwarz-Weiß-Abbildungen. Generell sollte auf die Verwendung von Farbe nur dann zurückgegriffen werden, wenn Sachverhalte dadurch besser – nicht etwa hübscher – dargestellt werden können.

Informationsgehalt. Das jeweilige Abbildungsformat ist so zu wählen, dass der primär darzustellende Effekt auch *wirklich einfach* zu sehen ist. Ein sehr anschauliches Beispiel hierfür stellen Interaktionseffekte in mehrfaktoriellen Designs dar. In Abbildung 3.8 (links) sind die Mittelwerte der einzelnen Stufenkombinationen eines 2 × 2-Designs in einem Balkendiagramm dargestellt. Es gelingt nur schwer auf Anhieb die Interaktion zu erkennen[1]. Hingegen ist diese in Abbildung 3.8 (rechts) lehrbuchhaft schön abgebildet.

Bei den beiden unabhängigen Variablen aus Abbildung 3.8 handelt es sich um kategoriale Variablen. In diesem Fall ist es im Grunde egal, welche Variable man auf die x-Achse legt und welche man als Gruppierungsvariable wählt. Bei mehreren kategorialen Variablen sollte man überlegen, was in der Abbildung dargestellt werden soll. In Abbildung 3.9 sieht man fiktive Ergebnisse eines Gedächtnisexperimentes mit den Faktoren Abrufbedingung (zweistufig, *recall* vs. *recognition*) und Merkinstruktion (dreistufig, *imagery*, *subvocal rehearsal*, *vocal rehearsal*). Liegt der Schwerpunkt der Fragestellung auf dem Abrufformat, würde man die linke Abbildungsform wählen. Interessiert man sich primär für die Merkinstruktion, eignet sich die rechte Abbildung besser.

Anders ist es, wenn eine der unabhängigen Variablen metrisch ist (z. B. Zeit, Drehwinkel, ISI, SOA, Behaltensintervall, serielle Position, Listenlänge). In solchen Fällen sollte zunächst die metrische Variable auf der x-Achse abgetragen werden.

Auf eine weitere Eigenschaft der Abbildungen 3.8 (rechts) und 3.9 soll an dieser Stelle ebenfalls hingewiesen werden: Die Datenpunkte sind jeweils durch Linien verbunden.

---

[1]Zugegeben, die Anforderungen dieser Aufgabe sind nicht besonders hoch. Man kann den Schwierigkeitsgrad jedoch beliebig erhöhen, indem man die Anzahl der Stufen der unabhängigen Variablen erhöht.

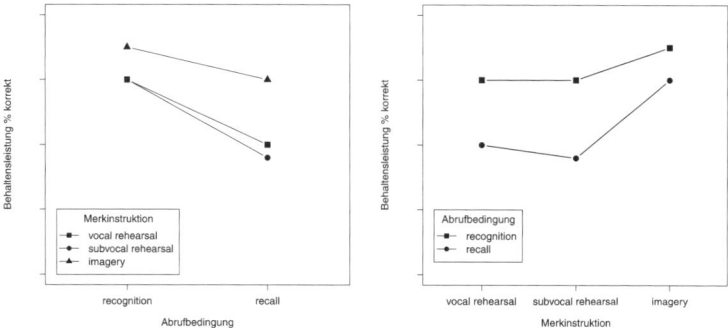

Abbildung 3.9. Fiktive Ergebnisse eines Gedächtnisexperimentes mit den Faktoren Abrufbedingung (*recall* vs. *recognition*) und Merkinstruktion (*imagery*, *subvocal rehearsal*, *vocal
rehearsal*).

Diese Linien erleichtern das Lesen der Abbildung. Der immer wieder vorgebrachte Einwand, solche Linien seien unzulässig, da es sich um kategoriale Variablen handele und
somit keine mathematische Funktion im eigentlichen Sinne vorliege, kann entkräftet
werden. Zum Einen kennt man den Status der Abszissen-Variablen und zum Anderen
kann durch eine kleine Lücke zwischen Datenpunkt und Linie verdeutlicht werden,
dass es sich eben nicht um eine mathematische Funktion handelt.

Empfehlenswert ist bei der Erstellung von Abbildungen hier und da ein wenig mit
den Daten zu spielen, um die beste Abbildungsform zu finden. Außerdem sei an dieser
Stelle auf die Werke von Cleveland (1993) und Tufte (1983, 1990, 1997) zur graphischen
Darstellung von Daten verwiesen.

3.4.2 Darstellung statistischer Kennwerte

Mit einer guten Darstellung der aggregierten Daten ist es nicht getan. Natürlich muss
man auch die Ergebnisse der entsprechenden deskriptiven und inferenzstatistischen
Analysen angeben. Neben Maßen der zentralen Tendenz sollen laut APA (American
Psychological Association, 2010, S. 34) auch die zugehörigen Konfidenzintervalle angegeben werden. Dabei sollte in einer Arbeit das Konfidenzniveau (z. B. 95 % oder 99 %)
durchgängig beibehalten werden.

Deskriptive Kennwerte können im Fließtext mit oder ohne Klammern unter Verwen-
dung der üblichen Abkürzungen angegeben werden. Die häufigsten und wichtigsten
Abkürzungen sind in Tabelle 3.4 dargestellt, für alle anderen sei auf das APA-Manu-
al (American Psychological Association, 2010, S. 119–123) verwiesen. Alle statistischen
Symbole (außer griechischen Buchstaben, Indizes, Exponenten, Funktionsnamen und
Vektoren) werden kursiv gesetzt.

Tabelle 3.4

Die häufigsten statistischen Abkürzungen bzw. Symbole (American Psychological Association, 2010, Tabelle 4.5)

Abkürzung	Bedeutung
ANOVA	Varianzanalyse
d	Cohens d – Effektstärkemaß
d'	Sensitivitätsmaß
df	Freiheitsgrade
F	Prüfgröße F-Test
M	arithmetisches Mittel
MSE	Mittlere Fehlerquadratsumme
n	Teilstichprobengröße
N	Gesamtstichprobengröße
p	Irrtumswahrscheinlichkeit
r	Pearson Produkt-Moment-Korrelationskoeffizient
R^2	quadrierter multipler Korrelationskoeffizient
SD	Standardabweichung
SE	Standardfehler
t	Prüfgröße t-Test
χ^2	Chi-Quadrat

Bei der Angabe inferenzstatistischer Ergebnisse sind die Prüfgrößen, Freiheitsgrade und p-Werte anzuführen. Die Auflistung dieser Werte erfolgt im Text üblicherweise in Klammern oder in Tabellenform. Dabei können die Freiheitsgrade in Klammern nach der Prüfgröße oder als Index aufgeführt werden z. B. $t(17) = 1.38$ oder $t_{17} = 1.38$. Die APA empfiehlt die exakte Angabe von p-Werten, z. B. $p = .0037$ im Gegensatz zu $p < .05$ (American Psychological Association, 2010, S. 34). Gelegentlich geben Statistikprogramme p-Werte von $p = .0000$ aus. Dies bedeutet nichts anderes als $p < .00005$, da die Programme runden und abschneiden. In diesem Fall erfolgt die Angabe tatsächlich als $p < .00005$. Weiterhin empfiehlt die APA Maße der Effektstärke anzugeben (American Psychological Association, 2010, S. 34).

Entgegen der Vorgabe der APA (American Psychological Association, 2010, S. 127) empfehlen wir nach wie vor bei mehrfaktoriellen ANOVAs der Übersichtlichkeit wegen zur Darstellung der Ergebnisse eine Tabelle zu verwenden. Im fortlaufenden Text sind die Angaben aus der Tabelle, bis auf wenige Ausnahmen, nicht zu wiederholen. Ausnahmen betreffen die gesonderte Hervorhebung einzelner Effekte. Tabelle 3.5 zeigt die Ergebnisse einer $2 \times 4 \times 2$ ANOVA mit Messwiederholung auf allen drei Faktoren (Blankenberger, 2001).

Tabelle 3.5

Ergebnisse einer 2 × 4 × 2 ANOVA mit Messwiederholung auf allen drei Faktoren (Blankenberger, 2001)

Effekt	F	df	MSE	p-Wert
Operation (O)	0.172	1,6	16607	.692
Numeral form (F)	141.054	3,18	1768	<.0005 GG^a
Tie/Non-Tie (T)	75.543	1,6	3144	<.0005
O×F	2.071	3,18	1014	.178 GG
O×T	3.580	1,6	1452	.107
F×T	109.143	3,18	772	<.0005 GG
O×F×T	4.527	3,18	758	.039 GG

[a] GG – Geisser-Greenhouse Korrektur

Abschließend sei darauf hingewiesen, dass zur Darstellung der Ergebnisse die üblichen Standardformulierungen verwendet werden sollten, auch wenn dadurch Formulierungswiederholungen entstehen. Die Versuche literarisch schöner Umschreibungen führen oft zu Missverständnissen, Fehlern, Unverständlichkeiten oder Mehrdeutigkeiten und sind deshalb zu unterlassen. Die folgenden Zitate aus dem APA-Manual bzw. aus Vorberg und Blankenberger (1993) sollen als Beispiele für die Verwendung von Standardformulierungen dienen.

Englischsprachiges Beispiel

For immediate recognition, the omnibus test of the main effect of sentence format was statistically significant, $F(2, 177) = 6.30$, $p = .002$, est $\omega^2 = .07$. The one-degree-of-freedom contrast of primary interest (the mean difference between Conditions 1 and 2) was also statistically significant at the specified .05 level, $t(177) = 3.51$, $p < .001$, $d = 0.65$, 95 % CI [0.35, 0.95] (American Psychological Association, 2010, S. 117).

Deutschsprachiges Beispiel

Die drei Operationen (O) werden unterschiedlich schnell ausgeführt, mit mittleren Zeiten von 510 ms für »Aussprechen«, 607 ms für »plus 1« und 622 ms für »minus 1« ($F(2, 10) = 113.13$, $p < .0001$). Post-hoc-Kontraste nach Scheffé zeigten einen signifikanten Unterschied zwischen »Aussprechen« und den beiden anderen Aufgaben ($F(2, 10) = 113.2$, $p < .05$), jedoch keinen Unterschied zwischen »plus 1« und »minus 1« ($F(2, 10) = 3.5$, $p > .05$) (Vorberg & Blankenberger, 1993, angepasst an die aktuellen APA-Vorgaben).

3.5 Fehler, Fallen und Feinheiten

3.5.1 Mitteln über Versuchspersonen

Wie in Abschnitt 2.1.5 schon kurz dargelegt, ist es weit verbreitet, nur noch Mittelwerte (oder andere Maße der zentralen Tendenz) zu berichten. Die Daten individueller Versuchspersonen werden aus verschiedenen Gründen kaum mehr dargestellt. Da sich viele inferenzstatistische Verfahren auf die Beurteilung von Unterschieden in der zentralen Tendenz beziehen (siehe Abschnitt 3.3), ist es naheliegend, sich auf die Darstellung dieser zentralen Tendenzen zu beschränken. Für gewöhnlich betrachtet man seine Stichprobe als Zufallsauswahl aus einer Population mit entsprechenden Populationsparametern. Dann ist es vernünftig zur Charakterisierung der Population Maße der zentralen Tendenz zu verwenden. Allerdings – und darum soll es in diesem Abschnitt gehen – sollte dann auch sichergestellt sein, dass die einzelnen Personen tatsächlich aus dieser Population stammen.

In Abschnitt 2.1.5 wurde bereits darauf hingewiesen, dass man hinreichend stabile Schätzer pro Person benötigt. Diese erhält man nur über eine ausreichend große Zahl von Replikationen pro Person und Bedingung. Zusätzlich *muss* man sich die Ergebnisse pro Person anschauen, um festzustellen, ob das Ergebnismuster für alle Personen qualitativ ähnlich ist. Letztlich bleibt zu prüfen, ob durch die Mittelung über Versuchspersonen die Qualität der individuellen Ergebnismuster erhalten bleibt. Nur in diesem Fall ist eine Mittelung über Versuchspersonen und eine anschließende inferenzstatistische Analyse mit allen Versuchspersonen sinnvoll. Beispielsweise berichtet Blankenberger (2001) Daten eines Kopfrechenexperimentes. Ohne an dieser Stelle auf Details dieses Experimentes einzugehen, soll hervorgehoben werden, dass sieben von acht Versuchspersonen ein sehr ähnliches Ergebnismuster zeigten, die achte Versuchsperson aber qualitativ deutlich abwich. Aus diesem Grunde wurde die inferenzstatistische Analyse auch nur mit den sieben qualitativ ähnlichen Versuchspersonen durchgeführt, die Darstellung der Mittelwerte basierte ebenfalls auf diesen sieben Versuchspersonen, die Daten der abweichenden Versuchsperson wurden separat präsentiert (Blankenberger, 2001, Abbildungen 1 und 2).

Es sei ausdrücklich darauf hingewiesen, dass es nicht darum geht, nicht-hypothesenkonforme Versuchspersonen auszusortieren, um so die Ergebnisse zu schönen. Es geht stattdessen darum, ein qualitativ übereinstimmendes Ergebnismuster zu diagnostizieren, das eine Mittelung über Versuchspersonen überhaupt erst rechtfertigt.

Die Problematik qualitativer Unterschiede zwischen individuellen und gemittelten Daten soll an einem besonders drastischen Beispiel illustriert werden. In einem Lernexperiment gelte das *Alles-oder-Nichts-Lernen*: Eine Versuchsperson ist entweder im Zustand ›ungelernt‹, dann kann sie die geforderte Aufgabe nicht korrekt lösen; oder die Person ist im Zustand ›gelernt‹, dann gibt sie immer die richtige Antwort (vgl. Wickens, 1982). Der Einfachheit halber soll ausgeschlossen werden, dass die Person im Zustand ›ungelernt‹ per Zufall richtig antwortet (richtig rät), dass sie im Zustand ›gelernt‹ aus

Versehen falsch antwortet (einen Flüchtigkeitsfehler begeht) und dass sie in den Zustand ›ungelernt‹ zurückfällt (die Lösung wieder vergisst). Das Experiment besteht aus einer Reihe von *trials*, in jedem Durchgang wird beobachtet, ob die Antwort der Person richtig oder falsch ist. Lernen findet nun derart statt, dass die Person von einem zum nächsten Durchgang vom Zustand ›ungelernt‹ in den Zustand ›gelernt‹ wechselt und dort verbleibt. Dazwischen gibt es nichts. Betrachtet man die Daten einer einzelnen Person, so findet sich ein Datenmuster wie in Abbildung 3.10, links. Im elften *trial* springt die Versuchsperson vom Zustand ›ungelernt‹ in den Zustand ›gelernt‹ und verbleibt dort. Das Gleiche gilt für jede Versuchsperson, allerdings zu jeweils unterschiedlichen Zeitpunkten (Abbildung 3.10, Mitte). Der rechte Teil von Abbildung 3.10 zeigt die über Versuchspersonen gemittelten Daten.

Betrachtet man *lediglich* diese gemittelten Daten (rechts), so kommt man zu dem fälschlichen Schluss, dass Lernen in diesem Experiment graduell stattfindet. Dieses Modell des graduellen Lernens passt jedoch auf keine einzige Versuchsperson. Jede Person zeigt Alles-oder-Nichts-Lernen. Somit ist das »mittlere Verhalten« qualitativ völlig verschieden vom Verhalten eines jeden Individuums. Dieses Beispiel zeigt deutlich, zu welchen Fehlinterpretationen man gelangen kann, wenn man sich bei der Mittelung über Versuchspersonen nicht davon überzeugt, dass sich das individuelle Verhalten qualitativ auch im mittleren Verhalten widerspiegelt. In diesem Beispiel des *Alles-oder-Nichts-Lernens* wäre eine Mittelung der Durchgangsnummer, zu welcher der Übergang von ›ungelernt‹ zu ›gelernt‹ stattgefunden hat, sinnvoll.

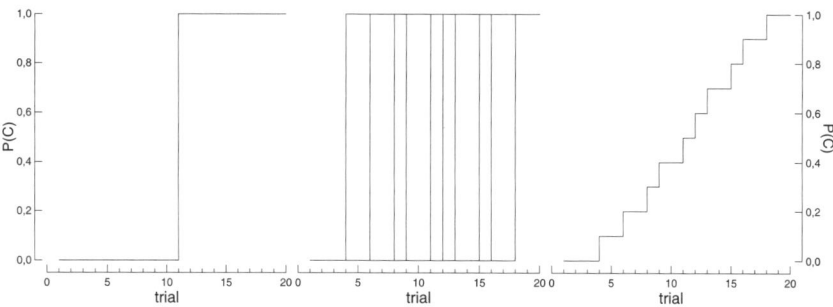

Abbildung 3.10. Links: Lernverlauf einer Versuchsperson. Mitte: Lernverläufe von zehn Versuchspersonen. Rechts: Über zehn Versuchspersonen gemittelter Lernverlauf.

3.5.2 Regressionsanalyse bei Messwiederholung

Möchte man anhand seiner erhobenen Daten eine Vorhersage machen oder die Dauer bestimmter Prozesse abschätzen, dann bietet sich die Durchführung eines Regressionsverfahrens an. Häufig wird dabei die (einfache) lineare Regression eingesetzt. Typische Beispiele finden sich im Sternberg-Paradigma (Sternberg, 1966) oder in Experimenten zur mentalen Rotation (z. B. Shepard & Metzler, 1971).

Es soll an dieser Stelle das Sternberg-Paradigma (Sternberg, 1966) aufgegriffen werden (vgl. Abschnitt 2.10.10). Es stellt sich die Frage, ob auch in der eigenen Untersuchung die Reaktionszeiten linear mit der Listenlänge ansteigen[2]. Der Prädiktor ist demnach die Listenlänge und das Kriterium die Reaktionszeit. Von jeder Versuchsperson hat man eine (mittlere) Reaktionszeit pro Listenlänge. Man erwartet eine (annähernd) lineare Zunahme der Reaktionszeiten mit steigender Listenlänge. Um diese Erwartung zu überprüfen, berechnet man eine entsprechende einfache lineare Regression. Dabei stellt sich die Frage, welche Datenpunkte für diese Berechnung verwendet werden sollen. Die Antwort darauf ist abhängig davon, was man wissen möchte. Ist man alleine an den Regressionskoeffizienten (Achsenabschnitt und Steigung) interessiert oder will man diese Koeffizienten zusätzlich noch inferenzstatistisch absichern?

Variante 1. Interessiert man sich einzig für die Regressionskoeffizienten, dann bietet sich das in der Literatur verbreitete Verfahren an: Man mittelt die Daten pro Stufe des Prädiktors über die Versuchspersonen und rechnet damit eine einfache lineare Regression. Im Sternberg-Beispiel mittelt man also die Reaktionszeiten pro Listenlänge über die Versuchspersonen und erhält so noch genau sechs Datenpunkte (bei Listenlänge 1–6). In diese Punkte wird dann eine Regressionsgerade gelegt und man erhält Steigung und Achsenabschnitt dieser Geraden. Diese Werte sind korrekt. Häufig erhält man zusätzlich die zugehörige inferenzstatistische Absicherung in Form von t-Werten und Irrtumswahrscheinlichkeiten. Selbst wenn die formalen Voraussetzungen der linearen Regression (Normalverteilung, Unabhängigkeit der Fehler, Homoskedastizität, Gültigkeit des linearen Modells) erfüllt sind, sind diese Angaben irrelevant. Es wird nämlich das falsche statistische Modell getestet (Lorch & Myers, 1990).

Das Problem besteht darin, dass man von jeder Versuchsperson Beobachtungen für jede Listenlänge hat, es liegt also ein Messwiederholungsdesign vor. Das soeben skizzierte Regressionsverfahren geht aber davon aus, dass alle Beobachtungen unabhängig voneinander sind. Durch das vorherige Mitteln über Versuchspersonen ist außerdem die Variabilität zwischen den Versuchspersonen und die Interaktion zwischen den Versuchspersonen und dem Prädiktor *weggemittelt*. Genau diese Interaktion wäre aber der korrekte Fehlerterm für die inferenzstatistische Absicherung. Lorch und Myers (1990) konnten zeigen, dass das inferenzstatistisch falsche Vorgehen das α-Risiko extrem in die Höhe treibt. Um diesen Fehler zu vermeiden, gibt es glücklicherweise praktikable Alternativen, die zu einer korrekten inferenzstatistischen Auswertung führen.

Variante 2. Statt zuerst über die Versuchspersonen zu mitteln und dann eine Regression über die gemittelten Werte zu rechnen, führt man die Regressionsanalyse *pro Person* durch. Man erhält somit pro Person die Parameter Achsenabschnitt und Steigung. Diese Werte werden sich selbstverständlich zwischen den Personen unterscheiden, denn in ihnen steckt die Variabilität, die in der anfangs skizzierten Variante weggemittelt

---

[2] Auf die Unterscheidung zwischen positiven und negativen Durchgängen sei an dieser Stelle verzichtet, da sie für die Ausführungen nicht relevant ist.

wurde. Möchte man nun wissen, ob die Steigung (oder der Achsenabschnitt) signifikant von Null verschieden ist, so lässt sich das leicht mit einem Ein-Stichproben-t-Test überprüfen. In diesen Test gehen die Steigungskoeffizienten (oder Achsenabschnitte) aller Versuchspersonen als Werte ein, getestet wird gegen den theoretischen Wert Null. Führt dieser t-Test zu einem signifikanten Resultat, dann entscheidet man sich für die Annahme der Alternativhypothese: Die Steigung (oder der Achsenabschnitt) der Regressionsgeraden ist verschieden von Null.

Um zu einer mittleren Steigung und einem mittleren Achsenabschnitt zu kommen, kann man schließlich die Steigungen und Achsenabschnitte, die pro Person vorliegen, mitteln. Es lässt sich leicht zeigen, dass diese gemittelten Werte *identisch* zu Steigung und Achsenabschnitt sind, die man mit der anfangs skizzierten Variante 1 erhält.

Variante 3. Eine inferenzstatistische Alternative besteht darin, dass man die vollständigen Daten mittels univariater einfaktorieller Varianzanalyse mit Messwiederholung auswertet und im Anschluss daran auf einen linearen Trend testet. Dieser F-Test für den linearen Trend ist identisch zum Ein-Stichproben-t-Test für den Steigungsparameter, es gilt $F = t^2$.

Es sei an dieser Stelle noch angemerkt, dass bei nicht-linearen Regressionsverfahren die Verfahren »zuerst über Personen mitteln, dann Regression rechnen« vs. »Regression pro Person rechnen, dann Koeffizienten mitteln« i. d. R. zu unterschiedlichen Schätzungen für die Parameter führen (Busemeyer & Diederich, 2010, Kap. 3). Jedoch ist auch hier für die inferenzstatistische Absicherung eine Schätzung pro Versuchsperson durchzuführen.

3.5.3 Fehlerbalken und Vertrauensintervalle

In Abbildungen werden in der Regel Maße der zentralen Tendenz dargestellt. Gelegentlich kann es sinnvoll sein, zusätzlich Informationen zur Variabilität (z. B. Spannweite) der Daten oder der Verteilungsform darzustellen. Hierfür eignet sich die Verwendung von Box Plots (Tukey, 1977; siehe auch Blankenberger, 1995).

Die APA (American Psychological Association, 2010, S. 34) empfiehlt außerdem die Darstellung von Konfidenzintervallen in Abbildungen. Dies kann immer dann sinnvoll sein, wenn man Aussagen über den Populationsparameter machen möchte. In diesem Fall konstruiert man (bei normalverteilten Grundgesamtheiten) die üblichen 95 % oder 99 % Vertrauensintervalle um den Mittelwert:

$$(1 - \alpha) \cdot 100 \,\% \text{ Vertrauensintervall: } M \pm SE \cdot t_{n-1;1-\frac{\alpha}{2}}, \tag{3.2}$$

wobei n der Anzahl der Beobachtungen und SE dem Standardfehler ($SE = \frac{SD}{\sqrt{n}}$) entspricht. Die Interpretation lautet dann wie folgt:

> Zöge man sehr viele Stichproben vom Umfang n, so enthielten ca. $(1 - \alpha) \cdot 100\%$ der zu den Stichproben konstruierten Konfidenzintervalle den unbekannten Populationsparameter μ.

Die auf diese Weise konstruierten Intervalle können auch in ein- und mehrfaktoriellen Designs mit und ohne Messwiederholung immer dann verwendet werden, wenn man Aussagen über den entsprechenden Populationsparameter treffen möchte. Es gehen dann Mittelwert, Standardfehler und Anzahl der Versuchspersonen in der jeweiligen Gruppe (Stufe) in die Berechnung des Konfidenzintervalls ein:

$$(1 - \alpha) \cdot 100\,\% \text{ Vertrauensintervall: } M_j \pm SE_j \cdot t_{n_j - 1; 1 - \frac{\alpha}{2}}. \tag{3.3}$$

In der Regel möchte man jedoch wissen, ob es Unterschiede zwischen den Gruppen bzw. den Stufen der unabhängigen Variablen gibt. Hier werden Vertrauensintervalle oft verwendet, um die Ergebnisse des zugrunde liegenden inferenzstatistischen Verfahrens zu veranschaulichen. In diesem Fall spielt allerdings das Untersuchungsdesign (mit oder ohne Messwiederholung) eine entscheidende Rolle für die Konstruktion der Intervalle.

Vertrauensintervalle in einfaktoriellen *between-subjects* Designs

Unter der Annahme, dass die Voraussetzungen der einfaktoriellen ANOVA erfüllt sind, ist die mittlere Quadratsumme innerhalb

$$MS_{within} = \frac{\sum_{j=1}^{J} n_j \cdot S_j^2}{N - J} \tag{3.4}$$

ein Schätzer für die Populationsvarianz aus den *gepoolten* Gruppen-Varianzen (Loftus & Masson, 1994; Masson & Loftus, 2003). Mit diesem Schätzer lassen sich jetzt analog zum üblichen Vorgehen die Vertrauensintervalle für jedes μ_j bestimmen:

$$(1 - \alpha) \cdot 100\,\% \text{ Vertrauensintervall: } M_j \pm \sqrt{\frac{MS_{within}}{n_j}} \cdot t_{N - J; 1 - \frac{\alpha}{2}}, \tag{3.5}$$

wobei $N = n_1 + \ldots + n_j$ der Anzahl der Versuchspersonen und J der Anzahl der Stufen der unabhängigen Variablen entspricht.

Bei der mittleren Quadratsumme innerhalb handelt es sich um einen stabilen Schätzer für die Populationsvarianz (Masson & Loftus, 2003), allerdings gehen sämtliche Variabilitätsunterschiede zwischen den Gruppen verloren (Bakeman & McArthur, 1996). Bakeman und McArthur (1996) empfehlen daher die Konstruktion von Vertrauensintervallen basierend auf den separaten Varianzschätzungen, d. h. analog zu Gleichung 3.3. Diese Konstruktion hat verschiedene Vorteile (Bakeman & McArthur, 1996): Es lassen sich neben Unterschieden in der zentralen Tendenz (sofern vorhanden) auch Unterschiede in der Variabilität der einzelnen Gruppen (sofern gleich groß) veranschaulichen. Hinzu kommt, dass diese Intervalle auch dann sinnvoll interpretiert werden können, wenn die Voraussetzung der Varianzenhomogenität für die ANOVA nicht erfüllt ist. In diesem Fall ist die Interpretation der *F*-Tests nur mit Einschränkungen möglich.

Vertrauensintervalle in einfaktoriellen *within-subjects* Designs

Unter der Annahme, dass die Voraussetzungen der einfaktoriellen ANOVA mit Mess-wiederholung erfüllt sind, ist die Interaktion zwischen den Versuchspersonen und dem Faktor der interessierende Fehlerterm. Die Variabilität zwischen den Versuchsperso-nen ist nicht relevant für die inferenzstatistische Beurteilung der Mittelwertsunterschie-de im *within-subjects* Design. Für die Konstruktion von Vertrauensintervallen, die zur Veranschaulichung der ANOVA-Ergebnisse dienen sollen, sollte sie daher aus den Da-ten eliminiert werden (Bakeman & McArthur, 1996; Loftus & Masson, 1994; Masson & Loftus, 2003).

Für die Bestimmung der Intervalle schlagen Bakeman und McArthur (1996) folgen-des Vorgehen vor: Für jede Versuchsperson i wird zunächst der Mittelwert $M_{i.}$ über alle J Stufen des Faktors sowie ein Gesamtmittelwert $GM = \frac{1}{n} \cdot \sum_{i=1}^{n} M_{i.}$ berechnet. Die Differenz $M_{i.} - GM$ entspricht der Abweichung der Versuchsperson vom Gesamtmit-telwert – also genau der Größe, die man aus den Daten herausrechnen möchte. Pro Versuchsperson wird nun unter jeder Stufe j des Faktors die Differenz $M_{i.} - GM$ vom erhobenen Rohwert der Versuchsperson abgezogen, d. h.

$$A_{ij} = X_{ij} - (M_{i.} - GM),\qquad (3.6)$$

wobei i und j Indizes für Versuchperson respektive Faktorstufe sind und X_{ij} bzw. A_{ij} der Rohwert bzw. transformierte Wert.

In Abbildung 3.11a sind fiktive Daten dreier Versuchspersonen in einer Standard-Stroop-Aufgabe (Stroop, 1935) für die inkongruente, kongruente und neutrale Bedin-gung dargestellt. Man sieht, dass die Versuchspersonen 1 und 2 einen ähnlichen Ver-lauf für die drei Bedingungen zeigen, sich jedoch insgesamt in ihren Reaktionszeiten unterscheiden. Versuchsperson 3 weicht im Verlauf deutlich von den anderen beiden ab.

Den Unterschied zwischen den Versuchspersonen rechnet man nun entsprechend dem gerade ausgeführten Verfahren heraus und erhält die in Abbildung 3.11b darge-stellten Verläufe. Man sieht, dass die Mittelwertsverläufe erhalten bleiben, die Niveau-unterschiede jedoch verloren gegangen sind. Ebenso bleiben die Mittelwerte für die jeweiligen Bedingungen gleich.

In die Berechnung der Vertrauensintervalle gehen Mittelwert und Standardfehler in der betrachteten Stufe des Faktor, basierend auf den transformierten Daten, ein:

$$(1 - \alpha) \cdot 100\,\% \text{ Vertrauensintervall: } M_j^{(A)} \pm SE_j^{(A)} \cdot t_{n-1;1-\frac{\alpha}{2}},\qquad (3.7)$$

wobei n der Anzahl der Versuchspersonen entspricht und $M_j^{(A)} = M_j$ ist.

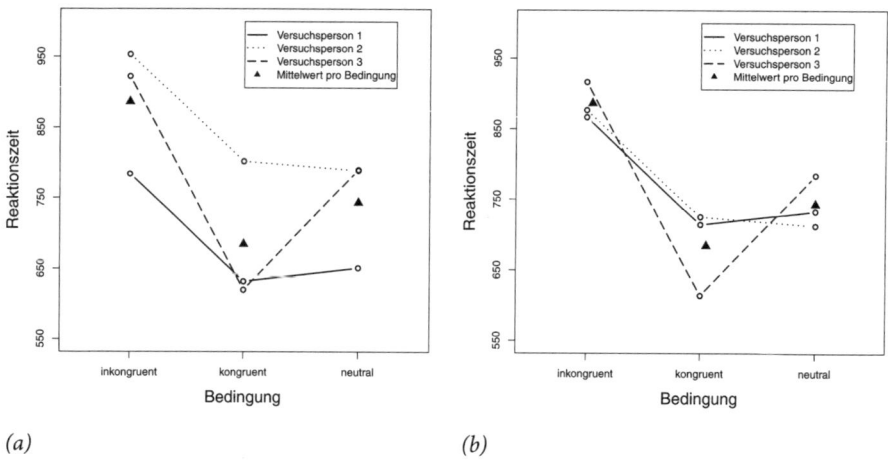

Abbildung 3.11. Fiktive Daten dreier Versuchspersonen im einfachen Messwiederholungsde-sign (a) vor und (b) nach der Aufbereitung der Daten zur Konstruktion von Vertrauensin-tervallen nach Bakeman und McArthur (1996).

Die auf diese Weise konstruierten Vertrauensintervalle lassen nun Entscheidungen über Erwartungswertunterschiede zwischen den Stufen des Faktors zu. Es können je-doch keine validen Schlüsse über die Populationsparameter gezogen werden. Für Ent-scheidungen bezüglich der Populationsparameter sollte man in jeder Stufe auf die Ver-trauensintervalle nach Gleichung 3.3 zurückgreifen, wobei Mittelwerte und Standard-fehler auf Basis der Ausgangsdaten berechnet werden. Auch können auf Basis dieser Vertrauensintervalle keine Rückschlüsse auf die Gültigkeit der Sphärizitätsvorausset-zung gezogen werden, da hierzu die Varianzen aller paarweisen Bedingungsdifferen-zen (sog. *treatment-difference variances,* Maxwell & Delaney, 2004) betrachtet werden müssen. Es soll außerdem darauf hingewiesen werden, dass die Diskussion der statisti-schen Eigenschaften des Verfahrens nach Bakeman und McArthur (1996) noch nicht abgeschlossen ist und deshalb aktuelle Entwicklungen verfolgt werden müssen.

Vertrauensintervalle in mehrfaktoriellen Versuchsplänen

Bei mehrfaktoriellen *between-subjects* Designs kann die Konstruktion von Vertrauens-intervallen analog zu der Konstruktion in einfaktoriellen Designs getrennt für jede Gruppe mit Mittelwert und Standardfehler (Gleichung 3.2) oder mit dem Fehlerterm MS_{within} der ANOVA (Gleichung 3.5) erfolgen. Die Vor- und Nachteile der beiden Va-rianten sind die gleichen wie im einfaktoriellen Fall.

Handelt es sich um mehrfaktorielle *within-subjects* Designs, so empfehlen Bakeman und McArthur (1996) erneut die *between-subjects* Varianz geeignet aus den Daten zu eliminieren (vgl. jedoch vorangegangenen Abschnitt). In einem zweifaktoriellen Messwiederholungsdesign könnte man über die Stufen des einen Faktors mitteln und dann analog zum einfaktoriellen Fall die Konfidenzintervalle für den zweiten Faktor berechnen. Das gleiche Vorgehen kann man dann für den zweiten Faktor anwenden. Auf diese Weise hätte man das zweifaktorielle Design auf zwei einfaktorielle reduziert. Diese müssten dann separat dargestellt werden und eine eventuelle Interaktion wäre nicht mehr sichtbar. Wird aber das zweifaktorielle Design graphisch veranschaulicht, so können die (einfaktoriell) berechneten Konfidenzintervalle nicht sinnvoll in die Mittelwertsverläufe eingezeichnet werden.

Eine Alternative wäre es, das zweifaktorielle Design einfaktoriell auszuwerten (z. B. würde ein 2 × 3-Design zu einem sechsstufigen einfaktoriellen Design), die Konfidenzintervalle nach Bakeman und McArthur (1996) zu berechnen und in die zweifaktorielle graphische Darstellung einzuzeichnen. Diese Konfidenzintervalle erlauben dann zwar alle Paarvergleiche zu beurteilen, nicht jedoch die jeweiligen Haupteffekte.

Weitaus komplizierter ist es in gemischten Designs, hier kann die Empfehlung nur lauten, auf die Angabe von Vertrauensintervallen zu verzichten.

3.5.4 Transformationen bei Voraussetzungsverletzungen

Wie aus der Statistik hinlänglich bekannt sein sollte und im Abschnitt 3.3 bereits angesprochen wurde, gelten für alle inferenzstatistischen Tests bestimmte Voraussetzungen, die gegebenenfalls mit geeigneten Verfahren geprüft werden können. Sind die Voraussetzungen verletzt, sind die entsprechend dem Test berechneten Prüfgrößen zwar numerisch korrekt, die Interpretation der Irrtumswahrscheinlichkeiten jedoch zweifelhaft. Allerdings reagieren die Standardverfahren t-Test und Varianzanalyse robust auf Verletzung der Normalverteilungsvoraussetzung, d. h. das nominelle α-Risiko wird weitgehend eingehalten. Dies gilt jedoch nicht in gleicher Weise für das β-Risiko (Wilcox, 1997). Bei Verletzung der Normalverteilungsvoraussetzung lassen sich, wie in Abschnitt 3.3 schon angesprochen, non-parametrische Alternativen einsetzen. Im Folgenden soll an einem kleinen Beispiel eine weitere Möglichkeit zum Umgang mit Voraussetzungsverletzungen dargestellt werden.

Angenommen, man hat in einem typischen *same-different*-Paradigma Probanden zwei Töne dargeboten. Die Aufgabe der Versuchspersonen bestand darin zu entscheiden, ob der zweite Ton die gleiche Tonhöhe wie der erste Ton hatte, oder ob beide Töne verschieden voneinander waren. Gleichzeitig sollte untersucht werden, ob der Abstand bis zur Präsentation des zweiten Tones (ISI) einen Einfluss auf diese Entscheidung hat. Der Einfachheit halber soll davon ausgegangen werden, dass bei der Hälfte der Versuchspersonen ein kurzer Abstand (2 s) und bei den anderen ein langer Abstand (5 s) zwischen den Tönen gewählt wurde. Bei der Variablen Abstand handelt es sich also um eine zweistufige unabhängige Variable, die *between-subjects* variiert wurde. Als abhängige Variable wurde in jedem Durchgang erfasst, ob die Antwort der Versuchsperson richtig oder falsch war und pro Versuchsperson die Häufigkeit richtiger Antworten bestimmt. Mit einem *t*-Test für unabhängige Stichproben soll geprüft werden, ob sich die Häufigkeiten richtiger Antworten zwischen dem kurzen und dem langen ISI unterscheiden.

Formal gelten für den *t*-Test für unabhängige Stichproben die drei Voraussetzungen Normalverteilung, Varianzhomogenität und Unabhängigkeit der Beobachtungen. Wenn man nun in jedem Durchgang die Antwort der Versuchsperson binär mit Null (falsch) oder Eins (richtig) kodiert und anschließend durch Aufsummieren die Häufigkeit richtiger Antworten bestimmt, dann ist diese Variable binomialverteilt[3].

Würde man diese binomialverteilte Variable als abhängige Variable in den *t*-Test stecken, verletzte man die Normalverteilungs- und die Varianzhomogenitätsvoraussetzung. Ersteres ist offensichtlich, binomialverteilt ist eben nicht normalverteilt. Liegen jedoch ausreichend viele Beobachtungen vor, so kann die Binomialverteilung gut durch eine Normalverteilung approximiert werden, die formale Verletzung der Verteilungsvoraussetzung wäre nicht gravierend. Die Verletzung der Varianzhomogenitätsvoraussetzung ergibt sich aus Überlegungen zu Erwartungswert und Varianz binomialverteilter Zufallsvariablen. Für den Erwartungswert einer binomialverteilten Zufallsvariablen X gilt $E(X) = n \cdot p$ und für die Varianz $V(X) = n \cdot p \cdot (1 - p)$, wobei n in diesem Fall die Anzahl der Durchgänge und p die »Itemschwierigkeit« (hier abhängig vom ISI) ist. Man sieht ganz offensichtlich, dass Erwartungswert und Varianz nicht unabhängig voneinander sind (wie dies bei normalverteilten Zufallsvariablen der Fall wäre), also ziehen Mittelwertsunterschiede zwangsläufig auch Varianzunterschiede nach sich und die Voraussetzung der Varianzhomogenität ist verletzt.

Man könnte nun auf ein entsprechendes non-parametrisches Verfahren ausweichen, z. B. (Wilcoxon-)Mann-Whitney-*U*-Test. Bei komplexeren faktoriellen Designs, insbesondere mit Messwiederholung auf einigen Faktoren, mangelt es aber an non-parametrischen Alternativen. Eine andere Möglichkeit besteht darin, durch eine geeignete Transformation der beobachteten Werte die formalen Voraussetzungen des bevorzugten inferenzstatistischen Verfahrens *eher* zu erfüllen.

Bei einer Verletzungen der Varianzhomogenitäts- oder Normalverteilungsvoraussetzung schlägt Kirk (1995, S. 79) verschiedene Transformationen der Daten vor. Für das obige Beispiel mit Häufigkeiten als abhängige Variable bietet sich die Arcus-Sinus-Transformation der *relativen Häufigkeiten* an. Diese ergibt sich durch:

$$\tilde{x} = 2 \cdot \arcsin \sqrt{x} \quad \text{für } 0 < x < 1 . \tag{3.8}$$

---

[3]Dies gilt unter der Annahme, dass korrekte Gleich- und Verschiedenurteile gleich schwierig und die Zufallsvariablen stochastisch unabhängig sind.

Für den speziellen Fall relativer Häufigkeiten von 0 oder 1 wird die Ersetzung durch folgende Werte vorgeschlagen (vgl. auch Kirk, 1995, S. 83):

$$\text{für } x = 0 \rightarrow \frac{1}{2 \cdot n} \tag{3.9}$$

$$\text{für } x = 1 \rightarrow 1 - \frac{1}{2 \cdot n} . \tag{3.10}$$

Nach der Transformation liegen die Werte der abhängigen Variablen nicht mehr zwischen 0 und 1 und die Voraussetzung der Varianzenhomogenität ist besser erfüllt. Damit lässt sich nun ein t-Test für unabhängige Stichproben mit den transformierten Werten als abhängige Variable rechnen. Allerdings hat dieses Vorgehen den entscheidenden Nachteil, dass das inferenzstatistische Ergebnis streng genommen nur hinsichtlich der transformierten Werte und nicht hinsichtlich der ursprünglichen abhängigen Variablen, hier also der relativen Häufigkeit, interpretiert werden kann.

3.5.5 Schrittweise Regression

Es ist gute wissenschaftliche Praxis ein Regressionsmodell aus theoretischen Überlegungen heraus zu formulieren und zu testen. Dazu gehört auch die theoriegeleitete Auswahl der Prädiktoren. In der Kognitionspsychologie nicht sehr verbreitet, aber in benachbarten Gebieten durchaus beliebt, ist hingegen die schrittweise Regression (*stepwise regression*). Bei dieser wird dem Statistikprogramm ein Sammelsurium möglicher Prädiktoren präsentiert. Welche dieser Prädiktoren in ein Modell aufgenommen werden, entscheidet ebenfalls das Programm. Dieser Entscheidung liegen statistisch fragwürdige Kriterien und willkürliche Vorgehensweisen zugrunde. Beispielsweise sind die F- und p-Werte, die im Falle der schrittweisen Regression massenhaft entstehen, nicht mit der üblichen Bedeutung belegt.

> *Stepwise regression is probably the most abused computerized statistical technique ever devised. If you think you need automated stepwise regression to solve a particular problem, it is almost certain that you do not. Professional statisticians rarely use automated stepwise regression because it does not necessarily find (a) the »best« fitting model, (b) the »real« model, or (c) alternative »plausible« models. Furthermore, the order in which variables enter or leave a stepwise program is usually of no theoretical significance.* (Wilkinson, 1990, S. 185)

Wenn überhaupt, dann sollte das Verfahren der schrittweisen Regression nur zur Hypothesengenerierung eingesetzt werden. Eine anschließende Validierung an einer *neuen* Stichprobe ist absolut unerlässlich.

3.5.6 Korrelationen

Gelegentlich werden in der Experimentellen Psychologie Korrelationen betrachtet. Bei der Anwendung korrelativer Verfahren sind drei wesentliche Aspekte zu beachten, die im Folgenden am einfachen Beispiel der Produkt-Moment-Korrelation (Pearson-Korrelation) beschrieben werden sollen.

Die Produkt-Moment-Korrelation ist ein Maß für den *linearen* Zusammenhang zwischen zwei Variablen. Liegen andersartige Zusammenhänge vor, kann man zwar dennoch die Produkt-Moment-Korrelation berechnen, sie wäre allerdings weitgehend bedeutungslos. Deshalb ist es unbedingt erforderlich, die Art des Zusammenhangs graphisch zu überprüfen, um eine sinnvolle Interpretation zu gewährleisten. Abbildung 3.12 stellt das Problem anschaulich dar. Es handelt sich um vier Datensätze, die auf Anscombe (1973, zitiert in Tufte, 1983, S. 14) zurückgehen. Für alle vier beträgt die Produkt-Moment-Korrelation $r = 0.816$, doch nur für den Datensatz oben-links ist dieses Maß sinnvoll.

Werden mehrere Variablen miteinander korreliert, entstehen viele Korrelationskoeffizienten. Dies hat eine sogenannte ›Inflationierung des α-Risikos zur Folge‹. Die Wahrscheinlichkeit bei k unabhängigen Tests mindestens einen α-Fehler zu begehen, ergibt sich aus

$$P\left(\text{mind. ein } \alpha\text{-Fehler}\right) = 1 - \left(1 - \alpha\right)^{k}. \tag{3.11}$$

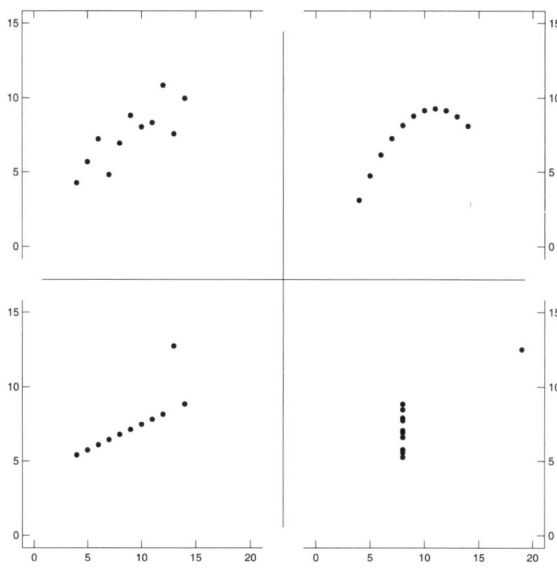

Abbildung 3.12. Vier Datensätze unterschiedlichen Musters (nach Anscombe, 1973, zitiert nach Tufte, 1983, S. 14), für die die Produkt-Moment-Korrelation jeweils $r = 0.816$ beträgt.

Werden beispielsweise zehn Variablen vollständig miteinander korreliert, so beträgt für $\alpha = 0.05$ die Wahrscheinlichkeit mindestens einen α-Fehler zu begehen $p = 0.9$. Dieses Risiko ist völlig inakzeptabel, eine Korrektur des α-Niveaus nach Bonferroni wäre eine einfache, aber leider selten praktizierte Lösung.

Letztlich soll noch darauf hingewiesen werden, dass eine Nullkorrelation zwischen zwei beliebigen Zufallsvariablen X und Y, also $\rho_{X,Y} = 0$, keineswegs die stochastische Unabhängigkeit dieser Variablen impliziert, wohingegen aus der Unabhängigkeit sehr wohl die Unkorreliertheit folgt. Beim Vorliegen von Null-Korrelationen sollte man also tunlichst vermeiden, die stochastische Unabhängigkeit zu implizieren.

4 Diskussion

Die Diskussion einer experimentellen Arbeit ist oft schwierig. Wie in Abschnitt 6.1 noch erläutert wird, geht es in der Diskussion im Wesentlichen darum, die gefundenen Ergebnisse in Relation zu den Hypothesen zu setzen und die möglichen Konsequenzen für die zugrunde liegenden Theorien zu erörtern. Deshalb kann es in diesem Kapitel des vorliegenden Buches auch keine »Diskussion« im eigentlichen Sinne geben, denn es wurde kein Experiment durchgeführt, dessen Ergebnisse man im Folgenden interpretieren und in den aktuellen Forschungsstand einbetten müsste. Stattdessen werden einige typische Themen und Probleme des Abschnitts Diskussion illustriert.

4.1 Mit mehr Versuchspersonen wär' alles besser

Immer wieder hört oder liest man eine Aussage der Art »Der Unterschied (oder Zusammenhang) ist zwar nicht signifikant, aber mit mehr Versuchspersonen wäre er signifikant geworden«. In der üblichen Betrachtungsweise ist diese Aussage sehr bedenklich. In Abschnitt 3.2 wurde die Logik des Hypothesentestens schon dargestellt. Ein nichtsignifikantes Ergebnis führt dazu, dass die Nullhypothese beibehalten wird. Das impliziert keineswegs, dass die Nullhypothese tatsächlich richtig ist. Es heißt lediglich, dass man unter den gegebenen Umständen (α-Niveau, Effektgröße) nicht genug empirische Evidenz gegen die Nullhypothese zusammengetragen hat. Die Entscheidung zur Beibehaltung der Nullhypothese kann entweder auf die Gültigkeit der Nullhypothese oder das Begehen eines β-Fehlers zurückgeführt werden.

Ist die Nullhypothese tatsächlich richtig, dann führen »mehr Versuchspersonen« keineswegs zu »eher signifikanten Resultaten« – man wird höchstens in $\alpha \times 100\%$ der Fälle ein signifikantes Ergebnis erhalten. Das sind dann die α-Fehler.

Hat man jedoch tatsächlich einen β-Fehler begangen – die Nullhypothese ist also falsch –, dann erhöhte man bei unverändertem α und gleichbleibender Effektgröße mit mehr Versuchspersonen die Power des statistischen Verfahrens und somit die Wahrscheinlichkeit, sich für die Alternativhypothese zu entscheiden.

Allerdings ist diese Annahme, man habe einen β-Fehler begangen, progressiv, man argumentiert zu seinen Gunsten. Ursprünglich formulierte man eine Null- und eine Alternativhypothese, dann sammelte man Daten, wertete diese aus und kam zu der Entscheidung, die Nullhypothese beizubehalten. Da einem diese Entscheidung aber nicht gefällt, wirft man für einen Moment die wissenschaftliche Übereinkunft (zu wenig Evidenz → Nullhypothese beibehalten) über Bord, erfährt durch den Gott der Statistik die Erleuchtung, weiß plötzlich, dass die Nullhypothese tatsächlich falsch ist, folgert konsequent, dass eine Replikation mit mehr Versuchspersonen und somit größerer Power den vorhandenen Effekt schon entdecken wird und gibt schließlich die göttliche Weisheit an sein Publikum weiter. Wäre es nicht wissenschaftlich sparsamer, auf die göttliche Eingebung zu verzichten?

Natürlich besteht das Risiko, bei einem »nicht-signifikanten« Ergebnis einen β-Fehler begangen zu haben. Um die Größe dieses Risikos einschätzen zu können, ist jedoch eine Power-Betrachtung notwendig.

Es sei angemerkt, dass die Aussage »mit mehr Versuchspersonen wär's signifikant geworden« auf eine ganz spezielle Art tatsächlich richtig ist. Angenommen man wüsste, dass sich die Erwartungswerte zweier Populationen marginal unterscheiden, d. h. die Nullhypothese $\mu_1 = \mu_2$ falsch ist. Mit einer Stichprobe der üblichen Größe würde man diesen Unterschied vermutlich nicht entdecken. Durch die Hinzunahme von Versuchspersonen würde man die Teststärke und somit die Wahrscheinlichkeit, einen vorhandenen Effekt zu entdecken, tatsächlich erhöhen. Wenn man allerdings a priori weiß, dass die Nullhypothese falsch ist, benötigt man auch keinen inferenzstatistischen Test. Dieses Beispiel zeigt außerdem, dass man bei beliebig kleinen Effekten mit einer ausreichend großen Stichprobe mit großer Wahrscheinlichkeit zu der Entscheidung kommt, die Alternativhypothese anzunehmen.

4.2 Signifikant oder bedeutsam?

Zwar bedeutet das englische *significant* in der Umgangssprache »bedeutsam«, im empirisch-wissenschaftlichen Kontext wird mit »signifikant« aber gewöhnlich der Umstand bezeichnet, dass eine Nullhypothese nach den üblichen statistischen Gepflogenheiten verworfen wurde. Nun kommt es häufig vor, dass ein statistisch signifikantes Ergebnis mit einem *inhaltlich bedeutsamen Ergebnis* gleichgesetzt wird – zwischen beiden Aspekten wird nicht mehr unterschieden, was signifikant ist, ist auch bedeutsam. Obwohl für die inferenzstatistische Entscheidung Konventionen (üblicherweise $\alpha = 0.05$ oder $\alpha = 0.01$) existieren, gibt es für die inhaltliche Entscheidung erfreulicherweise größere Spielräume. So wie Cohen (1988) kleine, mittlere und große (Populations-)Effekte definiert hat, so kann man auch entsprechende Effektstärkeschätzer aus den erhobenen Daten ermitteln (Kirk, 1995). In vielen Fällen ist das aber gar nicht nötig, es reicht schon ein kritischer Blick auf die Ergebnisse. Cohen (1990) berichtet von einem statistisch signifikanten Zusammenhang von $r = .11$ zwischen IQ-Punkten und Körpergröße in einer Stichprobe von 14.000 sechs- bis 17-jährigen Kindern (alters- und geschlechtskorrigiert). Wenn es einen kausalen Zusammenhang gäbe, dann müsste man per Wachstumshormone die Körpergröße um ca. 105 cm steigern, um einen IQ-Zuwachs um 30 Punkte zu erzeugen. Es gibt offensichtlich einen Zusammenhang (worauf auch immer der zurückzuführen ist), dieser Zusammenhang ist auch statistisch signifikant, aber inhaltlich bedeutungslos. In gleicher Weise muss man auch alle anderen möglichen Effekte kritisch beleuchten. Findet sich in einem typischen Reaktionszeitexperiment ein Reaktionszeitunterschied in der Größenordnung 10 ms, so sind doch erhebliche

Zweifel an der inhaltlichen Bedeutsamkeit angebracht. Zum Vergleich: Ein Reaktionszeitunterschied von 10 ms entspricht bei einer Standardabweichung von 50 ms einer fünftel Standardabweichung. Umgerechnet auf eine IQ-Skala mit Standardabweichung 15 entspricht das drei IQ-Punkten – wer interessiert sich schon für drei IQ-Punkte Unterschied?

4.3 Unsinnige Schlüsse

Beliebt sind im Diskussionsteil einer Arbeit auch ungerechtfertigte Schlüsse. Hat man ein statistisch signifikantes Ergebnis erzielt, dann kann man eine Wahrscheinlichkeit genau angeben, nämlich die Wahrscheinlichkeit dafür, eine so große oder noch größere Prüfgröße zu erhalten, unter der Annahme, die Nullhypothese gelte. Angenommen, man hätte einen statistischen Test völlig korrekt durchgeführt und ein signifikantes Ergebnis mit $p = 0.04$ erzielt. Das bedeutet also: Wenn die Nullhypothese gilt, dann ist die Wahrscheinlichkeit eine so große oder noch extremere Prüfgröße zu erhalten $p = 0.04$. Daraus wird dann gerne: Wenn das beobachtete Ergebnis also eingetreten ist, dann gilt die Nullhypothese mit $p = 0.04$, ist also sehr unwahrscheinlich. Das ist natürlich Unsinn – die Nullhypothese gilt oder gilt nicht.

Man sollte im Diskussionsteil also tunlichst darauf achten, keinen Unsinn zu schreiben.

4.4 Was lief falsch?

Gerade die Diskussionsteile von Experimentalpraktikumsberichte enthalten – mehr oder weniger detaillierte – Ausführungen, welche experimentellen Fehler begangen wurden, von nicht-zufälliger Zuweisung der Versuchspersonen zu Bedingungen bis hin zu nicht erhobenen Variablen, fehlerhaften Instruktionen, ungeeignetem Material. Für einen Praktikumsbericht ist das völlig in Ordnung, das Praktikum hat keine perfekten Experimente zum Ziel, sondern es sollen Erfahrungen im Experimentieren gesammelt werden, dazu gehört auch, Fehler zu begehen. Aber schon bei einer Bachelorarbeit wäre eine alleinige Sammlung experimenteller Fehler unangemessen für die Diskussion. Das heißt nicht, dass nicht auch dort viele Fehler gemacht werden könnten. Das heißt stattdessen: Wer viele Fehler in sein Experiment einbaut, der muss das Experiment verbessert wiederholen und dann wird die fehlerfreie Version zu Papier gebracht.

4.5 Und noch ein Modell

Ein Blick in wissenschaftliche Artikel in angesehenen Fachzeitschriften offenbart, dass die Diskussionsteile erschreckend lang sind. Zum einen sind daran Gutachter und Herausgeber Schuld, die umfangreiche Diskussionen einfordern, zum anderen geht es auf die Autoren selbst zurück, die sich nicht kurz und knapp damit begnügen können festzustellen, dass ihre Hypothesen falsch waren. Stattdessen wird für beliebige Ergebnismuster ein ebenso beliebiges neues Modell präsentiert, um die Daten »erklären« zu können. Nun sind Modelle und Theorien nichts schlechtes, im Gegenteil, sie können Ergebnisse integrieren und Vorhersagen generieren. Allerdings mangelt es in der Psychologie nicht gerade an Theorien, Modellen und Modellchen. Vielmehr fehlt es an wirklich guten, mehrfach replizierten Experimenten (wie in anderen Naturwissenschaften selbstverständlich), es mangelt an Daten, die man ernst nehmen kann. Ein ad-hoc-Modell zur Erklärung der gefundenen Ergebnisse ist selten von langer Lebensdauer, denn man weiß ja noch nicht einmal, ob sich die Befunde replizieren lassen. Wozu also ein Modell basteln, wenn die Datenlage noch mehr als wacklig ist.

4.6 Alles bestens

Äußerst beliebt in Diskussionen ist die Strategie, nur ausgewählte Ergebnisse zu diskutieren. Erstaunlicherweise handelt es sich dabei durch die Bank weg um solche Ergebnisse, die mit den eingangs formulieren Hypothesen in Einklang stehen. In Konflikt stehende Resultate werden kurzerhand unter den Teppich gekehrt. Selbstverständlich möchte man in der Diskussion eine stimmige Interpretation der Ergebnisse formulieren, die möglichst mit den anfänglichen Hypothesen in Einklang steht, zeigt dies doch, dass man seine Hypothesen vernünftig abgeleitet und gut experimentiert hat. Leider findet sich solch eine Datenlage nur selten. Dann gehört es zur wissenschaftlichen Ethik, sowohl theorieverträgliche als auch -unverträgliche Ergebnisse zu diskutieren.

5   Literatur

5.1   Richtlinien zur Manuskriptgestaltung

Wie bereits in Abschnitt 1.3 dargestellt, geht jede wissenschaftliche Arbeit mit einer sorgfältigen Literaturarbeit einher. Bei der Darstellung experimenteller Befunde ist die Notwendigkeit einer Quellenangabe sofort ersichtlich. Aber auch alle anderen Aussagen oder Darstellungen (z. B. Definitionen, Modelle), die nicht vom Verfasser selbst stammen oder allgemein bekannte Tatsachen sind, müssen durch Literaturangaben belegt werden. Dabei ist zwischen dem Zitieren im Text und dem Literaturverzeichnis zu unterscheiden. Während im Text »nur« ein eindeutiges Kürzel für die entsprechende Quelle erscheint, werden im Literaturverzeichnis die vollständigen bibliographischen Angaben aufgeführt.

Zum Zwecke einer einheitlichen Darstellungsweise gibt es sowohl für das Zitieren im Text als auch die Gestaltung des Literaturverzeichnisses inzwischen eine Reihe an Vorschriften und Empfehlungen der APA. Bis zu welcher Perfektion man diese Vorschriften führen kann, zeigt der Umfang des *Publication Manuals* (American Psychological Association, 2010). Die Vorgaben der APA beziehen sich dabei auf englischsprachige Publikationen. Schreibt man eine Arbeit in einer anderen Sprache, kann man streng nach APA-Richtlinien zitieren. Es besteht aber auch die Möglichkeit einige Aspekte an die eigene Sprache anzupassen, z. B. Kommasetzung und Abkürzungen (siehe

Tabelle 5.1

Anwendung der englischsprachigen APA-Richtlinien bei deutschsprachigen Arbeiten

	Englisch, streng APA	Deutsch, streng APA	Deutsch, milde APA
Bezeichner			
	Table	Tabelle	Tabelle
	Figure	Abbildung	Abbildung
Kommasetzung im Text			
	ab 3 Autoren Komma vor »and« bzw. &	kein Komma vor »und« bzw. &	kein Komma vor »und« bzw. &
Kommasetzung im Literaturverzeichnis			
	Komma vor &[1]	Komma vor &[1]	kein Komma vor &
Abkürzungen im Literaturverzeichnis			
	englische Abkürzungen	englische Abkürzungen	deutsche Abkürzungen

[1]   Ausnahme: Zwischen genau zwei Herausgebern bei Angabe eines Buchkapitels mit Autor(en) steht kein Komma.

Tabelle 5.1). Für deutsche Arbeiten können gegebenenfalls auch die Richtlinien zur Manuskriptgestaltung der Deutschen Gesellschaft für Psychologie herangezogen werden (Deutsche Gesellschaft für Psychologie, 2007). In jedem Falle müssen die entsprechenden Regeln konsequent, d. h. sowohl bei den Angaben im Text als auch im Literaturverzeichnis, angewendet werden. Im Folgenden soll auf die wichtigsten Aspekte eingegangen werden. Dabei orientieren sich alle Beispiele streng an den Vorschriften der APA (American Psychological Association, 2010)[1].

5.2 Zitatangaben im Text

Im fortlaufenden Text wird auf die entsprechende Quelle mit einem eindeutigen Kürzel verwiesen, dazu gehören der Name des Verfassers respektive Namen der Verfasser und das Jahr. In aller Regel wird in der Psychologie sinngemäß zitiert.

> Statt: *Bittrich und Blankenberger (2009) behaupteten: »Üben nützt« (S. 123)*
> heißt es: *Bittrich und Blankenberger (2009) behaupteten, dass Üben nütze.*

Das wörtliche Zitieren erfolgt nur, wenn der tatsächliche Wortlaut von Bedeutung ist. Dabei erscheinen kurze Zitate mit maximal 40 Wörtern im fortlaufenden Text und in Anführungszeichen. Längere wörtliche Zitate werden als eigener Absatz, eingerückt und ohne Anführungszeichen geschrieben. Es sind immer die Jahres- und Seitenzahl anzugeben. Fremdsprachliche wörtliche Zitate werden in der Originalsprache belassen, wenn deren Kenntnis beim Leser vorausgesetzt werden kann. Ist dies nicht der Fall, greift man auf eine etablierte Übersetzung zurück. Ist diese von zweifelhafter Qualität oder nicht verfügbar, übersetzt man selbst. Es ist in jedem Falle anzugeben, von wem die Übersetzung stammt.

Beim sinngemäßen Zitieren erübrigt sich in der Regel die Angabe von Seitenzahlen, da beispielsweise mit der Darstellung eines experimentellen Befundes ja die entsprechende Untersuchung als Ganzes referiert wird. Bei Arbeiten mit mehreren Experimenten kann gegebenenfalls auf das entsprechende Experiment verwiesen werden.

Bezüglich der formalen Gestaltung im Text gilt es verschiedene Fälle zu unterscheiden

1. die Angabe der Quelle in Klammern vs. im Fließtext
2. sowie die erste vs. wiederholte Zitation,

die im Folgenden an einigen Beispielen veranschaulicht werden sollen. Hierbei wird nur auf die gängigsten Formen der Literaturangabe eingegangen, eher seltene Varianten müssen im APA-Manual (American Psychological Association, 2010) nachgeschlagen werden.

---

[1] Im Übrigen war es früher üblich, die Literaturangaben in Fußnoten zu packen, was häufig zu elendig langen Fußnoten, einer Störung des Leseflusses sowie doppelt und dreifacher Zitatangabe führte. Das macht man jetzt nicht mehr - sieht auch einfach doof aus!

Ein Autor
Bei nur einem Autor werden immer der Name und das Jahr aufgeführt.

Schon Einauge (1999) konnte nachweisen, dass es einen deutlichen Unterschied macht, ob man die Augen geöffnet oder geschlossen hat.

Es macht einen deutlichen Unterschied, ob man die Augen geöffnet oder geschlossen hat (Einauge, 1999).

Zwei Autoren
Bei zwei Autoren werden sowohl bei der erstmaligen als auch bei der wiederholten Nennung beide Verfasser aufgeführt. Im Fließtext erfolgt die Trennung durch »und«, während in Klammern, in Tabellenzellen und in Überschriften ein Et-Zeichen (&) verwendet wird.

In ihrer Arbeit über die Bedeutung von Schein und Sein in partnerschaftlichen Beziehungen konnten McDreamy und McSexy (2006) zeigen, dass sich Paare hinsichtlich ihrer diesbezüglichen Wahrnehmung unterscheiden.

Personen in partnerschaftlichen Beziehungen unterscheiden sich hinsichtlich ihrer Wahrnehmung von Schein und Sein in ihrer Beziehung (McDreamy & McSexy, 2006).

Mehr als zwei Autoren
Bei mehr als zwei Autoren müssen bei der ersten Nennung alle Autoren angegeben werden. Bei wiederholter Nennung wird dann nur der Erstautor unter Zusatz eines »et al.« (et alii) genannt.

Die Ergebnisse von Frank, Enn und Stein (2001) legen nahe, dass Männer und Frauen in gewisser Hinsicht verschieden sind.

Auch konnten Frank et al. (2001) zeigen, dass dieser Unterschied schon in frühester Kindheit vorhanden ist.

Man kann davon ausgehen, dass Männer und Frauen verschieden voneinander sind (Frank, Enn & Stein, 2001).

Dieser Unterschied konnte auch schon in frühester Kindheit nachgewiesen werden (Frank et al., 2001).

Abweichend davon wird bei Werken mit mehr als sechs Autoren bereits bei der ersten Nennung mit »et al.« abgekürzt.

Unterschiedliche Autoren mit gleichem Nachnamen

Gibt es mehr als einen Erstautor mit gleichem Nachnamen, so sind die Initialen der Autoren zu verwenden.

> *G. Ott (1971) und P. Ott (1982) konnten unabhängig voneinander zeigen, dass das stille oft auch ein kreatives Örtchen ist.*
>
> *… sind eindeutige Befunde (P. Ummel, 1973). Im Widerspruch dazu … (F. Ummel, 1985).*

Mehrdeutigkeiten durch die »et al.«-Regel

Führt die »et al.«-Regel zu Mehrdeutigkeiten, so sind weitere Autoren zu nennen.

> *Blank, Enn und Berger (1993) wird zu Blank et al. (1993)*
> *Blank, Geh und Putzt (1993) wird zu Blank et al. (1993)*
> *Also: Blank, Enn et al. (1993) und Blank, Geh et al. (1993)*

Die gleichen Autoren im gleichen Absatz

Wird in einem Absatz der gleiche Autor (die gleichen Autoren) mehrfach zitiert, dann entfällt nach der ersten Nennung die Angabe der Jahreszahl, sofern nicht Autor und Jahreszahl in Klammern angegeben waren.

> *Wie Schweini und Poldi (2009) schon behaupteten, zählen am Spielende nur die Tore. … Schweini und Poldi konnten auch zeigen, dass Torschüsse die gezielte Bewegung des Balles über den Platz in Richtung des gegnerischen Tores erfordern.*

Mehrere Publikationen des gleichen Autors aus dem gleichen Jahr

Wird mehr als eine Arbeit eines Autors (mehrerer Autoren) aus einem Jahr zitiert, so sind den Jahreszahlen Kleinbuchstaben anzuhängen.

> *Sowohl Eifrig (1998a) als auch Eifrig (1998b) konnten zeigen, …*

Mehrere Quellen für eine Aussage

Liegen für eine Behauptung mehrere Quellen vor, so sind diese in alphabetischer Reihenfolge anzugeben.

> *… kann als gesichert gelten (Caipi & Mojito, 1971; Daiquiri, 1980; Zombi, 1975).*

Zitiert nach einer anderen Quelle

In der Regel sollten experimentelle Befunde im Original gelesen werden. Gelegentlich erschließt man sich jedoch Aussagen von Dritten aus der Sekundärliteratur (z. B. bei sehr alter oder nicht verfügbarer Originalquelle). In diesem Falle ist das im Text anzugeben. Im Literaturverzeichnis erscheint dann natürlich die Angabe der Sekundärliteratur.

> *Die Ergebnisse von Bloody (zitiert nach Mary, 1912) ...*

Das eigene Literaturverzeichnis mit Quellen aufzuwerten, die man nicht im Original gelesen hat, ist unzulässig.

5.3   Das Literaturverzeichnis

Im Literaturverzeichnis sind alle im Text zitierten Quellen aufzuführen. Die Angaben erfolgen in alphabetischer Reihenfolge. Bei mehreren Arbeiten der gleichen Autoren erfolgt die Angabe chronologisch. Das Literaturverzeichnis muss vollständig sein, also jede im Text zitierte Arbeit muss auch im Literaturverzeichnis zu finden sein.

Die neuesten Richtlinien der APA (American Psychological Association, 2010) beinhalten eine gravierende Neuerung: Existiert für eine Literaturquelle ein sogenannter *digital object identifier* (DOI), so ist dieser anzugeben, bei Zeitschriftenartikeln zusätzlich zu den übrigen Angaben, bei Monographien anstelle von Verlagsort und Verlag. Existiert zwar keine DOI, die Quelle wurde jedoch elektronisch abgerufen, so ist statt der DOI die URL anzugeben.

Bücher mit einem oder mehreren Autoren

Wird ein Buch zitiert, so wird der Autor inkl. der Initialen, das Erscheinungsjahr, der Titel des Buches, der Verlagsort und der Verlagsname angegeben. Bezüglich des Verlagsortes gilt: Handelt es sich um einen amerikanischen Verlag, so sind durch Komma getrennt Stadt und Kürzel des Bundesstaates anzugeben. Bei Verlagen außerhalb der USA werden Verlagsort und Verlagsland, ebenfalls durch Komma getrennt, aufgeführt.

> Lenzer, V. (1985). *Fehler und Fallen im Büroalltag*. Göttingen, Germany: Hogrefe.
>
> Nibler, P., Orinthen, K., & Acker, K. (1998). *Appreciating correct citations*. Washington, DC: Freshman.

Bücher mit einem oder mehreren Herausgebern

Bei Büchern mit einem oder mehreren Herausgebern ist die Herausgeberschaft durch »Ed.« respektive »Eds.« zu kennzeichnen.

> Piert, K. (Ed.). (2003). *»Aha«-Erlebnisse beim Schreiben*. Pullach, Germany: Kuli.
>
> Inn, S., & Os, L. (Eds.). (2001). *Viele Wörter, wenig Bedeutung*. Berlin, Germany: Springer.

Ein Kapitel eines Autors in einem Buch mit Herausgeber

Bei der Angabe eines Kapitels aus einem Buch mit Herausgebern erfolgt zunächst die Angabe des Autors, der Jahreszahl und des Kapiteltitels gefolgt von den Angaben zum Buch. Dabei ist darauf zu achten, dass die Initialen bei der Angabe der Herausgeber vor dem Nachnamen angegeben werden und bei genau zwei Herausgebern vor dem Et-Zeichen *kein* Komma gesetzt wird.

> Eil, G. (2007). Bürosex. In R. Stunken & R. Logen (Eds.), *Wege zum Erfolg* (pp. 1–3). Seichstädt, Germany: Katho Print.

Zeitschriftenartikel

Bei Zeitschriftenartikeln sind stets Autor(en), Titel der Arbeit, Name und Band der Zeitschrift sowie die Seitenzahlen anzugeben. Die Angabe von Ausgabennummern innerhalb eines Jahrgangs erfolgt nur bei Zeitschriften, deren Seitennummerierung in jedem Heft neu beginnt. Die Zeitschriftennamen sind vollständig auszuschreiben.

> Irr, W., & Itzig, W. (1999). Oben ist gleich unten. *Zeitschrift für fehlgeschlagene Experimente, 17*, 125–138. doi:10.0815/4711-12345678

Zitieren von Online-Quellen

Hiermit sind Dokumente gemeint, die ausschließlich online publiziert wurden. Hier sind der Name des Autors, der Titel und die zugehörige Internetadresse anzugeben. Die Literaturangabe endet *nicht* mit einem Punkt. Das Datum des Abrufs ist *nicht* anzugeben, es sei denn, das zitierte Material ändert seinen Inhalt im Laufe der Zeit.

> Baron, J., & Li, Y. (2009). *Notes on the use of R for psychology experiments and questionnaires*. Retrieved from http://finzi.psych.upenn.edu/

Sonstiges

Für alle anderen Fälle zu zitierenden Materials sei auf das APA-Manual (American Psychological Association, 2010) verwiesen.

Anordnung der Literaturangaben im Literaturverzeichnis

Das Literaturverzeichnis wird alphabetisch und darunter chronologisch sortiert.

> Fahr, G. (2001). Das Spiel mit dem Feuer. *Zeitschrift für zwischenmenschliche Beziehungen, 8*, 25–33. doi:10.0815/4711-876545678
> Fahr, G. (2004). Lernen auf Lücke. In N. I. E. Machen (Ed.), *Der Musterstudent* (pp. 395–408). Heiligenstadt, Germany: Belzebub.
> Fahr, G., & Kannt, R. (2002). Spannungsabbau im Prüfungsstress. *Zeitschrift für Spannungstechniken, 17*, 154–156. doi:10.4711/pillepalle.123
> Fahr, G., Kannt, R., & Bannt, G. (2002). Appetenz-Aversions-Konflikt in der Praxis. *Zeitschrift für Feldtheorie, 36*, 222–227.

Lauer, K. (1918). Emanzipation. In A. S. Bach & U. R. Alt (Eds.), *Kalter Kaffee* (pp. 137–148). Weinbrand, Germany: Fassverlag.

Lersack, V. (2008). Kopieren statt studieren. In R. Stunken & R. Logen (Eds.), *Wege zum Erfolg* (2nd ed., pp. 17–18). Seichstädt, Germany: Katho Print.

Orinthen, K. (2007). One and one – Strategies of counting. *Journal of Finger Counting, 27*, 10–13. Retrieved from http://www.number-nerds.de/korinthen2007 .html

Orinthen, K., & Acker, K. (2005). Erbsen, Erbsen, noch mal Erbsen. *Zeitschrift für Hülsenfrüchte, 27*, 28–39.

Orinthen, K., & Acker, K. (2006). *Die Welt der Erbsenzähler.* Halle, Germany: Hallunkenverlag.

Orinthen, K., & Acker, K. (2007). Schotenzeit. In P. Nibel & R. Folglos (Eds.), *Erbsenzyklus* (pp. 121–127). Leipzig, Germany: Pleißeverlag.

Sand-Jensen, K. (2007). How to write consistently boring scientific literature. *Oikos, 116*, 723–727. doi:10.1111/j.2007.0030-1299.15674.x

Witzig, I. R. R. (2010). *Experimentelle Methodik kurz und bündig.* Fetter, Germany: Wälzer.

6 Präsentation

6.1 Warum präsentieren?

Wie in den vorangegangenen Kapiteln aufgezeigt wurde, steht und fällt gutes Experimentieren mit einer guten experimentellen Methodik. Aber in kaum einer Situation wird es damit getan sein, ein gutes Experiment entwickelt, durchgeführt und ausgewertet zu haben. Insbesondere, wenn die Arbeit gut und aufschlussreich ist, möchte man sie auch in irgendeiner Form präsentieren. Diese Präsentation kann zu verschiedenen Zeitpunkten erfolgen: Die abschließende Darstellung in Form eines Berichtes, Posters oder eines Vortrags stellt dabei natürlich einen wichtigen Teil dar. Oftmals kann es aber sehr hilfreich sein in früheren Stadien einer Arbeit Ideen, aber auch mögliche Probleme, zu präsentieren, um auf diese Weise hilfreiche Hinweise zu erhalten.

Wie aus den bisherigen Ausführungen deutlich geworden sein sollte, folgt jede Form der Präsentation experimenteller Arbeiten dem festen Schema:

1. Einleitung
2. Methode
3. Ergebnisse
4. Diskussion
5. Literatur

Diese grundsätzliche Gliederung ist in allen Formen der Präsentation einzuhalten. Werden in einer Arbeit mehrere Experimente dargestellt, so sind für jedes Experiment getrennt die Methoden und Ergebnisse anzugeben sowie eine eigene Diskussion zu führen. Dieser getrennten Darstellung folgt dann eine Gesamtdiskussion, in die alle Befunde integriert und vor dem theoretischen Hintergrund diskutiert werden.

1. Einleitung
2. Experiment I
   2.1 Methode
   2.2 Ergebnisse
   2.3 Diskussion
3. Experiment II
   3.1 Methode
   3.2 Ergebnisse
   3.3 Diskussion
4. Gesamtdiskussion
5. Literatur

In den folgenden Abschnitten soll ausführlicher resümiert werden, was sich hinter den einzelnen Überschriften einer experimentellen Arbeit verbirgt. In der dargestellten Ausführlichkeit gilt dies im Wesentlichen für Berichte. Abweichende Empfehlungen für Poster und Vorträge werden separat in den Abschnitten 6.4 und 6.5 behandelt.

6.2 Formale Gliederung

6.2.1 Einleitung

In der Einleitung wird die vorliegende Fragestellung in den von ihr angesprochenen theoretischen Kontext eingebettet und grob das experimentelle Vorgehen beschrieben.

Einer kurzen Einführung in das Thema folgt zunächst eine Klärung und eventuelle Definition der wesentlichen Begriffe sowie eine gründliche Diskussion bisheriger Arbeiten. Dabei werden ausschließlich solche Befunde referiert, die für die vorliegende Fragestellung von Bedeutung sind. Auf eine historische Einordnung des Themas ist zu verzichten – es sei denn, es ist *wirklich* wichtig. In der Regel basiert die Fragestellung auf bestimmten Theorien oder Modellen oder es sollen gar verschiedene Modelle gegeneinander getestet werden. In diesen Fällen sind die Modelle bzw. Theorien in der notwendigen Ausführlichkeit zu beschreiben.

Die Darstellung der bisherigen Forschungsarbeiten sollte sinnvoll gegliedert, verständlich und gegebenenfalls kritisch erfolgen. In jedem Falle muss ihre Relevanz für die vorliegende Fragestellung erkennbar sein. Dem Leser muss auch deutlich werden, warum die aktuelle Untersuchung sinnvoll, notwendig, interessant oder von sonstiger Bedeutung ist.

Am Ende der Einleitung folgt die Darstellung der konkreten Fragestellung. Es empfiehlt sich den zugrunde liegenden Versuchsplan in seinen wichtigsten Grundzügen zu skizzieren, ohne dabei Ergebnisse vorwegzunehmen. Die Ableitung der Hypothesen muss sich für den Leser aus der vorherigen Darstellung der bisherigen Befunde logisch und konsequent erschließen. Explizite Hypothesen über die zu erwartenden Ergebnisse werden ebenfalls in diesem Abschnitt formuliert, jedoch nicht in statistischer Form.

Je nach Art und Umfang der Arbeit verbirgt sich hinter der Einleitung ein einzelner, nicht weiter untergliederter Abschnitt oder ein ganzes Kapitel mit mehreren Unterkapiteln. In kleineren Arbeiten z. B. Artikeln, bei denen auch kein Inhaltsverzeichnis erstellt wird, soll auf die Überschrift »Einleitung« verzichtet werden.

6.2.2 Methode

Der Methodenteil stellt gewissermaßen das Herzstück einer jeden Arbeit dar. Er muss so ausführlich und akkurat sein, dass jeder fachkundige Leser in der Lage wäre, das Experiment zu reproduzieren – nicht notwendigerweise die Ergebnisse zu replizieren. Kann ein Experiment aufgrund unvollständiger Angaben nicht wiederholt werden, ist es wissenschaftlich wertlos. Der Methodenteil untergliedert sich dabei üblicherweise in folgende Abschnitte:

- (Aufgabe)
- Versuchspersonen/Stichprobe
- Versuchsplan
- Geräte (oder Apparatur) und Material
- Versuchsdurchführung

Im APA-Manual (American Psychological Association, 2010) werden nicht alle hier aufgeführten Abschnitte genannt, jedoch eine entsprechende Untergliederung empfohlen, wenn es sich um komplexe Designs handelt oder die Unterteilung die Lesbarkeit erhöht. Die hier vorgeschlagene feinere Struktur fügt sich natürlich in die APA-Untergliederung ein, sie soll alle relevanten Aspekte verdeutlichen und dem Ein oder Anderen eine etwas ausführlichere Checkliste an die Hand geben. Gibt es gute Gründe (oder Vorschriften) bestimmte methodische Ausführungen zusammenzufassen, ist darauf zu achten, dass die Lesbarkeit erhalten bleibt und alle relevanten Details vorhanden sind.

Aufgabe. Ist die Aufgabe der Versuchsperson nicht bereits am Ende der Einleitung offensichtlich, so sollte man sie kurz in ein oder zwei Sätzen schildern. Dabei ist auf die Angabe von Details zum Ablauf oder gar der wörtlichen Instruktion zu verzichten und lediglich die Hauptaufgabe zu nennen.

Versuchspersonen. Bezüglich der vorliegenden Stichprobe sind kurz Stichprobengröße, Geschlechts- und Altersverteilung zu beschreiben. Gibt es weitere für die Untersuchung relevante Variablen (z. B. sozioökonomischer Status, IQ, Händigkeit), sind diese ebenfalls an dieser Stelle zu nennen. Gab es bestimmte Ein- oder Ausschlusskriterien (z. B. Farbsichtigkeit, Hörvermögen), sind diese explizit anzugeben.

Bei qualitativen Variablen (z. B. Geschlecht) genügt es in der Regel die Anzahl pro Kategorie anzugeben. Ist man gezwungen Platz zu sparen (z. B. bei Postern), genügt es beispielsweise bei der Angabe des Geschlechts die Anzahl männlicher *oder* weiblicher Teilnehmer zu berichten, da sich die jeweilige andere Anzahl durch die Gesamtstichprobengröße ergibt. Bei quantitativen Variablen (z. B. Alter) genügt es Mittelwert und Streuung zu berichten.

Wurden Versuchspersonen im Nachhinein von der Untersuchung ausgeschlossen (siehe Abschnitt 2.1), sind an dieser Stelle die Gründe zu nennen. Die Stichprobenmerkmale sind dann entweder erneut anzugeben, oder der Versuchspersonenausschluss ist vor den Stichprobenkennwerten zu dokumentieren. Auf jeden Fall muss klar sein, wie viele Versuchspersonen letztlich in die Auswertung einfließen werden.

Versuchsplan. Im Versuchsplan werden die abhängigen und unabhängigen Variablen genannt. Für die unabhängigen Variablen sind die jeweiligen Stufen und die Kombination der Bedingungen zu beschreiben. Zusätzlich ist für jede dieser Variablen anzugeben, ob sie ein Gruppierungsfaktor (*between-subjects*) oder ein Messwiederholungsfaktor (*within-subjects*) ist. Werden unabhängige Gruppen untersucht, so ist anzugeben, wie die Probanden auf die Stufen der unabhängigen Variablen aufgeteilt wurden und wie viele es pro Gruppe sind. Bei mehrfaktoriellen Versuchsplänen empfiehlt sich eine tabellarische Darstellung. Bei Messwiederholungsfaktoren ist die zeitliche Abfolge der einzelnen Bedingungen zu beschreiben. Weiterhin sind mögliche Störvariablen und Maßnahmen zu deren Kontrolle zu berichten.

Material und Apparatur. Das verwendete Untersuchungsmaterial ist genauestens zu beschreiben (vgl. Abschnitt 2.3) und eventuell durch geeignete Abbildungen darzustellen. Hierzu gehören je nach Materialart genaue Angaben zur Größe, Farbe, Konstruktion etc. Ebenso ist die verwendete Apparatur in Kürze zu beschreiben. Es reicht bei handelsüblichen oder lange etablierten Geräten die Angabe des Typs und eventuell der Firmenname. Handelt es sich hingegen um speziell angefertigte Geräte, so sind diese so genau darzustellen und gegebenenfalls abzubilden, dass sie nachgebaut werden können. Weiterhin ist die Anordnung der Versuchsapparatur zu beschreiben, z. B. Abstand der Versuchsperson zum Bildschirm, Lokalisation von Lautsprechern, Beleuchtungsverhältnisse (natürlich vs. künstlich). Auch hier kann bei komplexen Aufbauten eine entsprechende Skizze eingesetzt werden.

Versuchsdurchführung. In diesem Abschnitt werden alle relevanten Schritte des Experimentes zusammengefasst. Es ist anzugeben, ob die Versuchspersonen einzeln oder in Gruppen untersucht wurden, ob der Versuchsleiter während des Experimentes anwesend war und gegebenenfalls welche Instruktion die Versuchspersonen erhielten. Die Wiedergabe erfolgt dabei sinngemäß, sofern die Anweisungen nicht Bestandteil der experimentellen Manipulation sind. Das Instruktionsformat (mündlich oder schriftlich) ist ebenfalls zu nennen. Es sei an dieser Stelle darauf hingewiesen, dass eine freundliche Begrüßung und Verabschiedung der Probanden selbstverständlich ist und nicht der Darstellung im Versuchsablauf bedarf. Genauso wenig muss die Erhebung versuchspersonenbezogener Daten (z. B. Alter, Geschlecht) extra genannt werden, sofern sie nicht aus methodischen Gründen für den Versuchsablauf relevant ist.

Des Weiteren ist an dieser Stelle der Versuchsablauf genau zu beschreiben. Hierzu gehören Reihenfolgen, Darbietungszeiten, Sitzungs-, Block- und *trial*-Anzahl sowie Pausenangaben. Die graphische Darstellung eines Durchganges oder tabellarische Darstellung des Versuchsablaufes kann enorm zum Verständnis beitragen.

6.2.3 Ergebnisse

Im Ergebnisteil werden die erhobenen Daten berichtet. Da es im Allgemeinen nicht möglich ist, alle Daten zu berichten, werden für gewöhnlich statistische Kennwerte (z. B. Mittelwert, Median, Standardabweichung, Varianz) pro Versuchsbedingung dargestellt. Es ist wichtig, dass nicht nur aggregierte Daten berichtet werden, sondern auch, auf welche Weise aggregiert wurde. Werden für eine Auswertung eigene Kennwerte konstruiert oder weniger übliche Verfahren für die Datenauswertung verwendet, so sind diese hier zu beschreiben und gegebenenfalls mathematisch herzuleiten. Um die relevanten Informationen gut verständlich zu kommunizieren, empfiehlt es sich, aufschlussreiche Abbildungen und Tabellen zu verwenden. Weiterhin werden die üblichen inferenzstatistischen Kennwerte dargestellt (d. h. Prüfgröße, Freiheitsgrade, Irrtumswahrscheinlichkeit); handelt es sich um eine umfangreichere Analyse (z. B. mehrfaktorielle Varianzanalyse), so kann und sollte die Darstellung tabellarisch erfolgen.

Im Ergebnisteil werden die Resultate möglichst interpretationslos veranschaulicht, ihre Bedeutung für die Fragestellung wird noch nicht diskutiert. Für die Darstellung sollte man auf die (richtigen) Standardformulierungen zurückgreifen.

6.2.4 Diskussion

In der Diskussion werden die Ergebnisse in Beziehung zur Fragestellung und den eingangs formulierten Hypothesen gestellt und interpretiert sowie mögliche theoretische (oder auch praktische) Konsequenzen angesprochen. Es empfiehlt sich, die Diskussion mit einer kurzen Zusammenfassung der wesentlichen Fragestellung(en) und den zugehörigen Ergebnissen (ohne statistische Kennwerte) einzuleiten. Darauf folgt eine eindeutige Stellungnahme, ob die Ergebnisse den Erwartungen entsprechen oder nicht. Selbstverständlich sollen die Ergebnisse auch in Bezug auf bisherige Forschungsergebnisse diskutiert werden. Entsprechen die Resultate nicht oder nicht vollständig den Hypothesen, ist darzustellen, welche Gründe es dafür geben mag. Dies kann so weit gehen, dass die bisherigen Theorien aufgrund der Befunde verworfen oder neue Modelle in Erwägung gezogen werden müssen (vgl. jedoch Abschnitt 4.5).

6.2.5 Zusammenfassung

Die Zusammenfassung steht für gewöhnlich am Anfang einer (schriftlichen) Arbeit, berichtet die Fragestellung, das grundlegende Design, die relevanten Ergebnisse und ihre Bedeutung für die Fragestellung. Die Zusammenfassung sollte auf die wesentlichen Aspekte fokussieren, die Sätze sollten maximal informativ sein und insgesamt sollte bei Artikeln die Anzahl von 150–250 Wörter nicht überschritten werden (American Psychological Association, 2010, S. 25–27). Sprechblasen wie »··· zusammenfassend kann gesagt werden ···« sind zu vermeiden, sie kosten unnötig Platz und dem Leser ist durchaus klar, dass in einer Zusammenfassung zusammenfassend berichtet wird. In aller Regel entscheidet sich der Leser aufgrund der Zusammenfassung, ob er das Lesen der ganzen Arbeit für sinnvoll erachtet.

Auch bei umfangreicheren Arbeiten steht die Zusammenfassung am Anfang nach dem Titel bzw. der Titelseite, sollte eine A4-Seite nicht überschreiten und ist nicht im Inhaltsverzeichnis aufzuführen.

6.2.6 Literatur

Das Literaturverzeichnis hat vollständig zu sein und den Konventionen der APA (American Psychological Association, 2010) zu entsprechen. Es wurde bereits im Abschnitt 5.3 auf den Umgang mit Publikationen in anderen Sprachen als Englisch verwiesen. In jedem Falle muss die Anwendung der entsprechenden Regeln konsequent erfolgen.

6.3 Der schriftliche Bericht

6.3.1 Wie fange ich an?

Das Experiment ist durchgeführt, alle Daten ausgewertet, eventuell wurden sie bereits in dem ein oder anderen Vortrag präsentiert und es steht nur noch der abschließende Bericht (z. B. Praktikums- oder Bachelorarbeit) aus. Vielleicht hat man manche Aspekte bereits schriftlich formuliert – neben den zahllosen Schmierzetteln mit skizzenhaften Gedankengängen. Eigentlich weiß man auch genau, was man schreiben muss, schließlich hat man alles gut überlegt. Dennoch passiert es, insbesondere bei größeren Arbeiten, dass man nicht einfach drauf losschreiben kann. Vielmehr verbringt man Stunden mit der Formatierung des Deckblattes, der Perfektionierung des späteren Layouts oder feilt ewig an einem Satz, um ihn am Ende doch wieder zu löschen.

Obwohl im Grunde klar ist, was zu tun respektive zu schreiben ist, findet sich manchmal schwer einen Anfang. Dann bietet es sich an, mit einem Abschnitt zu beginnen, der einer klaren Struktur folgt und daher leicht »herunterzuschreiben« ist: der Methodenteil.

Hat man erst einmal einen Einstieg gefunden, reiht sich Abschnitt an Abschnitt und Seite an Seite. Es ist jedoch wichtig zwischenzeitlich immer wieder zu prüfen, ob die gewählte Struktur logisch ist und extensive Abschweifungen vermieden werden. Man selbst steckt bisweilen sehr tief in der Thematik und ist von der Logik seiner Argumentation und der Bedeutung der Ausführungen und Details für das Verständnis fest überzeugt. Andererseits gefällt einem vielleicht hier und da der Aufbau noch nicht und man hätte gerne eine andere Meinung. Oft hilft es, wenn man seine Ergüsse einer anderen Person zu lesen gibt. Konstruktive, kritische Anmerkungen können zwar zu kurzzeitiger Frustration führen und bisweilen viel Arbeit bedeuten, sind jedoch letztlich immer positiv zu bewerten.

6.3.2 Umfang

Die Frage nach der Seitenzahl bzw. dem Umfang der Arbeit begegnet Anleitern, z. B. eines Experimentalpraktikums oder einer Bachelorarbeit, regelmäßig. Üblicherweise lautet die für die Studenten relativ unbefriedigende Antwort:

So kurz und prägnant wie möglich, so ausführlich wie nötig.

Der Umfang einer Arbeit hängt natürlich von dem Umfang der Experimente, der dazu notwendigen theoretischen Herleitung und verschiedenen anderen Faktoren ab. Kaum ein Praktikumsexperiment wird einen 80-seitigen Bericht nach sich ziehen, aber kaum eine Bachelorarbeit lässt sich auf zehn Seiten darstellen – wenn jedoch alle relevanten Aspekte in entsprechender Ausführlichkeit dargestellt sind, ist auch eine zehnseitige Bachelorarbeit denkbar.

Die Vorgabe von Seitenzahlen mag zwar für den ein oder anderen als hilfreich empfunden werden, ist aber gelegentlich kontraproduktiv. Sich kurz, prägnant und präzise zu äußern ist schwierig und erfordert Übung und Zeit. Um es mit mit Goethes Worten auszudrücken: »Entschuldige die Länge des Briefes, ich hatte keine Zeit mich kurz zu fassen!«

6.3.3 Zusätzliche Abschnitte bei größeren Arbeiten

Titelblatt. Im Rahmen von Prüfungsleistungen gelten gegebenenfalls spezielle Layout-Vorschriften seitens der Prüfungsordnung. In aller Regel sollten aber der Titel der Arbeit (zentriert), Vor- und Familienname des Verfassers (der Verfasser), die Art der Arbeit (Praktikumsbericht, Bachelorarbeit etc.), Angaben zur Institution bzw. Lehrveranstaltung sowie Ort und Datum der Fertigstellung bzw. Abgabedatum der Arbeit enthalten sein.

Vorwort und/oder Danksagung. Vorworte, d. h. einleitender Text zu einem Buch, spielen nur bei einem solchen eine Rolle. Hingegen können Danksagungen auch bei anderen größeren Arbeiten aufgeführt werden. Vorwort und Danksagung werden ebenfalls vor dem Inhaltsverzeichnis eingefügt und nicht in selbigem aufgeführt.

Inhaltsverzeichnis. Das Inhaltsverzeichnis beinhaltet alle Haupt- und Unterabschnitte einer Arbeit mit zugehöriger Seitenzahl. Bei kurzen Arbeiten oder Artikeln, die der Gliederung einer einfachen experimentellen Arbeit folgen (Einleitung, Methode, Diskussion, Literatur) ist auf ein Inhaltsverzeichnis zu verzichten.

Abkürzungsverzeichnis. Die APA (American Psychological Association, 2010, S. 106) empfiehlt, Abkürzungen nur sehr spärlich zu verwenden. Zulässige Abkürzungen beziehen sich insbesondere auf statistische Kennwerte (American Psychological Association, 2010, S. 119–123) oder häufig auftretende Begriffe (American Psychological Association, 2010, S. 106–111). Letztere müssen jedoch bei der ersten Nennung vollständig ausgeschrieben werden. Maßeinheiten dürfen sofort mit Abkürzungen verwendet werden.

Werden in einer umfangreicheren Arbeit davon abweichende Abkürzungen verwendet, bietet sich ein Abkürzungsverzeichnis an, damit der Leser nicht gezwungen ist, im Text nach der jeweiligen Bedeutung zu suchen. Das Erstellen eines solchen Verzeichnisses entbindet den Verfasser nicht davon, bei der ersten Nennung die vollständige Bezeichnung zu verwenden.

Tabellen- und Abbildungsverzeichnis. Bei umfangreichen Arbeiten können Tabellen- und Abbildungsverzeichnisse erstellt werden. Hierbei werden in aller Regel die fortlaufende Nummerierung, die Über- bzw. Unterschrift sowie die entsprechende Seitenzahl angegeben.

Anhang. Anhänge bieten sich beispielsweise für die Auflistung verbalen Reizmaterials, selbst konstruierter Fragen, mathematischer Herleitungen oder der wörtlichen Wiedergabe relevanter Instruktionen an. Prüfungsarbeiten ist gegebenenfalls auch das Daten- und Reizmaterial beizufügen. Im Zeitalter moderner Medien kann ein »digitaler Anhang« in Form einer Compact Disc (CD) die unnötige Verschwendung von Papier und Tinte verhindern.

Selbstständigkeitserklärung. Bei Prüfungsarbeiten wird nahezu immer eine Erklärung über die selbstständige Verfassung der Arbeit verlangt. Diese ist, wenn nicht anders vorgeschrieben, am Ende der Arbeit einzufügen. Werden seitens der Prüfungsordnung bestimmte Formulierungen vorgegeben, so sind diese zu verwenden. Ist dies nicht der Fall, kann man sich auf eine Standardformulierung berufen. Im Folgenden werden zwei Beispiele gegeben. Die Selbstständigkeitserklärung ist in jedem Falle mit Datum und Unterschrift zu vervollständigen.

Englischsprachiges Beispiel

I certify that the attached document is my original work. No other person's work has been used without due acknowledgement.

Except where reference is made, this document contains no material presented elsewhere or extracted in whole or in part from a document presented by me for another qualification at this or any other institution.

Deutschsprachiges Beispiel

Hiermit versichere ich, die vorliegende Arbeit selbstständig erstellt und keine anderen als die angegebenen Quellen und Hilfsmittel benutzt zu haben. Die aus fremden Quellen direkt oder indirekt übernommenen Gedanken sind als solche kenntlich gemacht.

Diese Arbeit wurde bisher nicht zu Prüfungszwecken vorgelegt.

6.3.4   Formale Kriterien

Jede Arbeit, die zur Beurteilung im Rahmen einer Lehrveranstaltung oder Erfüllung einer Prüfungsleistung eingereicht wird, sollte mit Schriftgröße ca. 12 pt, Zeilenabstand $1\frac{1}{2}$ und ausreichend großem Rand (für die Korrektur) vorgelegt werden. Auf extravagante Schriftarten oder Formatierungen ist zu verzichten. Des Weiteren sollten die Regeln der Rechtschreibung und Grammatik beachtet werden. Ebenso sollte der sprachliche Ausdruck den Anforderungen einer wissenschaftlichen Arbeit entsprechen. Auf die Verwendung von Umgangssprache oder die in der schöngeistigen Literatur verwendeten Stilmittel ist zu verzichten.

Bezüglich der Absatzgestaltung muss man sich für eine von zwei Varianten entscheiden: Entweder werden Absätze durch Leerzeilen getrennt, oder die erste Zeile eines neuen Absatzes wird (ohne Leerzeile) eingerückt. Diese Einrückung wird üblicherweise erst ab dem zweiten Absatz nach einer Überschrift verwendet, laut APA (American Psychological Association, 2010) jedoch bei jedem Absatz.

Auf Fußnoten sollte ebenfalls weitgehend verzichtet werden. Eine Ausnahme können technisch notwendige Hinweise oder Danksagungen[1] sein, die den Lesefluss unterbrechen würden. In solchen Fällen erscheinen die Fußnoten durchgängig nummeriert auf der Seite, auf der sie notwendig sind.

6.4 Das Poster

Die Darstellung einer experimentellen Arbeit auf einem Poster stellt große Herausforderungen an den Autor. Er muss alle notwendigen Abschnitte auf ein Minimum reduzieren und dennoch Präzision, Informationsgehalt und Verständlichkeit erhalten. In diesem Sinne ist das Poster vergleichbar mit einer etwas ausführlicheren Zusammenfassung. Der Fokus liegt dementsprechend auf den Hauptergebnissen der Arbeit. Gegebenenfalls muss man sich auf ausgewählte Ergebnisse beschränken und auch nur die entsprechenden Aspekte in den einzelnen Abschnitten darstellen. Dies gilt insbesondere für die Einleitung bzw. Formulierung der Fragestellung. Üblicherweise sind Postersitzungen so gestaltet, dass einer der Autoren sich stets in Reichweite des Posters befindet, sodass mögliche Detailfragen seitens der Leser beantwortet werden können.

Poster werden in aller Regel aus einem gewissen Abstand betrachtet. Dies erfordert die Einhaltung einiger Kriterien bei der Gestaltung bezüglich der Lesbarkeit. In Abbildung 6.1 sind drei Varianten für die Anordnung der einzelnen Abschnitte auf dem Poster dargestellt. Jede dieser Varianten hat ihre Vor- und Nachteile und die Entscheidung für die eine oder andere Form ist von verschiedenen Kriterien abhängig. Oftmals erleichtert es das Lesen, wenn das Poster in zwei Spalten aufgeteilt ist. Dabei ist darauf zu achten, dass der Übergang zur nächsten Spalte an einer geeigneten Stelle erfolgt. Auch in Anordnung 6.1b ist es durchaus denkbar innerhalb der einzelnen Blöcke den Text zweispaltig zu setzen. In Variante 6.1c wäre es denkbar, die rechte Spalte (Ergebnisse) für die Abbildungen und Tabellen zu verwenden und die dann kürzere schriftliche Ergebnisdarstellung bereits nach »Methode« in der linken Spalte zu beginnen. Damit stehen die beiden wichtigen Abschnitte im Zentrum des Posters.

Alles in allem gibt es verschiedene Gestaltungsmöglichkeiten. Auch die Einrahmung der entsprechenden Abschnitte in den Abbildungen 6.1a–c dient lediglich der Strukturverdeutlichung. Jedoch sieht man in der Praxis häufig die Verwendung von Rahmen zur Abgrenzung der Abschnitte oder Aufteilung des Posters.

---

[1] Wir danken E. Xample für dieses Beispiel.

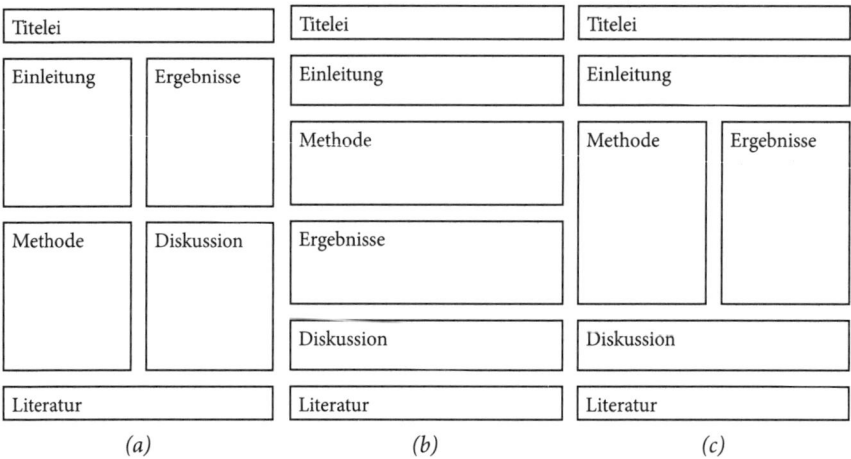

Abbildung 6.1. Mögliche Anordnungen der einzelnen Abschnitte einer experimentellen Arbeit auf einem Poster. Die Umrahmungen dienen lediglich der Strukturverdeutlichung und müssen nicht zwingend eingefügt werden.

Wichtig ist die Schriftgröße. Es ist empfehlenswert 24 pt nicht zu unterschreiten. Eine Ausnahme bilden Literaturangaben, diese können in relativ kleiner Schrift gesetzt werden. Um die Lesbarkeit weiterhin zu erhöhen, sollte man auf semitransparente Hintergrundbilder oder starke Farbverläufe über das gesamte Poster verzichten – das spart auch Tinte.

Bei Postern gilt, mehr noch als bei Vorträgen oder Berichten, dass informative Abbildungen und Tabellen das Verständnis deutlich vereinfachen können. Postersitzungen sind oftmals zeitlich begrenzt und man möchte sich nicht nur eines, sondern mehrere Poster in dieser Zeit anschauen. Von besonderer Qualität sind daher Poster, bei denen man mit wenigen Blicken die wesentlichen Aspekte erfassen kann – kurze prägnante Formulierung der Fragestellung, klare Darstellung der Methoden und eine informative Wiedergabe der Ergebnisse.

6.5 Der Vortrag

Im Gegensatz zu Berichten und Postern, die fast immer nach Abschluss eines Experimentes verfasst werden, können Vorträge in verschiedenen Stadien einer experimentellen Arbeit mit unterschiedlichen Zielen gehalten werden. In der Planungsphase kann ein Vortrag bei der Klärung offener Fragen oder bei Problemen der Operationalisierung helfen. Auch möglicherweise kritische Hinweise im Vorfeld der Durchführung können eine spätere Unbrauchbarkeit der Daten verhindern. Aus analogen Gründen kann ein Vortrag zur Ergebnispräsentation hilfreich sein und insbesondere anregende

Gedanken für die Diskussion bringen. In jedem Fall sind Vorträge dahingehend hilfreich, dass sie den Referenten zur Strukturierung der bisherigen Arbeit »zwingen«.

Je nach Art und Zweck des Vortrages ist es dem Vortragenden möglich, individuelle Schwerpunkte zu setzen und eigene Fragen oder Probleme zu formulieren. Letzteres ist insbesondere dann notwendig, wenn man sich von dem Vortrag Ideen oder Hilfe erhofft. Die genaue Struktur eines Vortrages ergibt sich neben der Zielsetzung auch aus der zur Verfügung stehenden Zeit.

Als Vortragender sollte man im Grunde eine spannende Geschichte erzählen und dabei einen Hauptaspekt bzw. eine Idee kommunizieren. Man denkt also an sein Publikum und verzichtet auf den ein oder anderen theoretischen oder methodischen Aspekt. Nichts ist »diskussionstötender« als ein übermäßig detailverliebter Vortragender. Das Publikum verliert den roten Faden und steigt aus. Hierzu gehört auch, seine Zuhörer nicht mit tachistoskopisch präsentierten Folien zu überschütten.

Für die Gestaltung der Folien kann man z. T. von den für schriftliche Arbeiten geltenden formalen Vorschriften etwas abweichen. Dennoch gibt es auch hier Empfehlungen, denen man folgen sollte. Einige Hinweise für die Gestaltung von Vortragsfolien sind in Tabelle 6.1 stichpunktartig zusammengefasst. Die wichtigste Empfehlung lautet jedoch: Verzichte auf überflüssige Information! Dies ergibt sich aus fundamentaler kognitionspsychologischer Erkenntnis. Aus den Experimenten von Stroop (1935) und Eriksen und Eriksen (1974) folgt, dass Menschen nicht in der Lage sind irrelevante Information zu

Tabelle 6.1

Hinweise zur Gestaltung von Vortragsfolien

Folienaufbau
- informativer Folientitel für jede Folie
- 20–40, maximal 80 Wörter pro Folie
- keine überflüssige oder redundante Information
- Stichpunkte in Aufzählungsumgebungen, keine ganzen Sätze

Abbildungen und Tabellen
- Abbildungsunter- und Tabellenüberschriften nicht zwingend
- Abbildungen hinsichtlich Größe, Liniendicke, Farben etc. anpassen

Layout
- ausreichende Schriftgröße (Minimum 20–24 pt)
- sparsame, nicht farbüberladene Layouts
- Text in schwarz auf weiß
- sparsame farbliche Hervorhebungen, Gegenfarben vermeiden
- keine sinnlose Textanimation
- keine speziellen Effekte oder animierte Bildchen
- Rechtschreibung und Interpunktion einhalten

ignorieren. Daraus ergibt sich auch, dass weder ganze Folien noch Folienteile präsentiert werden, die vom Vortragenden nicht weiter aufgegriffen werden. Allerdings ist es durchaus zulässig, nicht auf Folien dargestellte Aspekte anzusprechen.

So unterschiedlich die verschiedenen Vorträge inhaltlich sind, für die sprachliche Gestaltung gilt: Ein guter Vortragender drückt sich gewählt, in Hochdeutsch und in ganzen Sätzen aus – und trotz aller Aufregung holt er gelegentlich Luft. Wem es Sicherheit gibt, der formuliere vorher, was er sagen möchte – achte aber darauf, dass er beim eigentlichen Vortrag nicht den Eindruck des Abspulens eines auswendig gelernten Textes vermittelt. Ebenso ist das schlichte Vorlesen der Folienstichpunkte zu vermeiden. Es sei an dieser Stelle angeregt, dass auch bei wissenschaftlichen Vorträgen die ein oder andere auflockernde Bemerkung eingebaut werden darf. Kurt Tucholsky formulierte seine Ratschläge an einen *schlechten* Redner seinerseits wie folgt:

Sprich nicht frei – das macht einen so unruhigen Eindruck. Am besten ist es: du liest deine Rede ab. Das ist sicher, zuverlässig, auch freut es jedermann, wenn der lesende Redner nach jedem viertel Satz mißtrauisch hochblickt, ob auch noch alle da sind. [..] Wenn einer spricht, müssen die anderen zuhören – das ist deine Gelegenheit. Mißbrauche sie! (Tucholsky, 1975, S. 290ff).

Bei längeren Vorträgen, die keiner standardisierten Struktur folgen, bietet es sich an, dem Zuhörer zu Beginn einen kurzen Überblick über die Inhalte des Vortrages zu geben und am Ende die wichtigsten Punkte zusammenzufassen. Von diesem Vorgehen ist bei Kurzvorträgen strikt abzuraten! Wie erzähle ich in einem kurzen Vortrag alles doppelt und dreifach? Erst sage ich, was ich gleich erzählen werde, dann erzähle ich es und dann sag ich noch, was ich gerade erzählt habe.

Noch eine abschließende Bemerkung: Immer wieder kommt es vor, dass ein Vortrag nur verzögert beginnen kann, weil es ›Kommunikationsprobleme‹ zwischen Notebook und Beamer gibt. Häufig liegt das an veralteten Beamern in unseren Universitäten. Will oder muss man mit seinem eigenen Notebook arbeiten, so empfiehlt es sich *rechtzeitig* zu überprüfen, ob das Gerät mit dem vorhandenen Beamer zusammenarbeitet. Bringt man seinen Vortrag jedoch auf einem Speichermedium mit, Rechner und Beamer werden gestellt, dann ist es wichtig, dass das Speichermedium mit dem Zielgerät kompatibel ist. Es kam schon vor, dass Vortragende mit einer Diskette vor einem Notebook ohne entsprechendes Laufwerk standen. Ebenso muss man auf die Kompatibilität der Software achten. Auf Uni-Rechnern finden sich oft nicht die neuesten Versionen der gängigen Programme. Dann kann es sein, dass die mitgebrachte Präsentation von der vorhandenen Software nicht lesbar ist. Ratsam ist es daher, die Präsentation zusätzlich in einer älteren Programmversion abzuspeichern.

6.6 Englisch-Deutsch-Denglisch

Die Publikationssprache in der Psychologie ist Englisch. Aus verschiedenen Gründen werden auch in anderssprachigen Publikationen häufig die englischen Bezeichnungen verwendet. Dies geht manchmal so weit, dass einem gar nicht mehr auffällt, dass ein *trial* eben ein Durchgang und ein *cue* ein Hinweisreiz ist. Die Verwendung der englischen Begriffe ist insbesondere dann empfehlenswert, wenn die englische Differenzierung eindeutiger als eine entsprechende Übersetzung oder eine einfache und klare »Wort-zu-Wort«-Übersetzung nicht möglich ist.

Auch wir verwenden häufig englische Bezeichnungen und sind bei weitem keine Puristen, dennoch stehen einem manchmal die Nackenhaare zu Berge, wenn eben nicht mehr englische Begriffe oder deutsche Übersetzungen, sondern schlichtweg Eindeutschungen verwendet werden. Da ist beispielsweise von »Rekognition« statt *recognition* oder Wiedererkennen die Rede.

In einem kürzlich gehörten Vortrag waren *prime* (Bahnungsreiz) und *target* (Zielreiz) »relatiert«. Auch wenn *table* und *chair* im Englischen *related* sind, so sind Tisch und Stuhl semantisch *verwandt* – nie und nimmer »relatiert«!

Das Wort »auditorisch« scheint ebenso das Ergebnis einer Eindeutschung zu sein. Zwar lieferte *Google*™ am 11. Oktober 2010 gut 15000 Treffer für »auditorisch«, im Duden und anderen Wörterbüchern ist »auditorisch« jedoch nicht verzeichnet – im Deutschen heißt es auditiv. Die Bezeichnung »auditorisch« scheint eine Rückübersetzung des englischen *auditory* zu sein.

Ein letztes Beispiel soll an dieser Stelle genügen: Immer wieder hört und liest man im Bereich des Problemlösens von dem Vergleich von Novizen mit Experten. Warum nun gerade Ordensschüler mit Schach-, Programmier- oder anderen Experten verglichen werden sollen, bleibt unklar. Gemeint ist sicher ein Vergleich von Anfängern mit Experten. Anfänger sind Anfänger und keine Novizen, auch wenn die Anfänger im Englischen *novices* heißen.

Got it?

Die gängigsten englischen Fachbegriffe und zugehörigen deutschen Übersetzungen sind in Kapitel 8 zu finden.

7 Software

7.1 Statistik

7.1.1 MySTAT

MySTAT (siehe Online-Materialien) ist die kostenlose Studentenversion von SYSTAT und bietet eine Vielzahl von Funktionen für die statistische Auswertung und graphische Darstellung. Limitationen der Studentenversion bestehen in der Anzahl zulässiger Variablen (max. 100) und der Verfügbarkeit spezieller Verfahren (z. B. kein Allgemeines Lineares Modell, keine paarweisen Vergleiche bei der ANOVA). Diese sind zwar unter den entsprechenden Menüpunkten aufgeführt, können aber nicht ausgewählt werden.

Die Bedienung MySTATs kann sowohl über die Menüleiste, als auch befehlsgesteuert erfolgen. In der Studentenversion ist auch die Bedienungsanleitung für SYSTAT enthalten. Zusätzlich sind die, auf etwas älteren SYSTAT-Versionen basierenden, dafür aber deutschen Einführungen von Blankenberger (1994, 1995) verfügbar.

7.1.2 Das Softwarepaket R

R ist ein frei verfügbares Statistikpaket (siehe Online-Materialien). Es bietet eine Vielzahl statistischer Verfahren und eine flexible Graphikumgebung für die Datenanalyse. Im Gegensatz zu kommerziellen Programmen wie SPSS oder SYSTAT ist es befehlsorientiert, d. h. alle Kommandos werden über eine Kommandozeile eingegeben. Dies lässt R im Gegensatz zu »Menü-Programmen« deutlich komplizierter erscheinen, bietet gleichzeitig aber auch verschiedene Vorteile, da eine hohe Flexibilität gegeben ist. Für einen ersten Einstieg in die befehlsorientierte Bedienung mag (unter Windows) der R-*Commander* (Fox, 2005) hilfreich sein. Er stellt eine graphische Benutzeroberfläche für R dar und ist über eine Menüleiste ähnlich bedienbar wie SPSS, SYSTAT oder MySTAT. Allerdings sind die verfügbaren Verfahren begrenzt (z. B. keine ANOVA mit Messwiederholung) – eine Tatsache, die sich auch in Zukunft kaum ändern wird.

R liefert einen Texteditor für das Schreiben und Abspeichern von Befehlsskripten mit, dieser ist jedoch wenig komfortabel. Daher bietet sich die Verwendung anderer spezieller Editoren wie z. B. Tinn-R an.

Ein weiterer Vorteil von R besteht darin, dass man mit den geeigneten Suchbegriffen viel Hilfe im Internet findet. Wer dennoch gerne etwas Papier in der Hand hätte, dem ist z. B. Luhmann (2010), Crawley (2007) oder Everitt und Torsten (2006) zu empfehlen.

7.1.3 G*Power

G*POWER (Faul, Erdfelder, Lang & Buchner, 2007, siehe Online-Materialien) ist ein frei verfügbares Programm zur Power-Analyse und ist damit beispielsweise eine gute Ergänzung zu MYSTAT, in dem diese Funktionen nicht verfügbar sind. G*POWER bietet für die gängigsten Testfamilien fünf verschiedene Varianten der statistischen Poweranalyse. Pädagogisch wertvoll ist G*POWERS graphische Veranschaulichung.

7.1.4 Psignifit

PSIGNIFIT (siehe Online-Materialien) ist eine freie Software zur Anpassung psychometrischer Funktionen mittels Maximum-Likelihood-Schätzverfahren (Wichmann & Hill, 2001). PSIGNIFIT ist sowohl als Matlab-Routine als auch als eigenständiges Programm verfügbar. Neben der Schätzung der Parameter der psychometrischen Funktion stehen diverse weitere statistische Kennwerte sowie die Darstellung von Fehlerbalken zur Verfügung.

7.1.5 Kommerzielle Statistikprogramme

Neben den bis dato aufgeführten frei verfügbaren Statistikprogrammen gibt es natürlich eine Reihe kommerzieller Programme zur Datenauswertung. An dieser Stelle seien SYSTAT, SPSS und SAS genannt. Für diese sind zwar ebenfalls Lizenzen erwerbbar, jedoch gegen eine nicht zu geringe Summe an Geld. Für SPSS gibt es inzwischen auch vergünstigte Studentenversionen, die jedoch mit einer Menge an Einschränkungen einhergehen.

Eventuell bestehen für diese Programme jedoch Universitätslizenzen, d. h. eine Nutzung innerhalb des Universitätsnetzes ist möglich. Zu allen Programmen gibt es ebenfalls eine Vielzahl von Büchern, auch in deutscher Sprache.

7.2 Experimentalsteuerung

7.2.1 Selbst Hand anlegen

Wie bereits in Abschnitt 2.2.4 aufgezeigt wurde, gibt es verschiedene Gründe, Experimente selbst zu programmieren. Mächtige kommerzielle Programmsysteme beinhalten zwar gegebenenfalls eine Skriptsprache, mit deren Hilfe sich ›fast alles‹ realisieren lässt, in diesem Fall muss man diese oft sehr eigenwillige Sprache jedoch erlernen und beherrschen. Man programmiert dann sein Experiment quasi selbst mit den Bordmitteln des Programmsystems. Das ist zwar machbar, aber unökonomisch. Hätte man eine ›richtige‹ höhere Programmiersprache erlernt, z. B. C/C++, dann könnte man dieses Wissen sowohl auf die Experimentalsteuerung als auch auf alle anderen Probleme anwenden, für die es keine Standardlösung gibt.

Im zeitlichen Rahmen von Experimentalpraktika wird es kaum möglich sein, eine Programmiersprache so umfassend zu erlernen, dass man damit die Experimentalsteuerung durchführt. Für alle, die im Bereich der Experimentellen Psychologie weiterarbeiten wollen, empfiehlt sich jedoch, bereits während des Studiums spezifische Angebote der Universität zu nutzen – zumal neben Kenntnissen der Programmiersprache selbst vor allem auch Kenntnisse der generellen Programmierlogik auf vielen anderen Gebieten nützlich und hilfreich sind.

Hat man sich zum Erlernen einer Programmiersprache entschlossen, stellt sich die Frage, welche man nimmt. Hierauf gibt es, wie sicher erwartet, keine Standardantwort, sondern allenfalls Kriterien, an denen man sich orientieren kann. Ein bereits im Abschnitt 2.2.4 angesprochenes Kriterium ist die Aktualität oder der Zeitgeist der Sprache.

Ein weiteres Kriterium kann die Verfügbarkeit von Hilfe sein. Zwar sind die Sprachen in zahlreichen Büchern, Internetforen, Tutorials etc. mehr oder minder gut dokumentiert, jedoch kann ein leibhaftiger Ansprechpartner vor Ort Gold wert sein und viele Stunden frustrierender Fehlersuche sparen.

Ein drittes, deutlich technischeres Kriterium ist die Frage, was man von der Sprache erwartet. Sicherlich ist es letztlich mit jeder Sprache möglich visuelle oder auditive Reize zu präsentieren oder die parallele Schnittstelle abzufragen, dennoch mag es bei der ein oder anderen Sprache mehr oder weniger umständliche Wege geben.

Bei der Programmierung unter Windows haben wir bisher mit C++, der Entwicklungsumgebung Code::Blocks und der frei verfügbaren **S**imple and **F**ast **M**ultimedia **L**ibrary (siehe Online-Materialien) für die visuelle und auditive Reizdarbietung gute Erfahrungen gemacht. SFML ist eine relativ gut dokumentierte und gepflegte Bibliothek mit einer guten Internet-Unterstützung. Eine weitere zur Experimentalsteuerung unter C/C++ häufig verwendete Bibliothek ist die **S**imple **D**irect media **L**ayer Bibliothek (siehe Online-Materialien).

7.2.2 PXLab

The Psychological Experiments Laboratory (PXLab, siehe Online-Materialien) von Hans Irtel ist ein unter *open-source*-Lizenz veröffentlichter Programmbaukasten zur Experimentalsteuerung (Irtel, 1997). Neben einer umfangreichen, zugegebener Maßen nicht immer ganz intuitiven Dokumentation, gibt es zahlreiche Beispielprogramme, auf Basis derer eigene Experimente entwickelt werden können. Dies macht PXLab besonders für den Einsatz im Experimentalpraktikum interessant.

7.2.3 Affect 4.0

AFFECT 4.0 (Spruyt, Clarysse, Vansteenwegen, Baeyens & Hermans, 2010) ist ein frei verfügbares Programmpaket zur Implementierung psychologischer und psychophysiologischer Experimente. Ziel von AFFECT 4.0 ist es eine relativ einfache Benutzeroberfläche zur Erstellung von Experimenten zur Verfügung zu stellen, ohne dabei komplexe experimentalmethodische Aspekte (z. B. Ansteuerung von parallelen Schnittstellen, komplexe Semirandomisierung von Reizen) zu vernachlässigen. Durch seine leichte Bedienbarkeit eignet es sich auch für den Einsatz im Experimentalpraktikum.

Zwei Aspekte, die an dieser Stelle nicht verschwiegen werden sollten: Die Menüsprache ist Englisch und das Programm befindet sich noch im Entwicklungsstadium.

7.2.4 Kommerzielle Experimentalsteuerungsprogramme

Inzwischen gibt es eine Vielzahl kommerzieller Programme für die Experimentalsteuerung, die in unterschiedlichem Maße an Universitäten und anderen Forschungseinrichtungen verfügbar sind. Sie sind mehr oder minder gut dokumentiert und verlangen ein unterschiedliches Ausmaß an eigener Programmsprachenkenntnis. Oftmals existieren aber verschiedene Vorlagen, auf Basis derer eigene Experimente schnell und einfach zu entwickeln sind. Ohne Anspruch auf Vollständigkeit seien hier Presentation, Inquisit, E-Prime, ERTS oder Cambridge Research System erwähnt (siehe Online-Materialien). In der Regel bieten die Hersteller auch Demo-Versionen ihrer Programme an.

Ebenfalls in die Kategorie kommerzieller Programme fallen Experimentalroutinen für MatLab (MATrix LABoratory, siehe Online-Materialien). MatLab ist ein kommerzielles Mathematikprogramm zur Berechnung und Visualisierung, welches in vielen naturwissenschaftlichen Bereichen eingesetzt wird. Inzwischen gibt es eine Vielzahl von Zusatzpaketen, die für die Experimentalsteuerung benutzt werden können.

7.3 Bildbearbeitung

In vielen Experimenten wird mit visuellem Reizmaterial gearbeitet. Inzwischen stehen zwar eine Reihe standardisierter Bilddatenbanken, auf die man zurückgreifen kann, zur Verfügung, dennoch ist in dem ein oder anderen Fall eine zusätzliche Bearbeitung der Bilder oder das Erstellen eigener Stimuli notwendig. Auch hier gibt es zahlreiche kommerzielle Programme, die aber häufig sehr teuer sind.

Eine Reihe von Standardfunktionen zur Bildbearbeitung bieten bereits Bildbetrachtungsprogramme wie *IrfanView* (siehe Online-Materialien). Deutlich mehr Funktionalität weist das unter GNU-Lizenz veröffentlichte *GIMP* (siehe Online-Materialien) auf.

7.4 Audiobearbeitung

Für die Erstellung, Bearbeitung und Analyse auditiven Materials bieten sich im Bereich der *open-source*-Software drei Programme an: *Audacity*, *Praat* und *Lilypond* (siehe Online-Materialien).

Audacity ist ein leicht bedienbares und relativ gut dokumentiertes Programm zur Audiobearbeitung, Aufnahme und Auswertung. Es unterstützt den Im- und Export verschiedener Dateiformate und ermöglicht über ein Plugin die Umwandlung in mp3-Dateien. *Audacity* eignet sich besonders für die Aufnahme und damit verbundene Bearbeitung, das Normalisieren sowie das Zuschneiden von auditivem Material. Es existieren ebenfalls Möglichkeiten zur Tonerzeugung und zur Analyse, jedoch sei für umfangreichere Möglichkeiten auf *Praat* verwiesen.

Praat ist ein freies Programm, welches von Paul Boersma und David Weenink am Institute of Phonetic Sciences an der Universität Amsterdam hauptsächlich für die phonetische Analyse entwickelt wird. Es bietet eine Vielzahl von Funktionen zur Sprach- und Musikerstellung (Tonerzeugung, Shepardtöne, Vokaleditor), -analyse (z. B. Spektrogramm-, Formant- und Intensitätsanalyse, Tonhöhenbestimmung), -manipulation und graphischen Darstellung (Lautstärken- und Tonhöhenverläufe). Neben der Menüsteuerung bietet *Praat* umfangreiche Optionen zur – manchmal etwas eigenwilligen – skriptbasierten Bearbeitung.

Für den Bereich der Sprachverarbeitung existieren inzwischen Tutorien und Skripte. *Praat* selbst befindet sich in ständiger Weiterentwicklung, d. h. ein regelmäßiger Blick auf die *homepage* ist sehr zu empfehlen.

Lilypond ist ein freies, automatisiertes Notensatzprogramm. Es ist in erster Linie für die musikalische Notation gedacht und bietet hier eine Fülle an Möglichkeiten zur Gestaltung. Neben der Druckausgabe ist es auch möglich den Notensatz in eine MIDI-Datei auszugeben und somit relativ einfach eigenes auditives Material zu erstellen. In der Regel bietet es sich an, die MIDI-Dateien z. B. über die Aufnahme-Optionen in *Audacity* in ein anderes Dateiformat umzuwandeln. Allerdings ist zu beachten, dass es mitunter zu leichten Frequenzabweichungen kommen kann.

7.5 Textverarbeitung

Mit den Standardprogrammen zur Textverarbeitung aus der *Microsoft Office* Familie oder dem *open-source*-Pendant *Open Office* sollte jeder Student vertraut sein. Für das Erstellen von Berichten, Vorträgen oder Postern im Experimentalpraktikum erfüllen diese durchaus ihren Zweck. Auch umfangreichere Arbeiten lassen sich damit anfertigen, jedoch werden hier häufiger Probleme berichtet, insbesondere was den Umgang mit großen Dokumenten und Formatierungsaspekte betrifft.[1]

Im wissenschaftlichen Bereich wird häufig mit professionellen Textsatzsystemen wie z. B. LaTeX oder TeX gearbeitet. Im Gegensatz zu den oben genannten WYSIWYG (*what you see is what you get*) Programmen wird der Text hier in einem ASCII-Editor verfasst, an den entsprechenden Stellen mit Formatierungsanweisungen versehen und am Ende

---

[1] Einer der Autoren hat allerdings drei Bücher mit Word geschrieben ohne daran mehr als an LaTeX zu verzweifeln.

in ein entsprechend ›formschönes‹ Dokument umgewandelt. Das mag zunächst umständlich, kompliziert und anstrengend klingen – ist es manchmal auch, aber die Vorteile überwiegen und wie bei fast allen anderen Dingen gilt auch hier die fundamentale Erkenntnis der Psychologie: *Üben nützt!*

Die Vorteile von LaTeX und TeX liegen in der kostenlosen und plattformunabhängigen Verfügbarkeit, in kompakteren und einfacher übertragbaren Dateien, einer einfachen Konvertierung in andere Formate (z. B. pdf), mehr Sicherheit, einem guten mathematischen Formelsatz, vielen Zusatzpaketen für verschiedene Probleme sowie der Ergonomie und Professionalität. Prima – und wo ist nun der Haken? Insbesondere am Anfang ist das Schreiben mit sehr viel Fummelarbeit, Flüchen[2], stundenlangem Durchforsten von Internetforen oder anderen Hilfsquellen verbunden. Zwar existieren inzwischen viele spezielle Text-Editoren, die die Arbeit deutlich einfacher gestalten, dennoch bleibt das ein oder andere Problem nicht aus.

Zum Arbeiten mit LaTeX benötigt man eine aktuelle TeX Distribution (unter Windows z. B. MiKTeX oder TeXLive) und einen Editor, d. h. eine Art Entwicklungsumgebung. Für Windows empfiehlt sich das TeXnicCenter (siehe Online-Materialien).

Im Übrigen lassen sich mit LaTeX mit ein bisschen Spielerei auch ganz leicht Vortragsfolien, Poster, Bewerbungsschreiben oder Graphiken erstellen, allerdings ist es sinnvoll, Aufwand und Nutzen abzuwägen.

Abschließend noch ein kleiner Tipp: Unabhängig davon, womit man sein Wunderwerk letztlich verfasst, ist es immer ratsam in regelmäßigen Abständen Sicherungskopien anzulegen. Hier und da sogar mal als »echten« Ausdruck auf Papier. Denn so schön die digitale Welt auch sein mag, es lauern Gefahren.

7.6 Literaturverwaltung

Bei Praktikumsprojekten, Hausarbeiten, Bachelorarbeiten und überhaupt während des gesamten Studiums wird man mit einer Unmenge an Literatur konfrontiert. Die ein oder andere Sache braucht man für einen Vortrag, danach kann sie getrost in der Versenkung verschwinden. Andere Dokumente benötigt man in regelmäßigen Abständen und insbesondere bei großen Arbeiten kann eine systematische und konsequente Dokumentation der gelesenen Literatur am Ende viel Arbeit ersparen. Hinzu kommt, dass LaTeX, aber auch *Open Office* oder *Word* das automatisierte Zitieren und Erstellen von Literaturverzeichnissen unterstützen (*cite while you write*).

Nun könnte man sich ein entsprechendes Textdokument anlegen, in dem man die gelesene Literatur mit allen notwendigen Angaben und möglicherweise sogar eigenen Anmerkungen zum Inhalt vermerkt. Wenn man sich bereits diese Arbeit macht, ist es nur noch ein kleiner – und vielleicht etwas komfortablerer – Schritt hin zur Verwendung eines Literaturverwaltungsprogrammes. Auch hier gibt es, wie fast überall,

---

[2]In der Regel produziert LaTeX aber eine nachvollziehbare Fehlermeldung, der man ›einfach‹ nur nachgehen muss ...

kommerzielle (z. B. *Endnote*) und *open-source*-Varianten (z. B. *JabRef, Bibus, Litlink*). Besonders empfehlenswert sind solche Programme, die das bereits angesprochene *cite while you write* unterstützen, d. h. den Zugriff auf die Literaturdatenbank direkt beim Schreiben und das automatische Erzeugen des Literaturverzeichnisses.

JabRef (siehe Online-Materialien) ist ein Java-GUI zur Verwaltung von BIBTEX Datenbanken. BIBTEX ist das Standardformat für das Zitieren in LATEX. Literaturangaben können direkt aus dem Internet (z. B. PUBMED) oder aus Bibliothekskatalogen ohne lästige Schreibarbeit übernommen werden. Die Benutzeroberfläche ist intuitiv und es lassen sich jegliche Art von Printmedien, Audio-Dateien etc. verwalten. Wie bereits angesprochen ist die Verwendung in LATEX Standard und es funktioniert ebenfalls unkompliziert mit *Open Office*. Mit ein bisschen Aufwand lässt sich die JabRef-Bibliothek auch in *Word* anwenden (siehe auch Online-Materialien).

8 Übersetzungshilfe

Im Folgenden sind die wichtigsten englischen Fachbegriffe der Experimentellen Psychologie mit ihrer deutschen Übersetzung aufgeführt. Diese Liste erhebt keinen Anspruch auf Vollständigkeit und orientiert sich an den Inhalten dieses Buches.

A

acknowledgements	Danksagung
apparatus	Apparatur
appendix	Anhang
auditory	auditiv

B

between-subjects factor	Faktor mit unabhängigen Messungen
block	Block
blocked presentation	geblockte Darbietung

C

choice reaction	Wahlreaktion
compatible	kompatibel
confidence interval	Konfidenzintervall, Vertrauensintervall
congruent	kongruent
correct rejection	korrekte Zurückweisung
cue	Hinweisreiz

D

delay	Verzögerung
discussion	Diskussion
distractor	Ablenker

E

error rate	Fehlerrate
experimental design	Versuchsplan, Design

F

false alarm	falscher Alarm
figure	Abbildung
flanker	Flankierreiz

foreperiod	Vorperiode
free recall	freie Reproduktion in beliebiger Reihenfolge
fully crossed	vollständig kombiniert

H

hit	Treffer

I

immediate	sofort
incompatible	inkompatibel
incongruent	inkongruent
inter-stimulus-interval	Inter-Stimulus-Intervall
inter-trial-interval	Intervall zwischen zwei Durchgängen
introduction	Einleitung
invalid	invalide, ungültig

L

latency	Latenz, Antwortzeit

M

mask	Maske, Maskierreiz
material	Material
method of adjustment	Herstellungsmethode
method of constant stimuli	Konstanzmethode
method of limits	Grenzmethode
method	Methode
miss	Verpasser
mixed presentation	gemischte Darbietung

N

naïve	uninformiert, neu, unbenutzt
non-word	Nicht-Wort
novice	Anfänger, Laie

O

outlier	Ausreißer

P

participants	Versuchspersonen
power	Teststärke
preface	Vorwort
prime	Bahnungsreiz, Vorreiz
priming experiment	Bahnungsexperiment
probe	Prüfreiz, Testreiz
procedure	Versuchsdurchführung, Prozedur
pseudo-word	Pseudowort
psychometric function	psychometrische Funktion

R

reaction time	Reaktionszeit
recall	Reproduktion
recognition	Wiedererkennen
references	Literaturverzeichnis
rehearsal	wiederholen
related	verwandt
response key	Antworttaste
response time	Reaktionszeit, Antwortzeit
results	Ergebnisse
retention interval	Behaltensintervall

S

sample	Stichprobe
serial recall	Reproduktion in der richtigen Reihenfolge
session	Sitzung
simple reaction	Einfachreaktion
speed-accuracy tradeoff	Geschwindigkeits-Genauigkeits-Ausgleich
stepwise regression	schrittweise Regression
stimulus	Reiz
stimulus-onset asynchrony	Reiz-Beginn-Asynchronie, Reizpräsentations-Anfang-Asynchronie
subject	Versuchsperson, -tier

T

table	Tabelle
table of abbreviations	Abkürzungsverzeichnis
table of contents	Inhaltsverzeichnis
table of figures	Abbildungsverzeichnis
table of tables	Tabellenverzeichnis
target	Zielreiz
task	Aufgabe
trial	Durchgang
trimmed means	beschnittene Mittelwerte

V

valid	valide
visual	visuell
voice key	Stimmschlüssel

W

within-subjects factor	Faktor mit abhängigen Messungen

Hinweise zu den Online-Materialien

Zu diesem Lehrbuch gibt es Zusatzmaterialien im Internet. Besuchen Sie unsere Website www.beltz.de. Auf der Seite dieses Lehrbuchs (z.B. über die Eingabe der ISBN im Suchfeld oder über den Pfad »Psychologie – Lehrbücher – *Experimentelle Psychologie. Experimente planen, realisieren, präsentieren*«) sind folgende Online-Materialien verfügbar.

- eine **Linksammlung** zur Literatursuche (Abschnitt 1.3)
- die **Beispielinstruktion** aus Abschnitt 2.9
- ein **Beispielposter**
- eine **Linksammlung** zur in Kapitel 7 aufgeführten Software
- eine **»Sonstiges«-Linksammlung**

Über Ihr Feedback zu diesem Lehrbuch würden wir uns freuen: http://www.beltz.de/psychologie-feedback.

Literaturverzeichnis

American Psychological Association. (2008). Summary report of journal operations, 2007. *American Psychologist, 5,* 490–491. doi:10.1037/0003-066X.63.5.490

American Psychological Association. (2010). *Publication manual of the American Psychological Association* (6th ed.). Washington, DC: Author.

Averbach, E., & Coriell, A. S. (1961). Short-term memory in vision. *The Bell System Technical Journal, 40,* 309–328.

Bachelder, B. L. (2001). The magical number 4 = 7: Span theory on capacity limitations. *Behavioral and Brain Sciences, 24,* 116–117. doi:10.1017/S0140525X01243921

Baddeley, A. D. (1997). *Human memory: Theory and practice* (Rev. ed.). Hove, England: Psychology Press.

Baddeley, A. D., & Hitch, G. J. (1974). Working memory. In G. Bower (Ed.), *The psychology of learning and motivation* (Vol. 8, pp. 47–89). New York, NY: Academic Press.

Baddeley, A. D., Thomson, N., & Buchanan, M. (1975). Word length and the structure of short-term memory. *Journal of Verbal Learning and Verbal Behavior, 14,* 575–589. doi:10.1016/S0022-5371(75)80045-4

Bakeman, R., & McArthur, D. (1996). Picturing repeated measures: Comments on Loftus, Morrison, and others. *Behavior Research Methods, Instruments, & Computers, 28,* 584–589.

Beringer, J. (1992a). Notes on Graves and Bradley's timer algorithm. *Behavior Research Methods, Instruments, & Computers, 24,* 453–455.

Beringer, J. (1992b). Timing accuracy of mouse response registration on the IBM microcomputer family. *Behavior Research Methods, Instruments, & Computers, 24,* 468–490.

Blankenberger, S. (1994). *SYSTAT für Windows: Eine Einführung.* Stuttgart, Germany: Gustav Fischer.

Blankenberger, S. (1995). *Student Systat – Statistik unter Windows: Probleme, Beispiele, Lösungen.* Bonn, Germany: International Thomson Publishing.

Blankenberger, S. (2001). The arithmetic tie effect is mainly encoding-based. *Cognition, 82,* B15–B24. doi:10.1016/S0010-0277(01)00140-8

Blankenberger, S., Bittrich, K., & Lochmann, K. (2009). *Experimentelle Methodik, das Universum und der ganze Rest.* Halle (Saale), Germany: Karl B. Trüger.

Blankenberger, S., & Vorberg, D. (1997). The single-format assumption in arithmetic fact retrieval. *Journal of Experimental Psychology: Learning, Memory, and Cognition, 23,* 721–738. doi:10.1037/0278-7393.23.3.721

Bonin, P., Barry, C., Méot, A., & Chalard, M. (2004). The influence of age of acquisition in word reading and other tasks: A never ending story? *Journal of Memory and Language, 50,* 456–476. doi:10.1016/j.jml.2004.02.001

Brown, J. (1958). Some tests of the decay theory of immediate memory. *Quarterly Journal of Experimental Psychology, 10,* 12–21. doi:10.1080/17470215808416249

Busemeyer, J. R., & Diederich, A. (2010). *Cognitive modeling.* Los Angeles, CA: Sage.

Casteren, M. van, & Davis, M. H. (2007). Match: A program to assist in matching the conditions of factorial experiments. *Behavior Research Methods, 39,* 973–978.

Cave, K. R., & Wolfe, J. M. (1990). Modeling the role of parallel processing in visual search. *Cognitive Psychology, 22,* 225–271. doi:10.1016/0010-0285(90)90017-X

Cleveland, W. S. (1993). *Visualizing data.* Summit, NJ: Hobart Press.

Cohen, J. (1988). *Statistical power analysis for the behavioral sciences.* Hillsdale, NJ: Lawrence Erlbaum.

Cohen, J. (1990). Things I have learned (so far). *American Psychologist, 45,* 1304–1312. doi:10.1037/0003-066X.45.12.1304

Cooper, L. A., & Shepard, R. N. (1973). Chronometric studies of the rotation of mental images. In W. G. Chase (Ed.), *Visual information processing* (pp. 75–176). New York, NY: Academic Press.

Cowan, N. (2001). The magical number 4 in short-term memory: A reconsideration of mental storage capacity. *Behavioral and Brain Sciences, 24,* 87–114. doi:10.1017/S0140525X01003922

Craik, F. I. M., & Lockhart, R. S. (1972). Levels of processing: A framework for memory research. *Journal of Verbal Learning and Verbal Behavior, 11,* 671–684. doi:10.1016/S0022-5371(72)80001-X

Craik, F. I. M., & Tulving, E. (1975). Depth of processing and the retention of words in episodic memory. *Journal of Experimental Psychology: General, 104,* 268–294. doi:10.1037/0096-3445.104.3.268

Crawley, M. J. (2007). *The R book.* Chichester, England: John Wiley & Sons.

Crosbie, J. (1990). The Microsoft mouse as a multipurpose response device for the IBM-PC/XT/AT. *Behavior Research Methods, Instruments, & Computers, 22,* 305–316.

Dehaene, S., Bossini, S., & Giraux, P. (1993). The mental representation of parity and number magnitude. *Journal of Experimental Psychology: General, 122,* 371–396. doi:10.1037/0096-3445.122.3.371

Deutsche Gesellschaft für Psychologie (Ed.). (2007). *Richtlinien zur Manuskriptgestaltung* (3rd ed.). Göttingen, Germany: Hogrefe.

Donders, F. C. (1868). Over de snelheid van psychische processen. In *Onderzoekingen gedaan in het Physiologisch Laboratorium der Utrechtsche Hoogeschool, 1868-1869, Tweede reeks,* II, 92–120.

Eriksen, B. A., & Eriksen, C. W. (1974). Effects of noise letters upon the identification of a target letter in a nonsearch task. *Perception & Psychophysics, 16,* 143–149.

Everitt, B., & Torsten, H. (2006). *A handbook of statistical analyses using R.* Boca Raton, FL: CRC Press.

Faul, F., Erdfelder, E., Lang, A.-G., & Buchner, A. (2007). G*Power 3: A flexible statistical power analysis program for the social, behavioral, and biomedical sciences.

Behavior Research Methods, 39, 175–191.

Ferrand, L., Bonin, P., Méot, A., Augustinova, M., New, B., Pallier, C., & Brysbaert, M. (2008). Age of acquisition and subjective frequency estimates for all generally known monosyllabic French words and their relation with other psycholinguistic variables. *Behavior Research Methods, 40*, 1049–1054. doi:10.3758/BRM.40.4.1049

Fitts, P. M. (1954). The information capacity of the human motor system in controlling the amplitude of movement. *Journal of Experimental Psychology, 47*, 381–391. doi:10.1037/h0055392

Fox, J. (2005). The R Commander: A basic-statistics graphical user interface to R. *Journal of Statistical Software, 14*, 1–42. Retrieved from http://www.jstatsoft.org/v14/i09/paper

Gabrielsson, A., & Lindström, E. (2001). The influence of musical structure on emotional expression. In P. N. Juslin & J. Sloboda (Eds.), *Music and emotion* (pp. 223–248). Oxford, England: Oxford University Press.

García-Pérez, M. A., & Alcalá-Quintana, R. (2007). Bayesian adaptive estimation of arbitrary points on a psychometric function. *British Journal of Mathematical and Statistical Psychology, 60*, 147–174. doi:10.1348/000711006X104596

Gillath, O., Mikulincer, M., Birnbaum, G. E., & Shaver, P. R. (2008). When sex primes love: Subliminal sexual priming motivates relationship goal pursuit. *Personality and Social Psychology Bulletin, 34*, 1057–1069. doi:10.1177/0146167208318141

Glaser, M. O., & Glaser, W. R. (1982). Time course analysis of the Stroop phenomenon. *Journal of Experimental Psychology: Human Perception and Performance, 8*, 875–894. doi:10.1037/0096-1523.8.6.875

Godden, D. R., & Baddeley, A. D. (1975). Context-dependent memory in two natural environments: On land and underwater. *British Journal of Psychology, 66*, 325–331.

Graf, P., Squire, L. R., & Mandler, G. (1984). The information that amnesic patients do not forget. *Journal of Experimental Psychology: Learning, Memory, and Cognition, 10*, 164–178. doi:10.1037/0278-7393.10.1.164

Graves, R., & Bradley, R. (1987). Millisecond interval timer and auditory reaction time programs for the IBM PC. *Behavior Research Methods, Instruments, & Computers, 19*, 30–35.

Graves, R., & Bradley, R. (1991). Millisecond timing on the IBM PC/XT/AT and PS/2: A review of the options and corrections for the Graves and Bradley algorithm. *Behavior Research Methods, Instruments, & Computers, 23*, 377–379.

Greene, R. L. (1992). *Human memory: Paradigms and paradoxes*. Hillsdale, NJ: Lawrence Erlbaum.

Harley, T. A. (2008). *The psychology of language*. Hove, England: Psychology Press.

Hays, W. L. (1994). *Statistics* (5th ed.). Fort Worth, TX: Harcourt Brace.

Holway, A. H., & Boring, E. G. (1941). Determinants of apparent visual size with distance variant. *American Journal of Psychology, 54*, 21–37.

Hommel, B., & Prinz, W. (Eds.). (1997). *Theoretical issus in stimulus-response compatibility*. Amsterdam, The Netherlands: Elsevier.

Huber, O. (2009). *Das psychologische Experiment: Eine Einführung* (5th ed.). Bern, Switzerland: Huber.

Irtel, H. (1993). *Experimentalpsychologisches Praktikum*. Berlin, Germany: Springer.

Irtel, H. (1997). PXL: A library for psychological experiments on IBM PC type computers. *Spatial Vision, 10*, 467–469. doi:10.1163/156856897X00393

Jansen-Osmann, P. (2006). Der Mozart-Effekt – Eine wissenschaftliche Legende? *Musik-, Tanz- und Kunsttherapie, 17*, 1–10. doi:10.1026/0933-6885.17.1.1

Keppel, G., & Underwood, B. J. (1962). Proactive inhibition in short-term retention of single items. *Journal of Verbal Learning and Verbal Behavior, 1*, 153–161. doi:10.1016/S0022-5371(62)80023-1

Kirk, R. E. (1995). *Experimental design* (3rd ed.). Pacific Grove, CA: Brooks/ Cole.

Kornblum, S., Hasbroucq, T., & Osman, A. (1990). Dimensional overlap: Cognitive basis for stimulus-response compatibility – A model and taxonomy. *Psychological Review, 97*, 253–270. doi:10.1037/0033-295X.97.2.253

Levine, M. W. (2000). *Fundamentals of sensation and perception* (3rd ed.). Oxford, England: Oxford University Press.

Levitt, H. (1971). Transformed up-down methods in psychoacoustics. *Journal of the Acoustical Society of America, 49 (Suppl. 2)*, 467–477. doi:10.1121/1.1912375

Lingnau, A., & Vorberg, D. (2005). The time course of response inhibition in masked priming. *Perception & Psychophysics, 67*, 545–557.

Loftus, G. R., & Masson, M. E. J. (1994). Using confidence intervals in within-subject designs. *Psychonomic Bulletin & Review, 1*, 476–490.

Lorch, R. F., & Myers, J. L. (1990). Regression analyses of repeated measures data in cognitive research. *Journal of Experimental Psychology: Learning, Memory, and Cognition, 16*, 149–157. doi:10.1037/0278-7393.16.1.149

Lord, F. M. (1953). On the statistical treatment of football numbers. *American Psychologist, 8*, 750–751.

Luce, R. D. (1986). *Response times : Their role in inferring elementary mental organization*. Oxford, England: Oxford University Press.

Luhmann, M. (2010). *R für Einsteiger. Einführung in die Statistiksoftware für die Sozialwissenschaften*. Weinheim, Germany: Beltz.

Lukas, J. (2006). Signalentdeckungstheorie. In J. Funke & P. Frensch (Eds.), *Handbuch der Psychologie: Vol. 5. Handbuch der Allgemeinen Psychologie – Kognition* (pp. 732–740). Göttingen, Germany: Hogrefe.

MacLeod, C. M. (1991). Half a century of research on the Stroop effect: An integrative review. *Psychological Bulletin, 109*, 163–203. doi:10.1037/0033-2909.109.2.163

Macmillan, N. A. (Ed.). (2001). Psychometric functions and adaptive methods [Special issue]. *Perception & Psychophysics, 63*(8).

Macmillan, N. A., & Creelman, C. D. (1991). *Detection theory: A user's guide*. New York, NY: Cambridge University Press.

Masson, M. E. J., & Loftus, G. R. (2003). Using confidence intervals for graphically based data interpretation. *Canadian Journal of Experimental Psychology, 57*, 203–220. doi:10.1037/h0087426

Maxwell, S. E., & Delaney, H. D. (2004). *Designing experiments and analyzing data: A model comparison perspective* (2nd ed.). Mahwah, NJ: Erlbaum.

Miller, G. A. (1956). The magical number seven, plus or minus two: Some limits on our capacity for processing information. *Psychological Review, 63*, 81–97. doi:10.1037/h0043158

Moyer, R. S., & Landauer, T. K. (1967). Time required for judgements of numerical inequality. *Nature, 215*, 1519–1520. doi:10.1038/215151a0

Müsseler, J., Aschersleben, G., & Prinz, W. (1996). Steuerung von Handlungen. In G. Roth & W. Prinz (Eds.), *Kopf-Arbeit: Gehirnfunktionen und kognitive Leistungen* (pp. 309–358). Heidelberg, Germany: Spektrum.

Mueller, S. T., Seymour, T. L., Kieras, D. E., & Meyer, D. E. (2003). Theoretical implications of articulatory duration, phonological similarity, and phonological complexity in verbal working memory. *Journal of Experimental Psychology: Learning, Memory, and Cognition, 29*, 1353–1380. doi:10.1037/0278-7393.29.6.1353

Myers, A., & Hansen, C. H. (1993). *Experimental psychology*. Pacific Grove, CA: Brooks/Cole.

Myors, B. (1999). Timing accuracy of PC programs running under DOS and Windows. *Behavior Research Methods, Instruments, & Computers, 31*, 322–328.

Neisser, U. (1976). *Cognition and reality: Principles and implications of cognitive psychology*. San Francisco, CA: Freeman.

Niederée, R., & Mausfeld, R. (1996). Das Bedeutsamkeitsproblem in der Statistik. In R. Mausfeld, T. Meiser, & G. Rudinger (Eds.), *Handbuch quantitative Methoden* (pp. 399–410). Weinheim, Germany: Beltz.

Pentland, A. (1980). Maximum likelihood estimation: The best PEST. *Perception & Psychophysics, 28*, 377–379.

Peterson, L. R., & Peterson, M. J. (1959). Short-term retention of individual verbal items. *Journal of Experimental Psychology, 58*, 193–198. doi:10.1037/h0049234

Porteck, S. (2009). Das unbestechliche Auge: Farbmessgeräte für die Displaykalibrierung. *c't, 12*, 112–117.

Porteck, S., & Wirtgen, J. (2009). Stärkere Farben: Größere Display-Farbräume nutzen. *c't, 23*, 118–125.

Posner, M. I. (1980). Orienting of attention. *Quarterly Journal of Experimental Psychology, 32*, 3–25. doi:10.1080/00335558008248231

Posner, M. I., Boies, S. J., Eichelman, W. H., & Taylor, R. L. (1969). Retention of visual and name codes of single letters. *Journal of Experimental Psychology, 79*(1, Pt. 2), 1–16. doi:10.1037/h0026947

Posner, M. I., & Cohen, Y. (1984). Components of visual orienting. In H. Bouma & D. Bouwhuis (Eds.), *Attention and performance* (Vol. X, pp. 531–556). Hove, London: Lawrence Erlbaum.

Posner, M. I., & Dehaene, S. (1994). Attentional networks. *Trends in Neuroscience, 17,* 75–79. doi:10.1016/0166-2236(94)90078-7

Posner, M. I., Snyder, C. R., & Davidson, B. J. (1980). Attention and the detection of signals. *Journal of Experimental Psychology: General, 109,* 160–174. doi:10.1037/0096-3445.109.2.160

Postman, L., & Phillips, L. W. (1965). Short-term temporal changes in free recall. *Quarterly Journal of Experimental Psychology, 17,* 132–138. doi:10.1080/17470216508416422

Rauscher, F. H., Shaw, G. L., & Ky, K. N. (1993). Music and spatial task performance. *Nature, 365,* 611. doi:10.1038/365611a0

Roediger, H. L., & Gallo, D. A. (2004). Appendix: How to read a journal article in cognitive psychology. In D. A. Balota & E. J. March (Eds.), *Cognitive psychology: Key readings* (pp. 723–733). New York, NY: Psychology Press.

Rosenberger, J. L., & Gasko, M. (1983). Comparing location estimators: Trimmed means, medians, and trimean. In D. C. Hoaglin, F. Mosteller, & W. Tukey (Eds.), *Understanding robust and exploratory data analysis* (pp. 297–338). New York, NY: Wiley.

Sarris, V., & Reiß, S. (2005). *Kurzer Leitfaden der Experimentalpsychologie.* München, Germany: Pearson Studium.

Schmidt, R., & Lee, T. (2005). *Motor control and learning* (4th ed.). Champaign, IL: Human Kinetics.

Segalowitz, S. J., & Graves, R. (1990). Suitability of the IBM XT, AT, and PS/2 keyboard, mouse, and game port as response devices in reaction time paradigms. *Behavior Research Methods, Instruments, & Computers, 22,* 283–289.

Shapiro, K. L., & Raymond, J. E. (1994). Temporal allocation of visual attention: Inhibition or interference? In D. Dagenbach, T. H. Carr, & H. Thomas (Eds.), *Inhibitory processes in attention, memory, and language* (pp. 151–188). San Diego, CA: Academic Press.

Shepard, R. N., & Metzler, J. (1971). Mental rotation of three-dimensional objects. *Science, 171,* 701–703. doi:10.1126/science.171.3972.701

Simon, J. R. (1969). Reactions toward the source of stimulation. *Journal of Experimental Psychology, 81,* 174–176. doi:10.1037/h0027448

Simon, J. R., & Rudell, A. P. (1967). Auditory S-R compatibility: The effect of an irrelevant cue on information processing. *Journal of Applied Psychology, 51,* 300–304. doi:10.1037/h0020586

Sperling, G. (1960). The information available in brief visual presentation. *Psychological Monographs: General and Applied, 74,* 1–29.

Sperling, G. (1971). Flicker in computer-generated visual displays: Selecting a CRO phosphor and other problems. *Behavior Research Methods & Instruments, 3,* 151–153.

Spruyt, A., Clarysse, J., Vansteenwegen, D., Baeyens, F., & Hermans, D. (2010). Affect 4.0: A free software for implementing psychological and psychophysiological experiments. *Experimental Psychology, 57,* 36–45. doi:10.1027/1618-3169/a000005

Stelzl, I. (1982). *Fehler und Fallen der Statistik.* Bern, Switzerland: Hans Huber.

Sternberg, S. (1966). High-speed scanning in human memory. *Science, 153,* 652–654. doi:10.1126/science.153.3736.652

Sternberg, S. (1967). Two operations in character recognition: Some evidence from reaction-time measurements. *Perception & Psychophysics, 2,* 45–53.

Sternberg, S. (1969). Memory-scanning: Mental processes revealed by reaction-time experiments. *American Scientist, 57,* 421–457.

Sternberg, S. (1998). Discovering mental processing stages: The method of additive factors. In D. N. Osherson (Series Ed.), Scarborough, D. & Sternberg, S. (Ed.), *An invitation to cognitive science: Vol. 4. Methods, models, and conceptual issues* (2nd ed., pp. 703–863). Cambridge, MA: MIT Press.

Stevens, S. S. (1951). Mathematics, measurement, and psychophysics. In S. S. Stevens (Ed.), *Handbook of experimental psychology* (pp. 1–49). New York, NY: Wiley.

Stroop, J. R. (1935). Studies of interference in serial verbal reactions. *Journal of Experimental Psychology, 18,* 643–662. doi:10.1037/h0054651

Thorpe, S. J., Gegenfurtner, K. R., Fabre-Thorpe, M., & Bülthoff, H. H. (2001). Detection of animals in natural images using far peripheral vision. *European Journal of Neuroscience, 14,* 869–876. doi:10.1046/j.0953-816x.2001.01717.x

Treisman, A. M., & Gelade, G. (1980). A feature-integration theory of attention. *Cognitive Psychology, 12,* 97–136. doi:doi:10.1016/0010-0285(80)90005-5

Treutwein, B. (1995). Adaptive psychophysical procedures. *Vision Research, 35,* 2503–2522. doi:10.1016/0042-6989(95)00016-X

Tucholsky, K. (1975). Ratschläge für einen schlechten Redner. In M. Gerold-Tucholsky & F. J. Raddat (Eds.), *Gesammelte Werke* (Vol. 8, pp. 290–293). Reinbeck, Germany: Rowohlt-Taschenbuch-Verlag.

Tufte, E. R. (1983). *The visual display of quantitative information.* Cheshire, CT: Graphics Press.

Tufte, E. R. (1990). *Envisioning information.* Cheshire, CT: Graphics Press.

Tufte, E. R. (1997). *Visual explanations.* Cheshire, CT: Graphics Press.

Tukey, J. W. (1977). *Exploratory data analysis.* Reading, MA: Addison-Wesley.

Ulrich, R., & Giray, M. (1989). Time resolution of clocks: Effects on reaction time measurement – Good news for bad clocks. *British Journal of Mathematical and Statistical Psychology, 42,* 1–12.

Velleman, P. F., & Wilkinson, L. (1993). Nominal, ordinal, interval, and ratio typologies are misleading. *The American Statistician, 47,* 65–72. doi:10.2307/2684788

Vorberg, D. (1985). Unerwartete Folgen von zufälliger Variabilität: Wettlauf-Modelle für den Stroop-Versuch [Unexpected consequences of stochastic variability: Race models for the Stroop task]. *Zeitschrift für experimentelle und angewandte Psychologie, 32,* 494–521.

Vorberg, D. (1998). Reaktionen auf unbewusste visuelle Reize: Umkehr von Bahnung in Hemmung [Abstract]. In H. Lachnit, A. Jacobs, & F. Rösler (Eds.), *Experimentelle Psychologie.* Marburg, Germany: Pabst.

Vorberg, D., & Blankenberger, S. (1993). Mentale Repräsentation von Zahlen. *Sprache & Kognition, 12,* 98–114.

Vorberg, D., & Blankenberger, S. (1999). Die Auswahl statistischer Tests und Maße. *Psychologische Rundschau, 50,* 157–164. doi:10.1026//0033-3042.50.3.157

Vorberg, D., Mattler, U., Heinecke, A., Schmidt, T., & Schwarzbach, J. (2003). Different time courses for visual perception and action priming. *Proceedings of the National Academy of Sciences, USA, 100,* 6275–6280. doi:10.1073/pnas.0931489100

Voss, A., Leonhart, R., & Stahl, C. (2007). How to make your own response boxes: A step-by-step guide for the construction of reliable and inexpensive parallel-port response pads from computer mice. *Behavior Research Methods, 39,* 797–801.

Wallace, R. J. (1971). S-R compatibility and the idea of a response code. *Journal of Experimental Psychology, 88,* 354–360. doi:10.1037/h0030892

Westheimer, G. (1993). Phosphor persistence in oscilloscopic displays. *Vision Research, 33,* 2337–2338. doi:10.1016/0042-6989(93)90110-I

Wichmann, F. A., & Hill, N. J. (2001). The psychometric function: I. Fitting, sampling, and goodness of fit. *Perception & Psychophysics, 63,* 1293–1313.

Wickens, T. D. (1982). *Models for behavior.* San Francisco, CA: Freeman.

Wickens, T. D. (2002). *Elementary signal detection theory.* New York, NY: Oxford University Press.

Wilcox, R. R. (1996). *Statistics for the social sciences.* San Diego, CA: Academic Press.

Wilcox, R. R. (1997). *Introduction to robust estimation and hypothesis testing.* San Diego, CA: Academic Press.

Wilcox, R. R. (1998a). The goals and strategies of robust methods. *British Journal of Mathematical and Statistical Psychology, 51,* 1–39.

Wilcox, R. R. (1998b). How many discoveries have been lost by ignoring modern statistical methods? *American Psychologist, 53,* 300–314. doi:10.1037/0003-066X.53.3.300

Wilkinson, L. (1990). *SYSTAT: The system for statistics.* Evanston, IL: SYSTAT, Inc.

Yuille, J. C., & Paivio, A. (1967). Latency of imaginal and verbal mediators as a function of stimulus and response concreteness-imagery. *Journal of Experimental Psychology, 75,* 540–544. doi:10.1037/h0025130

Zevin, J. D., & Seidenberg, M. S. (2002). Age of acquisition effects in word reading and other tasks. *Journal of Memory and Language, 47,* 1–29. doi:10.1006/jmla.2001.2834

Personenverzeichnis

Shaver, P. R., 38, 179
Shaw, G. L., 38, 182
Shepard, R. N., 75, 98, 99, 127, 178, 182
Simon, J. R., 63, 98, 182
Snyder, C. R., 79, 182
Sperling, G., 32, 84, 87, 88, 182
Spruyt, A., 167, 183
Squire, L. R., 67, 179
Stahl, C., 34, 184
Stelzl, I., 115, 183
Sternberg, S., 90, 91, 102–106, 127, 128, 183
Stevens, S. S., 117, 183
Stroop, J. R., 76, 131, 161, 183

Taylor, R. L., 100, 181
Thomson, N., 42, 177
Thorpe, S. J., 43, 44, 64, 183
Torsten, H., 165, 178
Treisman, A. M., 81, 82, 183
Treutwein, B., 95, 183
Tucholsky, K., 162, 183
Tufte, E. R., 121, 136, 183
Tukey, J. W., 129, 183

Tulving, E., 57, 178

Ulrich, R., 35, 183
Underwood, B. J., 90, 180

Vansteenwegen, D., 167, 183
Velleman, P. F., 117, 183
Vorberg, D., 49, 51, 68, 69, 77, 84, 86, 87,
    103, 105, 106, 117, 120, 125, 177,
    180, 183, 184
Voss, A., 34, 184

Wallace, R. J., 63, 184
Westheimer, G., 31, 184
Wichmann, F. A., 166, 184
Wickens, T. D., 65, 110, 111, 126, 184
Wilcox, R. R., 109, 133, 184
Wilkinson, L., 117, 135, 183, 184
Wirtgen, J., 33, 181
Wolfe, J. M., 82, 178

Yuille, J. C., 42, 184

Zevin, J. D., 41, 184

Sachwortverzeichnis